广东省土木建筑学会专家文集系列丛书

邵华平文集

广东省土木建筑学会　编

中国建筑工业出版社

图书在版编目（CIP）数据

邵华平文集/广东省土木建筑学会编. —北京：中国建筑工业出版社，2020.1
（广东省土木建筑学会专家文集系列丛书）
ISBN 978-7-112-24448-5

Ⅰ.①邵…　Ⅱ.①广…　　Ⅲ.①铁路工程-文集　Ⅳ.①U2-53

中国版本图书馆 CIP 数据核字（2019）第 247020 号

责任编辑：杨　杰
责任校对：李美娜

广东省土木建筑学会专家文集系列丛书

邵华平文集

广东省土木建筑学会　编

*

中国建筑工业出版社出版、发行（北京海淀三里河路 9 号）

各地新华书店、建筑书店经销

北京科地亚盟排版公司制版

天津翔远印刷有限公司印刷

*

开本：880×1230毫米　1/16　印张：13¼　插页：8　字数：435 千字
2020 年 3 月第一版　　2020 年 3 月第一次印刷

定价：168.00 元

ISBN 978-7-112-24448-5
（34940）

《邵华平文集》编审委员会

主　任：

廖水生　广东广珠城际轨道交通有限责任公司总工程师、教授级高级工程师、原铁道部专业技术带头人

副主任：

徐天平　广东省土木建筑学会理事长
　　　　广东省建筑工程集团有限公司总工程师、教授级高级工程师

陈建译　中国铁路广州局集团有限公司电务处处长、教授级高级工程师、中国铁路"百、千、万"专业技术带头人

钱春阳　中国铁路广州局集团有限公司科技开发公司总工程师、教授级高级工程师、原铁道部专业技术带头人

张文敏　广东深茂、茂湛铁路有限公司总工程师，高级工程师

委　员：

张伟锋　华南农业大学水利与土木工程学院副院长、博士生导师、教授

梁伟雄　广东省土木建筑学会副理事长兼秘书长、教授级高级工程师

曹桂均　中国铁道科学研究院通号所原副所长、研究员、博士生导师

王　博　暨南大学珠海校区管委会副主任兼电气信息学院院长、教授、博士生导师

陈唐龙　西南交通大学电气工程学院、博士生导师、教授、兼任四川省自动化及仪器仪表学会常务理事

卢华德　中国铁路广州局集团有限公司深圳供电段段长、高级工程师

王小文　重庆路威土木工程设计有限公司广东分公司总经理、高级工程师

邵华平简历

1957 年 11 月出生于湖南衡阳市郊；

1974—1977 年下乡知青其间加入中国共产党；

1986 年毕业于华中工学院（现华中科技大学）；

1986 年 7 月任武汉铁路分局政治部办公室秘书；

1989 年 9 月任武汉铁路分局武昌电务段副段长；

1991 年 3 月任武汉铁路分局供电段段长（1993 年 10 月～1996 年 7 月在职参加华中理工大学（现华中科技大学）高电压技术专业硕士研究生课程学习，获工学硕士学位）；

1996 年 3 月受聘深圳平盐铁路公司任副总经理；

1998 年 8 月调到广深铁路股份有限公司机辆事业部任副经理，被广东省评定为高级工程师；

2001 年 9 月任广州铁路铁路集团公司机务处副处长（2000 年 9 月～2005 年 7 月在职参加西安交通大学电子与信息工程学院计算机科学与技术专业学习，博士研究生毕业并获工学博士学位）；

2003 年 12 月任广深铁路股份有限公司副总经理；

2004 年 8 月任广州铁路铁路集团公司机务处处长；

2005 年 5 月～2015 年 11 任广州铁路集团公司副总工程师；

2005 年 11 月被铁道部评定为教授级高级工程师；

2008 年 4 月任广珠铁路公司（省、部合作）总经理（原铁道部党组任命）；

2009 年起被聘为铁道部专业技术带头人、铁道部教授级高工评审委员会评委；

2009 年至 2013 年被聘为西南交通大学兼职教授；

2013 年 11 月～2018 年 4 月任广东深茂铁路公司总经理；

2014 年被聘为中国《铁道学报》第七届编委会编委；

广东省土木建筑学会第五届理事会副理事长。

珠海市政协第八届委员。

社会兼职情况如下：

2008 年被暨南大学聘为兼职教授；

2010 年起被国家科技奖励办公室聘为国家科技奖评审专家；

2017 年起被聘上海交通大学船舶海洋与建筑工程学院工程管理研究所兼职研究员；

2017 年起被聘为上海交通大学政府与社会资本合作（PPP）研究中心技术专家；

广东省土木建筑学会第六届理事会顾问。

阳江市政协第七届委员。

邵华平近照

序

邵华平是从下乡知识青年、技术工人成长起来的铁道行业的技术专家。工作领域涉猎铁路行车自动控制、铁道供电、机务、土木工程、信息处理，参加了从法国引进时速 250 公里接触网技术消化、吸收、工作，参与制定我国铁路有关专业相应的技术规范、标准，先后在核心等期刊发表论文 43 篇，其中 4 篇被 EI 检索，参编专著 3 本，主审专著 1 本，主编规范 1 本、标准 2 篇、获得专利四项。作为第一完成人获省部级科技进步奖二等奖 3 项，三等奖 3 项；作为参与者获省部级科技进步奖 1 项；其他奖项多项，获广铁集团公司其他奖项 10 余项。

邵华平追随中国高速铁路技术创新和进步的洪流，勇于面对问题，迎难而上，虚心学习，大胆创新。在业内外专家帮助下解决技术引进、消化、吸收、再创新中的技术难题，深受铁路运营现场员工和上级主管部门的好评。

在中国大规模引进、消化、吸收国外高铁技术之前，在广州～深圳段开始进行了时速 160～250km/h 准高速试验段，其中牵引供电技术引进国外全套接触网供电系统（27.5kV），他参加了消化、吸收再创新工作。

2008 年转入铁路基建领域后，在工程实践中先后遇到华南沿海深厚海、河相软土地质，有关方原先对此认识不足，工程措施欠缺，出现一些问题，与广铁集团公司科研所合作，在铁道部申请立项，开展相关研究工作，后采取符合当地地质条件工程措施，取得很好社会经济效益。项目获《中国铁道学会科技进步二等奖》（第二完成人）。

针对超浅埋（0.3m）、偏压，富地表水的江门隧道下穿玉龙湖水道段隧道施工难点，同中南大学、铁四院、中铁三局合作在铁道部申请立项，开展超前地质预报，建立现场几种工法下大数据观测点，运用不同数值模拟方法仿真等研究，取得了日进度和质量稳定双优，其项目获《中国铁道学会科技进步二等奖》（第一完成人）。

此后针对江门市新会"小鸟天堂"——世界著名的鸟类聚集地环境保护与高速铁路建设选线冲突问题，项目可研的前置条件环评、土地预审无法进行。如果按环保部门对项目环评批复要求，工程上会遇到不小的技术经济难题，全世界暂时无先例可循，更没有设计标准，无规范可依。在中国铁路总公司申请立项开展了《时速 200km 铁路基于保护生态环境桥上全封闭声屏障关键技术研究》，用创新的工程理论、数字模拟和系统仿真方法，在西南交通大学进行了车桥耦合试验，在武汉理工大学进行了声屏障材料隔声效果仿真及试验，在华中科技大学进行了结构仿真实验，在此基础上对项目研究成果进行了专项评价，其意见纳入设计文件中。为项目顺利展开扫除了一只拦路虎。解决了高铁建设与著名鸟类环境保护的尖锐矛盾，深受当地各级政府、村民好评，央视新闻台（13 频道）2018 年 6～7 月间 4 次播放该新闻。

今后的铁路建设和运营必然会冒出很多前所未遇到的技术难题，绕不开的千万不应拖延、回避，而应及早集思广益，分析和摸清情况，采取先进的理论和科学的方法，千方百计去解决它，中国铁路制造、中国铁路建设的水平会不断提高。

潘溶源
（中国铁路广州局集团公司原总工程师）
2018 年 12 月 23 日

编 者 序

光阴似箭，日月如梭，广东省土木建筑学会已走过了六十多个春秋，当年奋斗在土木工程一线的风华正茂的专家转眼已到古稀之年。为了将他们的精神风貌和智慧结晶留存在我省土木建筑行业的科技宝库中，以便传承他们的宝贵经验、弘扬他们的敬业精神，于是我们组织策划了广东省土木建筑学会专家文集系列丛书的编辑出版工作。

广东省土木建筑学会专家文集系列丛书于 2007 年开始启动，至今已先后编辑出版了《林培源文集》、《张旷成文集》、《陈之泉文集》、《韩大建文集》、《吴硕贤文集》、《莫海鸿文集》，每本文集出版后将在当年的理事会上进行首发并免费寄送给各理事，同时寄送给全国 100 多所 211 高校图书馆及国家、省级图书馆留存，社会效益非常显著。

本书为《广东省土木建筑学会专家文集》系列丛书之一《邵华平文集》。此书共收集了邵华平先生公开发表的学术文章 40 余篇（其中 EI 检索 4 篇），涉及铁路土木工程质量安全、环境保护、信息处理、列车智能控制、快装式移动变电设备、牵引供电等，涉及设计、施工、监理、制造、故障预防及处理，也有理论和实践探索。邵华平先生在长期工作和学习中积累了一定的理论知识和实践经验，对后辈的学习有着借鉴和指导作用。

邵华平先生出身于革命军人之家，不论生活顺境还是遇到挫折，始终对我们党、国家和军队，对社会主义事业怀着深厚的感情，尽其所能，做建设事业的铺路石。学习上他活到老学到老，从下乡知青到技术工人，再到自动化专业本科生，高电压技术及高压电器专业硕士学位到西安交通大学电子与信息工程学院计算机科学与技术专业在职博士研究生毕业，获工学博士学位，被几所一流大学聘为兼职教授，研究员。担任过国家科技奖评委、国家机电设备招标网专家，获第八届詹天佑铁道科技贡献奖，是原铁道部专业技术带头人，《铁道学报》第七届编委，为行业的发展作出了显著的贡献。

本书的编辑出版工作得到了广东深茂铁路公司、茂湛铁路公司、南沙港铁路公司、广州铁路集团公司老年科技工作者协会的大力支持，在此表示衷心地感谢！

因时间关系，如有错漏或改进意见，请与学会秘书处联系，电话：020-86665529，电子邮箱 E-mail gdtjxh@163.com

广东省土木建筑学会

2019 年 12 月

前　　言

感谢学会对我的关心、支持和帮助，学会领导和秘书长多次表达希望我把过去发表的文章收集成册、编辑出版的意见，并给予了具体的帮助指导。我从事铁路技术工作四十余年，针对工作中的实际困难，结合读书、做科研项目，对技术工作作初步的小结，形成的技术观点、见解、方案及效果等，并附上参编书籍、从事的科研项目、参与管理和建设的项目情况，以及获得专利的情况，编辑此文集。

本书第一部分：牵引供电。对从事牵引供电工作中遇到的技术难题，有的是提出了自己的思路和方案、建议；有的是技术工作的归纳和小结，尤其是我国从 1998 年开始投运的第一条国内准高速电气化铁路（最高时速达 200km）。其遇到的问题和上级帮助下提出的解决思路，对本专业后续消化、吸收国外先进技术有借鉴作用。

第二部分：智能控制。运用几种数学的方法，对列车智能控制方法与技术路线进行了探讨，提出了本人的见解。其中几种函数逼近方式与逼近能力比较与综合、基于计算机技术的一体化列车运行智能控制系统、基于多层网络体系的列车智能控制系统研究等 3 篇文章被国际著名的工程索引 EI 收录。

第三部分：信息处理。结合工程实际对所遇到的几种不同的信息处理原理、方法、手段、应用环境、效果等进行了探索，总结了成功的案例，分析了遇到的困难，展望了发展方向，其中在《西安交通大学学报》上发表的《10kV 铁路输电线路故障信息综合处理系统研究》文章就结合了京广铁路武昌—广州段电气化工程建设和运营实践。该文章被 EI 收录检索。

第四部分：工程建设。结合工程中遇到深厚海相河相软土地基处理，富含地表水超浅埋偏压隧道安全掘进，环保约束条件下工程建设和谐，推进桥梁主动防撞、被动防撞及撞后状态评估、桥梁预埋受力钢件、金属材料防腐等问题，从理论、技术路线到方法手段、工程效果、展望及思考等方面，论述了具体工程实践中不同的方法、技术路线及不同的效果，对今后工程建设遇到同类的问题，有借鉴和启示作用。

借此机会，表达对我母亲（湖北汉阳籍，中共党员）深深的怀念。感恩父母亲对我们兄妹三人的精心哺育。

最后借此机会，向我的小学老师兼班主任王翠萍，中学老师兼班主任罗行秀，大学老师涂光瑜教授，硕士研究生导师李劲教授，博士研究生导师覃征教授，西南交通大学钱清泉院士、冯晓云教授、何正友教授，广州铁路集团公司原总工程师潘溶源高工、原铁道部总工程师何华武院士等一并表示衷心感谢！感谢他们在不同的时期对我宝贵的帮助和支持！

本文集编辑得到学会梁雄伟秘书长，柯梅丽副秘书长，夏颖萍女士的大力支持，在此一并表示衷心感谢！

邵华平

2019 年 3 月

目　录

第四部分　工程建设

第一部分
牵引供电

牵引供电系统故障建模[*]

黄元亮¹ 邵华平² 钱清泉¹ 张林易

1 暨南大学电气自动化研究所，珠海，广东，中国，519070

2 广州铁路（集团）公司，广州，广东，中国 510000

摘　要：针对牵引供电部件故障建模存在的误差偏大，且检测数据较少的现状，提出应用适应于少数据建模的灰色 GM（1，1）理论和最小二乘原理对故障数据进行拟合的方法，有效地解决了牵引供电部件小故障数据要依靠大样本理论进行建模的问题，并以接触网故障检测数据为基础建立了故障模型。拟合结果证明该两种方法建立的模型拟合精确度得到很大的提高。

关键词：故障诊断；GM（1，1）模型；最小二乘法；数据拟合

1　引　　言

牵引供电系统是高速客运专线的关键技术，列车的提速对牵引供电系统提出了更高的要求。常规铁路牵引供电系统集成方案（包括技术规范）已经不能满足系统安全运行的要求，弓网受流关系、电能质量、接触网过电压与综合接地、牵引供电系统 RAMS、电磁兼容、牵引供电设备在线监测等关键技术以及系统集成技术严重滞后，已成为我国高速客运专线建设急待解决的重大问题。

牵引供电系统的可靠、安全运行对于高速客运专线而言至关重要，它直接影响到列车的安全、可靠运行。但由于牵引供电系统的特殊性，许多重要设备不具有冗余配置（尤其是架空接触网），一旦发生故障，将使线路丧失运营能力，造成巨大的经济损失或人员伤亡。因此，为满足我国客运专线快速发展的需要，对客运专线牵引供电系统（含电力供电系统）进行 RAMS 评估及安全监测，并建立 RAMS 评估及安全监测平台，最大限度保障牵引供电系统可靠、安全运行，以减小经济损失，十分必要。

2　牵引供电系统故障模型分析

现行的牵引供电故障分析的理论中，一般将威布尔分布模型作为牵引供电设备的故障拟合模型，并在些基础上对系统进行可靠性分析。然而，威布尔分布是基于大样本之上的模型，需要一个较大的抽样样本作为分析的基础，作为列车牵引供电的故障分析数据，一般以年或月为抽样单位，数据相对较少，不宜使用以大样本数据为基础的威布尔分布作为故障分析的设备故障拟合模型。

针对牵引供电系统的故障数据少，要求建模精确的特征，我们应用灰色系统理论对于其故障数据进行拟合。

灰色模型的特点是少数据建模，不需要检测数据服从某个确定的概率分布，以非负数据累加生成序列所具有的特性进行建模，具有广泛的应用性。

2.1　灰色模型 GM(1，1)^[1]

灰色系统 GM（1，1）模型建模的方法是^[2]：首先将原始数据序列进行累加生成处理，以弱化其随机性，增强其规律性。随后采用一阶单变量微分方程对生成数列进行拟合，得到灰色预测模型，然后求得方程的离散解，最终预测系统未来的发展趋势。

*　本文发表于《科学研究》2011 年第 5 期。

设原始序列为

$$x^{(0)} = (x^{(0)}(1), x^{(0)}(2), \cdots x^{(0)}(n)) \tag{1}$$

对原始序列作一次累加生成 AGO 序列：

$$x^{(1)} = (x^{(1)}(1), x^{(1)}(2), \cdots x^{(1)}(n)) \tag{2}$$

其中：

$$x^{(1)}(1) = x^{(0)}(1), \quad x^{(1)}(k) = x^{(0)}(k) + x^{(1)}(k-1), \quad k = 2, 3, \cdots n$$

以生成的 AGO 序列为基础，建立 GM(1，1) 模型：

$$\frac{dx^{(1)}}{dt} + ax^{(1)} = u \tag{3}$$

式中，a、u 为待辨识参数。

设参数向量为 $A = [a \; u]^T$，灰色微分方程（3）的解是：

$$x^{(1)}(t) = \left(x^{(0)}(1) - \frac{u}{a}\right)e^{-at} + \frac{u}{a} \tag{4}$$

式（4）是连续时间响应函数，对其离散化得到微分方程的数值解：

$$x^{(1)}(k) = \left(x^{(0)}(1) - \frac{u}{a}\right)e^{-a(k-1)} + \frac{u}{a} \tag{5}$$

可以用最小二乘法求出 A 的近似解：

$$\widehat{A} = \begin{pmatrix} \widehat{a} \\ \widehat{u} \end{pmatrix} = (B^T B)^{-1} B^T y_n \tag{6}$$

其中，

$$y_n = [x^{(0)}(2), \cdots x^{(0)}(n)]$$

$$B = \begin{pmatrix} -[x^{(1)}(2) + x^{(1)}(1)]/2 & 1 \\ -[x^{(1)}(3) + x^{(1)}(2)]/2 & 1 \\ \vdots & \vdots \\ -[x^{(1)}(n) + x^{(1)}(n-1)]/2 & 1 \end{pmatrix}$$

把估计值 $\widehat{a}$ 和 $\widehat{u}$ 代入到式（5），得到 GM(1，1) 预测模型函数：

$$\widehat{x}^{(1)}(k+1) = \left(x^{(0)}(1) - \frac{u}{a}\right)e^{-ak} + \frac{u}{a} \tag{7}$$

将上述结果累减还原，得到原始序列拟合函数：

$$B = \begin{pmatrix} -302.95652 & 1 \\ -509.8098 & 1 \\ -722.5435 & 1 \\ -951.3696 & 1 \\ -1192.4564 & 1 \\ -1421.576 & 1 \\ -1683.239 & 1 \\ -1801.424 & 1 \\ -2126.456 & 1 \end{pmatrix} \tag{8}$$

2.2　牵引供电系统元件故障的灰色建模

不失一般性，对于一般的非负原始数据，要建立其 GM(1，1) 模型，一般根据要经过以下几个步骤：

第一步：构建其累加生成序列；

第二步：建立其 GM(1，1) 模型；

第三步：模型参数辨识；

第四步：生成原始序列拟合函数；

第五步：检测拟合优度。

牵引供电系统的主要部件有牵引变压器、隔离开关、电流互感器、接触导线、承力索和绝缘子，而其中接触导线在实际运行中出现故障的频率最高，我们以此设备为例，说牵引供电元件的故障建模。

在文献［2～3］中，其作者以京广线郑州南段牵引供电系统为例（该系统共负责 11 个车站，约 127km 线路的牵引电力供给），获取该系统接触导线 14 年的故障数据如表 1。

牵引供电接触导线故障数据　　　　　　　　　　　　　　　　　　　　　　表 1

1	2	3	4	5	6	7	8	9	10	11	12	13	14
0	0	0	0	0.00046	0.0018	0	0.00721	0.01931	0.01849	0.0083	0.01673	0.0317	0.08333

累加生成数据表　　　　　　　　　　　　　　　　　　　　　　　　　　表 2

n	5	6	7	8	9	10	11	12	13	14
$x^{(0)}(n)$	201	203.91304	209.79348	2015.6739	241.97826	240.19565	218.04348	236.3696	268.913	381.152
$x^{(1)}(n)$	201	404.91304	614.7065	830.3804	1072.3587	1312.554	1530.5978	1766.967	1835.88	2417.032
$z^{(1)}(n)$		302.95652	509.8098	722.5435	951.3696	1192.4564	1421.576	1683.239	1801.424	2126.456

表 1 中前四个数据为零，我们不予考虑，从第 5 个数据开始，并以第 6、8 数据的平均值代替第 7 个数据，将序列除以 0.00046，再加 200，并进行累加和均值计算，得到

先计算矩阵 B

$$B=\begin{bmatrix} -302.95652 & 1 \\ -509.8098 & 1 \\ -722.5435 & 1 \\ -951.3696 & 1 \\ -1192.4564 & 1 \\ -1421.576 & 1 \\ -1683.239 & 1 \\ -1801.424 & 1 \\ -2126.456 & 1 \end{bmatrix},$$

$Y=[203.91304\ 209.79348\ 215.6739\ 241.97826\ 240.19565\ 218.04348\ 236.3696\ 268.913\ 381.152]^{\mathrm{T}}$

计算 $(B^{\mathrm{T}}B)^{-1}\times B^{\mathrm{T}}Y$，得参数 $(-0.0672\ 166.2646)$，$x^{(0)}(1)=201$，将上述结果带入（7），得拟合函数：

$$\widehat{x}^{(1)}(k+1)=(201+2474.1756)9.693e^{0.0672(k-4)}-2474.1756,\ k=5,6,7,\cdots$$

$$\widehat{x}^{(0)}(k+1)=2675.1756(e^{0.0672(k-4)}-e^{0.443(k-5)})=185.9247e^{0.0672(k-5)},\ k=5,6,7\cdots$$

$K=14$ 时，拟合值为：340.4095，相对误差为：10.7%。

GM（1，1）模型的拟合优点是少数据建模，如果以最后五个数据建立 GM（1，1）模型，数确度将大大提高。此时有：

$$B=\begin{bmatrix} -302.95652 & 1 \\ -509.8098 & 1 \\ -722.5435 & 1 \\ -951.3696 & 1 \\ -1192.4564 & 1 \end{bmatrix}^{\mathrm{T}}$$

$$Y=[203.91304\ 209.79348\ 215.6739\ 241.97826\ 240.19565]^{\mathrm{T}}$$

计算 $(B^{\mathrm{T}}B)^{-1}\times B^{\mathrm{T}}Y$，得参数 $(-0.0472,187.5964)$，按拟合函数为：

$$\widehat{x}^{(1)}(k+1)=(201+3974.5)e^{0.0472(k-4)}-3974.5,\ k=5,6,7,\cdots$$

$$\hat{x}^{(0)}(k+1)=4175.5\left(e^{0.0472(k-4)}-e^{0.472(k-5)}\right)=201.67665e^{0.0472(k-5)},\quad k=5,6,7,\cdots$$

$K=9$ 时，拟合值为：243.585，相对误差为：0.66%。

以上精度是相当的高，灰色模型的优势充分体现出来。

2.3　牵引供电系统元件故障的最小二乘建模

最小二乘数据拟合是一种常用的观测数据拟合方法，其理论成熟，已广泛应用到各个领域的数学建模。下面应用最小二乘法来对系统元件的故障率进行建模。

最小二乘法是以拟合误差的平方和达最小为拟合目标的一种拟合方法，其原理如下：

根据数据特征，选择一个 m 多项式，

$$P(x)=a_0+a_1x+a_2x_2+\cdots+a_mx_m$$

依最小二乘原理，即是要通过给定的数据 $(x_i,y_i)(i=1,2,\cdots,n)$，确定系数 $a_j(j=0,1,2,\cdots,m)$，使得在各个点上的偏差平方和达到最小。

为此，将 n 对数据 (x_i,y_i) 代入（6.2.1）式，就得到一个具有 $m+1$ 个未知数 a_j 的 n 个方程的矛盾方程组：

$$\begin{cases} a_0+a_1x_1+a_2x_1^2+\cdots+a_mx_1^m=y_1 \\ a_0+a_1x_2+a_2x_2^2+\cdots+a_mx_2^m=y_2。 \\ \cdots\cdots\cdots\cdots\cdots\cdots\cdots\cdots\cdots\cdots \\ a_0+a_1x_n+a_2x_n^2+\cdots+a_mx_n^m=y_n \end{cases}$$

其矩阵形式为

$$A\alpha=Y$$

式中

$$A=\begin{bmatrix} 1 & x_1 & x_1^2\cdots x_1^m \\ 1 & x_2 & x_2^2\cdots x_2^m \\ \cdots\cdots\cdots\cdots\cdots\cdots \\ 1 & x_n & x_n^2\cdots x_n^m \end{bmatrix}$$

$$\alpha=(a_0,a_1,\cdots,a_m)^T,$$
$$Y=(y_1,y_2,\cdots,y_n)^T$$

它对应的正规方程组为

$$A^TA\alpha=AY$$

由于 $x_1,x_2,\cdots,x_n$ 互异，故矩阵 A 的 $m+1$ 个列向量线性无关，从而 A 的秩 $r(A)=m+1$，A^TA 为对称正定矩阵，从而 A^TA 非奇异，因此方程组（6.2.3）的解存在且唯一，即

$$\alpha=(A^TA)^{-1}AY$$

下面我们对表上数据进行最小二乘拟合。以后十二组数为例，这里 $n=12$，$m=5$，则

$$(x_1x_2\cdots x_{12})^T=(12\cdots12)^T,$$

$$A=\begin{bmatrix} 1 & 1 & \cdots & 1 \\ 1 & 2 & \cdots & 2^5 \\ \vdots & \vdots & \ddots & \vdots \\ 1 & 12 & \cdots & 12^5 \end{bmatrix}$$

$Y=(0\quad 0\quad 0.00046\quad 0.00180\quad 0\quad 0.00721\quad 0.01931\quad 0.01849\quad 0.00830\quad 0.01673\quad 0.0317$
　　$0.08333)^T$

计算 $(A^T\times A)^{-1}A^T\times Y$，得多项式系数：

$a_0=-0.02058999999903$；

$a_1=0.03652913557405$；

$a_2 = -0.02066877373806$

$a_3 = 0.00486456045173$；

$a_4 = -0.0004867075449 0$；

$a_5 = 0.00001739611614$

拟合多项式为：

$f(x) = 0.00001739x^5 - 0.0004867x^4 + 0.00486456x^3 - 0.02066877x^2 + 0.036529x - 0.02059$。

$x = 10$ 时，

$f(10) = 0.0150$，相对误差为：8.3%；

$x = 11$ 时，

$f(11) = 0.0309$，相对误差为：2.5%；

$x = 12$ 时，

$f(12) = 0.083885$，相对误差为：0.666%；

拟合效果很好，并且时间越往后，相对误差越小，有利于对后期的部件进行预测，如 $x = 14$ 时有，$f(14) = 0.447$，故障率已很大了，也就是说，接触导线到 16 年时故障发生的可能性很大，最好在 15 年更换。

拟合曲线如图 1。

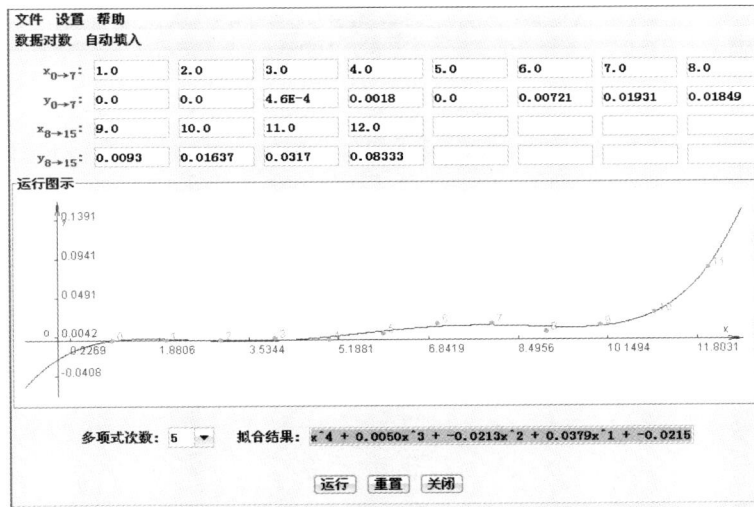

图 1　检测数据拟合曲线图

从图上可以看出，拟合效果相当好。

在文献 [2～3] 中，其拟合数据最后两年拟合相对误差为：

第 13 年的失效率为：2.61×10^{-3}，相对误差为：91.77%；

第 14 年的失效率为：3.3×10^{-2}，相对误差为：60%；

在本文中引入的两种拟合方法均要比该方法的拟合误差小得多。

3　结　束　语

牵引供电系统的故障模型是该系统可靠性分析的基础，模型的精度直接影响到系统的可靠性分析结果的置信度，本文中提出的两种故障模型有严格的理论基础，不需要系统元件服从某种概率分布，也不需要很多的检测数据就可以建模，并且误差很小，是两种可行的建模方法，在系统可靠性分析中具有很好的应用前景。

参 考 文 献

［1］　Deng Julong. The grey theory basis ［M］. Huazhong Science and Technology University Publisher，2002（2）.
　　　邓聚龙. 灰理论基础 ［M］. 武汉：华中科技大学出版社，2008 年 9 月.

［2］　Xie Jiangjian，WU Junyong，WU Yan. Model ing of Reliability of Traction Power Supply System Based on Genetic Algorithm ［J］. Journal of the China railway society，2009，31（4），47-51.
　　　谢将剑，吴俊勇，吴燕. 基于遗传算法的牵引供电系统可靠性建模，铁道学报，2009，31（4）：47-51.

［3］　Xie Jiangjian，WU Junyong，WU Yan. Model ing of Reliability of Traction Power Supply System ［J］，Journal of Traffic and Transportation Engineering，2008，8（5），23-27.
　　　谢将剑，吴俊勇，吴燕. 牵引供电系统可靠性建模方法 ［J］，交通运输工程学报，2008，8（5）：23-27.

［4］　Zhang Weidong，He Weijun. A study on the reliability model of the the system in electric traction ［J］，Journal of the China railway society，1993，15（1），31-38.
　　　张卫东，贺威俊. 电力牵引接触网系统可靠性模型研究 ［J］，铁道学报，1993，15（1）：31-38.

［5］　Li Qingyang，etc. Numerical value analysis ［M］. Beijing：Tsinghua University Publisher，2005（8）.
　　　李庆杨等. 数值分析 ［M］，北京：清华大学出版社，2005 年 8 月.

绝缘油气体色谱分析判别牵引变压器故障[*]

邵华平　覃　征　张　帆

摘　要：定期对牵引变压器绝缘油中溶解气体作色谱分析，并根据历次测试记录或重复取样试验结果，考察牵引变压器的产气率，特别是运用特征气体法、IEC3 比值法等结合电气试验，是判别评估牵引变压器内部故障存在与否、严重程度及发展趋势的有效方法。

关键词：变压器；绝缘油；气体色谱；分析

1　绝缘油气体信息与变压器状态的关系

　　牵引变压器是电气化铁路的重要设备。应用电力系统气相色谱分析的方法，定期检测分析变压器绝缘油对准确监测和预报牵引变压器的潜伏性故障，提高供电可靠性，减小经济损失具有重要意义。

　　绝缘油气体信息可反映变压器的状态[1]。一则运行中强油循环变压器的油泵负压和管路密封不严等使空气混入，再则变压器局部过热（铁心、线圈、分接开关动静触头等）、局部电晕放电和电弧（匝、层间短路、沿面放电、触头断开等）均导致变压器油和固体绝缘材料老化和裂解而产生各种低分子烃类及 H_2、CO、CO_2 等气体并经对流、扩散而不断溶解在油中。产气量大于溶解量时，一部分气体还会进入气体继电器。变压器定期油气分析能及早发现变压器内部存在的潜伏性故障及发展趋势。我国标准[2,3]规定变压器油中一般（C_1+C_2）、H_2、C_2H_2 的体积分数注意值分别不应 $>150\times10^{-6}$、150×10^{-6}、5×10^{-6}（但 500kV 变压器 h（C_2H_2）为 1×10^{-6}）。

2　气相色谱分析在牵引变压器故障判别中的应用

　　铁道部公布的《牵引变电所运行检修规程》[4]规定，运行中的牵引变压器应每年作 1 次油中溶解气体（其注意值与文［2，3］标准相同）的色谱分析。

　　广深电气化铁路牵引变压器每半年作 1 次绝缘油气相色谱分析。其中平湖牵引变电所 2 号主变（1998-07-21 投运）的历次色谱分析结果见表 1。

2 号主变油气分析结果　　　　$\times10^{-6}$　　　表 1

h(B)	CH_4	C_2H_6	C_2H_4	C_2H_2	C_1+C_2	H_2	CO	CO_2
1998-07-01	0.7	—	0.4	—	1.1	47	33	452
1999-12-15	37	8.1	30	0	75.1	40	91	643
2000-07-03	41	12	33	0	86	18	66	249
2000-12-25	398	222	530	0	1150	80	151	1564
2000-01-04	535.3	250.9	613.1	—	1399.3	147	226	1777
2000-01-05	478	251	628	0	1357	120	183	1715

　　由表 1 可知，该主变 1999-12-15（投运 1 年半后）和 2000-07-03（投运 2 年后）的 h(C_1+C_2）分别升至 75.1×10^{-6} 和 86×10^{-6}，虽未超过规定的注意值，但远远高于其他牵引变压器的总烃值。且其 5 种特征气体的 IEC3 比值编码分别为 002 和 021，而 021 表示变压器内部可能存在 $300\sim700℃$ 中温范围的热故障[2]，但该主变 2000-05 的预防性试验结果并未显示异常。

　　* 本文发表于《高压电技术》2003 年 9 月第 29 卷第 9 期。

该主变 2000-12-25 的色谱分析结果显示：

①此次的 h（C_1+C_2）由 5.7 个月前的 86×10^{-6} 升至 115×10^{-6}，远大于规定的注意值，总烃相对产气速率为：$(1150-86)\times100\%/(5.7\times86)=217$（％/月），按标准[2,3]规定，相对产气速率＞10％/月即可判断设备内部存在异常；②5 种特征气体的 IEC3 比值编码为 021；③C_2H_4 占总烃的大部分，其产气速率呈急剧上升趋势；④无 C_2H_2。根据电力系统的运行经验，上述 4 特点通常为铁心多点接地故障变压器的油气色谱分析所具有。

为确认该 2 号主变存在潜伏性故障，立即重新取油样分送两供电局分析，其结果仍为：总烃高于规定的注意值并持续增长且 5 种特征气体的成分与 2000-12-25 的分析相同，IEC3 比值编码仍为 021。测量 2 号主变运行时铁心接地电流为 11.0A，＞0.1A（规定要求值）。停电后 2500V 兆欧表测量铁心绝缘电阻为 0，用万用表测量为 19Ω，故确认铁心存在多点接地故障。

吊罩检查发现，铁心底部与变压器底座间有一长约 3cm、一端已碳化的细薄月牙形金属片，底座表面有大量金属碎屑和一些碳化颗粒。清除这些杂物并将绝缘油脱气过滤后重新注入变压器，用 2500V 兆欧表测量铁心绝缘电阻为 500MΩ，满足此电阻≮200MΩ 的厂家标准。2 号主变在重新投运前 1 天和投运后第 3、10 和 30 天分别作绝缘油气相色谱分析，结果均正常，检测运行时铁心接地电流＜0.1A，符合有关技术标准[3]。

3　结　束　语

广深高速电气化铁路运用气相色谱法定期检测分析绝缘油气体信息，及时发现并消除了平湖牵引变电所 2 号主变铁心多点接地的潜伏性故障，避免了供电事故的发生。

对牵引变压器定期作绝缘油中溶解气体色谱分析并建档和连网，可有效地分析判别其电气故障的性质、类别、程度，可靠地掌握其电气性能，提高供电可靠性，避免变压器轻故障发展成重故障而导致更大的经济损失。

参 考 文 献

[1]　陈化钢. 电气设备预防性试验方法（修订版）[M]. 北京：水利电力出版社，1999.

[2]　GB/T 7252—1987，变压器油中溶解气体分析和判断导则 [S].

[3]　DL/T 596—1996，电力设备预防性试验规程 [S].

[4]　中华人民共和国铁道部. 牵引变电所运行检修规程 [S]. 北京：中国铁道出版社，2000.

Reviews of Fault Tolerant Control for Nonlinear System [*]

Huaping Shao and Jiashu Xu

Abstract: This paper presents the general principle and application of fault tolerant control for complicated nonlinear system. A new scheme, analyzing and explaining the truth of fault tolerant control, is put forward. The presented control scheme can effectively identify and accommodate nonlinear unknown faults, and the controlled system is stable and robust in uncertainties and faults.

Keywords: Fault Tolerant Control, Nonlinear System, Complex System, Uncertainty, Reconfigurable or restructurable Control (REC), Fault Detection and Isolation (FDI)

1. INTRODUCTION

Complexity Science is a 21st century' science. Complex system are characterized by poor models, high dimensionality of the decision space, distributed sensors and actuators and decision makers high noise levels, multiple subsystems and performance criteria, complex information patterns and overwhelming amount of data and stringent performance requirements.

The difficulties in the control of complex systems can be broadly classified into three categories

- Nonlinearities
- Complexity in plant controller and environments
- Uncertainty

Increasing requirement on productivity, function and performance lead to plant and controller more and more complex, and operating near design limits for much of the time. This may often result in system faults or failures. Modem controlled system has demanded performance requirements under a variety environment.

In complex system, there may be a number of configurations. Configuration is the plant in each fault mode or dynamic change. A configuration is a behavioral space of extended by the specification of all system parameters, model and constraints on the applicability of particular models. Controlling such a complex system need use reconfigurable or restucturable controller. There are two kinds of restructurability, one is spatial restructurability which involves changes of model within the same configuration, as in multiple subsystems. Another type is temporal restructurability that results form the variation of the system structure over time, as in change due to faults.

Reconfigurable or restrutruable control (REC) is a relatively new scheme in the design and development of control systems. In fault conditionos, REC is also called Fault Tolerant control (FTC). There are two direct needs driving its development:

The need for controlling plants that at change their dynamics structurally in an unpredictable fashion, meaning that at different point in time, the dynamic model of the plant has to be descried by equations having different variables and different mathematical operators.

* 本文发表于 2001 年国际分布式计算和科学应用研讨会（武汉大学），2001 年第 1 期学术会议论文集。

The need for dealing with faults in the plant and controller, meaning that a reconfigurable controller can change its parameters as well as its structure in order to compensate for a structural change (e. g. a fault) in the plant or the control system itself.

Intelligent control (IC) is the ability of control system to operate successfully in a wide variety of situations by detecting the specific situation that exists at any instant and appropriate servicing. IC has the ability of adaptation, learning, pattern recognition, decision making and self-organization. A controller responds with speed and accuracy to sudden and large changes may be considered as having intelligence. REC or FTC is key part of IC system.

In addition, there is an urgent need for improving the dependability of automated systems. Dependability is a fusion of reliability, availability, maintainability and safety, which can be enhanced by REC and FTC design.

The requirements of any good control systems are stability accuracy and speed. Achieving these in complex systems, in the presence of large uncertainty, nonlinearities and dynamic changes, is the challenge for control theories today.

Conventional controllers do not possess all the attributes in the wide variety of situations. Control system design has traditionally been based on single fixed or slowly adapting model of the system. This implicitly assumes that the operating environment is either usually not true. Many types of changes other than slow parameter variations are encountered, e. g faults in the systems, failures in sensors and actuators, external disturbances, changes in subsystem and in the system parameters. In general, complex system operate in multiple environments that may change abruptly from one configuration to another.

Changes in environment, plants, controllers and performance criteria, unmeasurable disturbances and component or system faults are some of the features which necessitate fault tolerant control, reconfigurable control as well intelligent control. Form above review, it can be seen that REC and FTC is a very important issue in the design of modern system.

2.　METHODOLOGY FOR FTC

There are several control schemes that are used to deal with the issues structural changes and faults:

- Feedback control　　　　　　gain scheduling
- Adaptive control　　　　　　robust control
- Switching control　　　　　　expert control
- Learning control　　　　　　autonomous control
- Intelligent control

One efficient REC or FTC system should be a hybrid system that integrates and fuses above control algorithms. In general, these schemes can be classified as two ways. One is called passive fault tolerant control (PFTC) scheme which uses such as adaptive controller or robust controller with feedback control to accommodate faults. Its main objectives are to achieve the stability and integrity of the system. Another is called active fault tolerant control (AFTC) scheme that reconfigures or restructures controllers or control laws based on fault detection and isolation (FDI) and reconfigurable logic or switching logic. Its goals are to retain system stability as well as improve performance. AFTC is able to enhance system dependability roundly. This is a development trend of FTC.

3.　THE SOLUTION TO FTC

A possible solution to AFTC is showed in fig 1

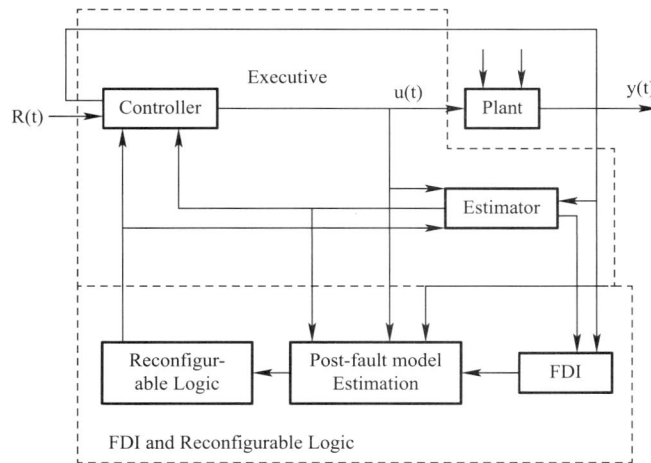

Fig1: A scheme for AFTC

Five main tasks:

- Executive control
- Fault detection
- Fault identification

Fault mode estimation
Reconfiguration logic

4. COMMENTS

Redundancy is necessary design of FTC system. Parallel or analytical one can provide redundancy. Parallel redundancy is the duplication of the controller or system hardware.

Feedback controller typically reduces the plant' output sensitivity measurement errors and disturbance inputs, so it provides certain closed-loop stability as well, if the plant is lightly damped or unstable.

Reconfigurable means that control system' structure or parameters can be altered in response to system faults. Reconfiguration is based on the control laws to maintain acceptable performance. FTC system through configuration is both adaptive and redundant, and also is intelligent system. Reconfiguration attempts to retain stability and performance characteristics.

Double threshold is need in FDI and reconfiguration logic. Note: not all faults need control reconfiguration. Only when the system' stability and performance are not accepted, so it need two threshold. One is as for FDI, another is for reconfiguration logic. In general, the threshold value for FDI is smaller than that of reconfiguration.

The methodologies for accommodating anticipated faults, which the post-fault system characteristics are known a priori, and unanticipated faults, which are not directly recognized by FDI, and exists a tradeoff between the time (speed) and accuracy to attain a solution to the reconfiguration problems and generality of the approach.

Nonlinear FDI scheme and FTC is a challenge in design of FTC system. The conventional FDIA and FTC are for linear system subject to additive faults, based on linear modeling or estimation techniques. Feedback linearization is to transform the nonlinear system into a equivalent linear one through a change of coonlinsts and nonlinear feedback.

Neural networks (NN) are suited to cope with these categories of difficulties, are have been shown them extremely efficient as pattern recognizes (for FDI), and have also been proven to be very efficient for the identification and control of nonlinear dynamic systems through a combination of both off-line and on-line learning.

Fuzzy Logic system (FLS)：FLS is name for the systems，which have a direct relation with fuzzy sets，linguistic variables and so on.

5.　PRESENT SITUATION

For anticipated faults，additive faults in linear system，a AFTC scheme based on condition monitoring and fault diagnosis (CMFD)，and State observer and switching logic (multiple models) has been presented. For unanticipated faults and nonlinear system，it has not yet presented an efficient method (scheme).

In the case of unanticipated faults，learning methodologics are require to perform simultaneous on-line identification and control of the post-fault dynamic. This corresponds to indirect adaptive control，which is well known in the adaptive linear control. In non-linear case，however，the problem becomes considerably more complex because the control is required to reject of the fault by canceling the nonlinear function representing the deviation in the dynamics due to a fault.

The objective of a learning scheme is to develop an adaptive procedure that not only detects changes in the dynamics but is also able to learn (i. e create a rough mode) these changes for the purpose of indenting and correcting the fault. Learning is an inherent component of FDIA and AFTC architecture for unanticipated fault.

REFERENCES

［1］　S. A. Reveliotis，M. M. Kolar，A framework for on-line learning of plant models and control policies for reconfigurable control，IEEE Trans. On Systems，Man，and Cybernetics，1997，Vol25. No. 11，pp1502-1512.

［2］　K. S. Narendra，S. Mukhopadhyay，Intelligent control using neural networks，IEEE Control Systems，April，1992，pp11-18.

［3］　Anthony. J Calise，nonlinear flighy control using neural networks，1997. J. of Guidance，Control，and Dynamics，Vol20，No. 1，pp26-33.

解决微机保护故障提高广深线供电可靠性[*]

黄超华　邵华平

摘　要： 针对广深电气化铁路开通以来一直存在开闭所越级跳闸现象，从理论计算和实际接线两方面对这一新型微机保护故障进行了较详细的分析，并最终找出原因所在，解决了广深线越级跳闸故障。

关键词： 微机保护；越级跳闸；整定计算

作为我国第一条运营速度达 200km/h 的广深高速电气化铁路，自 1998 年 7 月 22 日送电开通以来成功地实现了无弓网故障和大的停电事故，安全运行一周年。广深电气化铁路的设计、施工、运营和维护成绩显著，为国人瞩目。在成就面前，应该看到广深线在运营中仍暴露出许多不足和缺陷，相当一部分还直接影响到牵引供电的可靠性。下面对广深线运营中出现的故障之一——开闭所越级跳闸作专门介绍。

1　故障现象及危害

广深电气化铁路设三座变电所、两座分区亭、两座开闭所。其中设在线路两端的开闭所兼有分区亭功能，称为广州东开闭所、深圳北分区亭，分别对广州东和深圳两大站场的接触网供电。实际上两者的主接线设计、设备设置完全类同，在此仅以广州东开闭所为例说明。

现举一例子说明越级跳闸故障现象：1998 年 9 月 7 日 18：35，机车整备线一瞬时故障造成 281 开关速断保护动作跳闸，同时进线 271、272 开关跳闸——微机保护装置显示为阻抗一段动作；2s 后 281 重合闸动作开关合闸，271、272 则没有重合闸（重合闸不动作）；电力调度验明各站场接触网无故障并通过行车调度通知广州东站场所有电力机车降下受电弓，5min 钟后远动强送电成功。

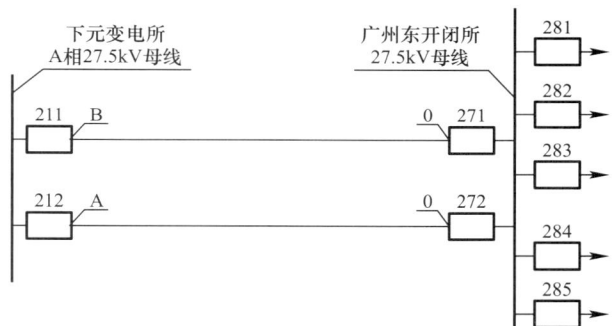

图 1　下元变电所——广州东开闭所供电示意图

这是一个典型的例子，本应由 281 开关跳闸切除机车整备线故障，却引起两进线 271、272 开关同时跳闸，直接造成开闭所所有馈出线中止供电、广州东全站场接触网停电事故。其他的 282～285 开关的任一个跳闸都同样引起进线 271、272 跳闸，这已成为广深线跳闸的"规律"。据统计数据，像上述这样的跳闸广深线共有 27 次之多，每次中断供电 3～5min，因此经常造成广深线高速、准高速列车发车晚点、到站晚点，严重影响广深电气化铁路的安全、连续可靠供电和列车的正点运行。1998 年 9 月发生的一次越级跳闸造成即将到站的"新时速"高速动车组在广州东站外停车，该事件严重损害广深公司在社会上的形象和声誉。因此，越级跳闸故障已到了非解决不可的地步了。

2　保护原理分析及整定计算

2.1　广州东开闭所

结合上一级电源，对广州东开闭所的保护原理进行分析。参见图 1，由于供电距离短，广州东开闭

＊　本文发表于《电气化铁道》2000 年第 1 期。

所的 5 路馈线 281～285 均只设电流速断保护（282、283 预留阻抗保护），动作值按躲过馈线最大负荷 $I_{fmax}=400A$ 来整定，电流互感器变比 $n_L=400/1$，取可靠系数 $K_K=1.2$，计算速断动作值为 $I_{DZ}=K_KI_{fmax}/n_L=1.2A$，速断保护动作时限取 $t_0=0.10s$。

对于开闭所进线开关 271、272 的保护则复杂一些。因为进线 271、272 开关不但要作为馈线 281～285 开关的后备保护，还要完成分区亭保护的功能，即当广州东——下元区间的下行（或上行）接触网出现接地故障时，271（或 272）开关应能及时跳闸，切断广州东——下元区间接触网的 A—0—B 闭环供电。为此在 271、272 开关设置了方向阻抗和过电流保护，使用进口 Siemens 的微机保护继电器。271、272 开关作为开闭所母线保护和馈线 281～285 开关的后备保护，其过电流保护按躲过最大负荷 $I_{fmax}=500A$ 来整定，电流互感器变比 $n_L=400/1$，取可靠系数 $K_K=1.2$，计算速断动作值为 $I_{DZ}=K_KI_{fmax}/n_L=1.5A$；取时限阶梯 $\triangle t=0.30s$，按阶梯原则过电流保护时限整定为：

$$t_1=t_0+\triangle t=0.10+0.30=0.40s$$

271、272 开关的方向阻抗保护特性是起始角为 $\alpha=-15°$、终止角为 $\beta=85°$ 的扇形特性（图 2）。保护方向为线路侧，即 271 的阻抗保护范围为 0—B 段全长，272 的阻抗保护范围则是 0—A 段全长（图 1）。

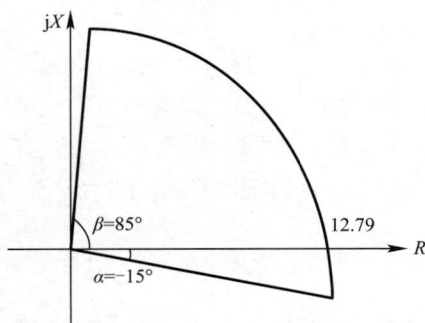

图 2　271、272 的阻抗保护特性

下面进行 271、272 开关的阻抗保护整定值计算。已知广州东——下元区间长 $L=13.9km$，接触网单位长度自阻抗 $Z_1=0.0940+j0.3450$（Ω/km）、单位长度互阻抗 $Z_2=0.0214+j0.0922$（Ω/km），电流互感器变比 $n_L=400/1$，电压互感器变比 $n_y=27500/100=275$。计算接触网单位长度阻抗：

$$\begin{aligned}Z_{g1}&=|Z_1-Z_2|\\&=|(0.0940+j0.3450)-(0.0214+j0.0922)|\\&=0.263\Omega/km\end{aligned}\qquad(1)$$

换算到继电器侧（二次侧）：

$Z_{g2}=Z_{g1}n_L/n_y=0.263\times400/275=0.383\Omega/km$

取可靠系数 $K_K=1.4$，计算 271、272 开关阻抗整定值为：

$Z_{dZ}=K_KZ_{g2}L=1.4\times0.383\times13.9=7.453\Omega$

保护动作时限取为 0.10s。

2.2　下元变电所的 211、212 开关

下元变电所 211、212 开关也是使用进口 Siemens 的微机保护继电器，设有电流速断、方向阻抗保护两种主保护。电流速断保护按躲过线路末端 0 点的最大短路电流 I_{omax} 来整定，约能可靠保护线路全长的 60%；速断保护延时取 0.10s。

211、212 开关的方向阻抗保护设有两段：阻抗一段保护特性为 $-15°$～$85°$ 的扇形特性（图 2），按保护线路全长的 85% 整定，保护动作时限取为 0.10s；阻抗二段保护特性则是 $36°$～$85°$ 的扇形特性，保护环线供电全长（即图 1 的 A—0—B 段）并有 1.4 倍的灵敏系数。因此阻抗二段还同时作为广州东开闭所全部馈线和进线的后备保护，其保护动作时限要跟广州东开闭所的进线 271、272 开关和馈线 281～285 开关的保护时限配合。按阶梯原则选择取 $\triangle t=0.30s$，则 211、212 开关阻抗二段保护动作时限：$t_2=t_1+\triangle t=0.40+0.30=0.70s$。

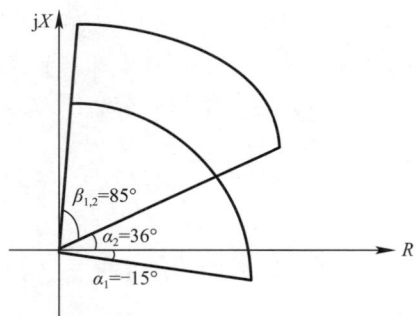

图 3　211、212 的阻抗二段保护特性

3　故障处理过程及解决结果

将以上分析、计算结果与实际保护装置的整定值一一比较，并无差错。使用变电二次检测车对各相关保护回路进行试验、对保护整定值进行实测，发现保护回路接线、保护时限值正确，保护动作值虽有些偏差但在允许范围内，不可能造成误跳闸。

再认真分析，广州东开闭所越级跳闸时271、272阻抗保护动作，这是不正常的，271、272阻抗保护只应保护变电所侧的接触网线路。判断是271、272的阻抗保护反向，于是1998年10月采取措施调换了271和272电流互感器二次侧接线。这样271、272的阻抗保护正常了，但发现越级跳闸依然存在，只是271、272保护显示为电流速断动作。疑问的焦点放在开闭所进、馈线的速断保护时间配合上，此后专门针对281～285和271、272保护装置的电流速断延时前后做过两次保护测试，结果都是0.10s和0.40s时限配合正确无误（在误差允许范围内）。问题有些复杂化，既然保护动作值正确、保护时限配合正确，为什么还会有越级跳闸现象？

馈线281～285开关使用的是国产插板式成套保护装置，且只有一种保护——电流速断，保护逻辑和接线都较简单，检查后没有发现问题。进线271、272开关使用的是进口Siemens微机保护装置，所有保护、监测、显示、接线等功能都集中在一个单体机箱内，人机对话通过面板上的小键盘和LCD液晶显示器进行。外方资料称这一个装置为"保护继电器"，型号为7SA518。

7SA518的速断跳闸逻辑原理（图4）描述如下：电流互感器变换后的接触网短路电流I_{aci}进入7SA518，经内部的滤波、保持、取样、数值运算等过程计算出短路电流有效值，与预先存储的整定值比较，若高于整定值则驱动"接点输出9"闭合，"输入10"受激励（110V直流电压）启动保护继电器内部的延时计数器，延时0.40s后驱动跳闸接点闭合，导通断路器跳闸回路、断路器跳闸。其中速断整定值、延时值都是可调的，0.40s是广州东开闭所271、272的速断整定时间。

回路并不太复杂，速断整定值、延时值也都经实测证明是准确的，因此问题必然是0.40s的速断延时不能返回。也就是当激励源——短路电流消失后，延时计数器能否回零、取消跳闸。由于条件所限，无法通过试验检查0.40s的速断延时返回功能，问题一时难以解决，陷入了僵局。后经多方

图4　7SA518速断回路原理示意图

查找资料、与外方联系、分析，发现7SA518的地址1133整定有"信号接点最小保持时间0.75s"（原文为英文，信号接点即"接点输出1～12"），据此故障原因就可以明白了：由于"接点输出9"一经启动就要保持闭合0.75s以上，大于速断延时0.40s，造成"输入10"持续受激励，延时计数器也就不能返回了。0.75s是7SA518地址1133的缺相整定值，经咨询外方决定将其修改为0.20s，小于0.40s。

1999年3月9日修改了深圳北分区亭、广州东开闭所271、272保护7SA518地址1133的整定值，3月10日广州东开闭所一次馈线瞬时故障跳闸、重合闸成功，进线271、272没有跳闸。

至此，持续7个多月的广深线开闭所越级跳闸故障完满解决。

4　结　　语

微机保护作为近几年迅速发展、推广的保护类型，集计算机软、硬件技术和继电保护原理于一身，大大提高了产品的集成度和保护动作的准确性、时效性，给继电保护技术带来飞跃。另一方面由于微机保护技术含量高、结构复杂，要求运营维护人员有较高的素质。这就促使技术人员必须加强学习研究、充分掌握该领域的技术，为提高牵引供电可靠性而不懈努力。

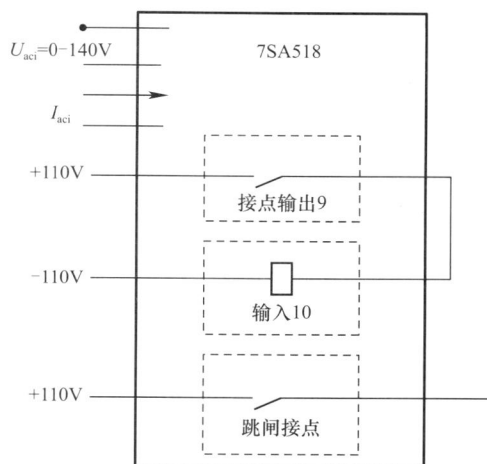

广深线 250km/h 接触网运用 1 周年[*]

邵华平　黄超华

摘　要：通过对广深线 250km/h 接触网 1 年多来的运行情况回顾，参考国外高速铁路先进技术，对我国未来的高速铁路接触网的一些主要技术问题提出了建议。

关键词：广深线；高速铁路；接触网

高速铁路是铁路的发展方向，也是铁路与公路、航空等其他运输方式激烈竞争的需要。而电力牵引是高速铁路的必然选择，接触网技术则是实现高速电力牵引的关键性技术之一。接触悬挂和受电弓组成一个复杂的振动系统，这两部分都达到相应的标准时才能获得较好的高速弓网受流质量。理论研究和实践经验都表明，在满足稳定性、安全性的前提下，理想的接触网应是弹性小而均匀的。广深线的接触网按 250km/h 设计，实际最高运营速度 200km/h。1999 年 8 月时速 200km 的 1 动 6 拖旅客电动车组，在广深线实际试验最高速度达 223km/h，是目前我国运营电气化铁路的最高时速。

1　广深线应用接触网技术的回顾

1.1　直供加回流线供电方式

直供加回流线供电方式具有结构简单、投资少，施工、运营维护方便的突出优点，在各种供电方式的技术经济比较中有很大的优越性。

1.2　大张力简单链形悬挂

广深线在高速区段应用 TJ127＋Risl20（20kN＋15kN）的大张力全补偿简单直链形悬挂系统，无支柱吊弦，用大轮径铝合金滑轮组进行张力补偿。

轻质高强度接触线是高速弓网受流的技术关键。表征该特性的指标是导线波动传播速度：

$$v_c = 3.6\sqrt{\frac{T}{\rho}}　\text{（km/h）}$$

式中　T——接触线张力，N；

　　　ρ——接触线线密度，kg/m。

为获得良好的高速弓网动态受流性能，运营速度 v 与波动传播速度 v_c 的比值 $\beta＝v/v_c$ 一般小于 0.7。由于接触线波动传播速度限制着运营速度的进一步提高，所以高速接触网必须使用质量轻、抗拉强度高的线材。广深线使用截面 120mm² 的银铜合金接触线 Ris120，张力 15kN，波动传播速度为 426km/h。银铜接触线还有一个突出优点是耐高温软化特性，这对于位处南方高温地区、内燃电力混合牵引的广深线是很适宜的。

高速区段保持全锚段承力索和接触线具有均匀恒定的张力十分重要。因此，广深线采用了高传动效率的大轮径轻质铝合金补偿滑轮组，而且铜承力索和银铜合金接触线有相同的线涨系数，实现了不同温度下吊弦无偏移，能很好地保证各种温度下全锚段承力索、接触线的张力均匀恒定。

＊　本文发表于《中国铁路》2000 年第 1 期。

定位点接触网弹性较差，易造成受电弓受冲击、离线，这是简单链形悬挂的最大缺陷。广深接触网采用合理布置跨中吊弦、取消支柱吊弦和跨中预留弛度等措施来试图缓解矛盾，但实际效果并不理想。

1.3   高稳定性防风支撑结构

广深线地处台风多发区。因此，接触网设计多处体现了抗强风特点。在腕臂装配上，取消了悬式绝缘子、拉杆、压管，代之以刚性棒式绝缘子、$\phi60$ 的管状水平腕臂（某些地段如锚段关节转换柱采用 $\Phi76$ 的特加强型腕臂），既可受拉又可受压。增加了 2 组防风支撑加强管，与水平腕臂、斜腕臂及定位管构成 2 个三角形，大大加强了整个腕臂支撑结构的稳定性。

另外，广深线广泛使用的硬横梁-吊柱、钢筋混凝土圆支柱及其新型基础都为提高接触悬挂的稳定性起重要的作用。

1.4   高抬升量长弓形定位器

高速段采用进口法国的弓形定位器——长定位立柱式定位装置。特殊设计的长大弓形定位器允许高速通过的受电弓有较大的横向摆幅和很大的抬高量（如图 1 所示，允许 Δh 达 400mm），而且使用轻型铝合金材质，减少了接触线的集中负载，有利于受电弓平滑通过定位点。长定位器同时可以允许接触线有较小的拉出值（广深线采用了 200mm 的拉出值），给弓网运行留下了很大的安全裕度。

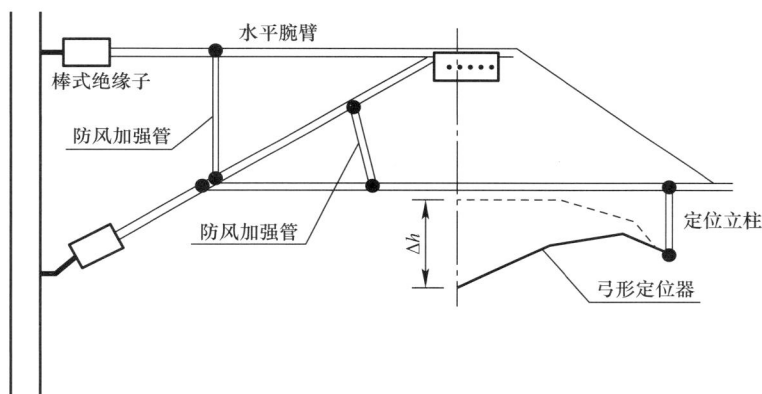

图 1   深线腕臂支撑结构示意图（反定位）

1.5   绝缘锚段关节处采用的车上动作式自动过分相

分相由 2 个绝缘锚段关节中间夹 1 个中性锚段组成，无电区大约 120～160m，采用地面磁铁发信号、车上动作式自动过分相。车上动作式过分相可大大简化地面和接触网部分的设备，减少投资。但也存在无电区太长的缺点，同时受电弓在有电区、无电区、有电区的滑行过程中有 2 次短时的拉弧现象。虽然电弧是容性电流，数值不大，但实践表明，固定地点、长时间重复的电弧高温对受电弓滑板和接触导线烧蚀严重，对接触线的长期影响有待进一步观察。

1.6   无交叉线岔

广深线是国内第 1 次应用无交叉线岔。通过合理布置正、侧线接触线的拉出值和侧线接触线的适当抬高来保证受电弓正线通过时不会碰触到侧线接触线，同时正-侧线、侧-正线进入时可利用受电弓导角平滑通过。因此，无交叉布置方式克服了交叉形线岔弹性差的弱点，具有优越的正线高速通过性能，受电弓不会触到侧线接触线，也就不可能发生弓网事故。无交叉线岔拉出值、抬高值调整比较严格。

1.7　整体吊弦、轻质无螺栓线夹

广深线还采用了压接式整体吊弦、轻质无螺栓线夹以及腕臂装配上的不锈钢防松螺栓、螺母、垫片等新技术、新材料。这些都极大地简化了接触网的日常维护检修工作，为实现接触网少维护以至无维护提供了可能，也为推行接触网状态修提供了方便。实践证明这些新技术、新材料、新工艺的应用是成功的。

广深线自 1998 年 8 月 28 日运营速度 200km/h 的"新时速"列车投运以来，已实现安全运行 1 周年。1999 年 6 月、8 月经铁道部科学研究院接触网检测车检测，导高、拉出值、硬点、离线率均符合铁道部标准，也经受了 9908 号强台风的正面袭击，未发生弓网故障。当然，这也与良好的线路质量、电力机车受电弓优良的整备质量有密切的关系。

广深线接触网还承担了国产 200km/h 电动车组试验。当然，初期运营仅 7 台电力机车往返，弓架次不够多，供电量仅 160 万 kwh/月；对操作过电压和大气过电压的防护尚存在一些问题，虽作了一些技术改进，供电跳闸率仍大大超过部定安全优质段标准，这也与东南沿海重雷区的特殊情况密不可分。

2　对我国未来高速接触网技术的几点看法

我国已在几条主要干线广泛提速，未来还会新建高速铁路。结合广深线 1 年来的运营实践，并参考法国、日本、德国等国的高速铁路技术，提出如下建议。

2.1　供电方式

应优先考虑直供加回流线方式。

德国专家曾经对 AT 和直供加回流线 2 种供电方式作过详细的技术经济比较，结论是直供加回流线方式更为优越。AT 供电方式网上结构复杂，大大增加了维修及事故抢修时供电作业的困难，与现在广深线对比明显。

2.2　悬挂方式

应优先考虑全补偿弹性链形悬挂。

日本使用的重型双链形悬挂虽有较好的弓网受流质量，但结构复杂、投资大、维护检修复杂，经技术经济比较证明是不可取的，法国、德国一直就不采用。日本在新建的高速新干线也开始采用简单链形悬挂。法国、德国之间则存在简单链型和弹性链型之争。

广深线运行 1 年来，在整治接触网硬点时（硬点由接触网动态检测车通过测量受电弓受到的冲击加速度检测到），发现很多硬点所在支柱点并没有线夹打碰弓痕迹，附近接触线也很平滑、没有硬弯。因此，硬点也无法得到整治、消除。同时还普遍发现在支柱点向运行方向 3～5m 的接触线底面有很多电弧烧蚀的"麻点"（图 2）。这是由于定位点接触线弹性差又有定位器、位线夹等集中负载，形成相对的"硬点"，引起受电弓离线拉弧。运行的受电弓轨迹在空间上是波浪形的，接触线弹性差的定位点处形成振动下拐点，跨中则是振动的上拐点。而且下拐点处振动加速度明显大于跨中的上拐点处。高速区段接触线弹性不均的矛盾更加突出，200km/h 区段每秒钟就通过一个定位点，受电弓跟随性能稍微不佳就会在刚过下拐点处形成离线、拉弧。上述现象分析可以在接触网动态检测车的录像观察中得到证实。

位置固定的、长时间重复的电弧烧蚀不但影响弓网受流质量，而且对接触线危害是明显的。电弧下导线的金相结构、机械强度有多大的变化，尚需研究观察。这造成大量增加检修工作量、加速接触线磨耗，以致最后不得不提前换线。

广深线的实践表明，改善定位点的接触网弹性十分必要，全补偿则是保证接触线弹性均匀、恒定所必须的。因此，国内 200km/h 及以上速度的铁路应优先考虑弹性链形悬挂。

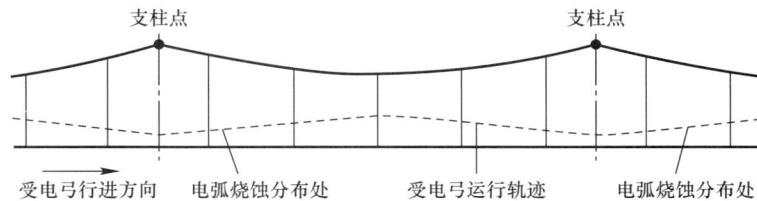

图 2　受电弓运行轨迹及离线电弧烧蚀处

2.3　接触网线材

建议使用大张力的铜铰承力索加铜合金接触线。

增大铜接触导线截面可实现大张力悬挂，但导线线密度也同时增加，而且生产、施工调整也困难，因此不可取，需要另行研制高强度的铜合金接触线。广深线使用的 15kN 悬挂张力的 AgCu120 接触线可以适应 250km/h 的运营速度需要，更高的运营速度可采用高强度的镁铜合金接触线。

国产的 MgCu120 接触线已于 1999 年 3 月在上海电缆厂研制成功，各项机电性能经测试全面达到德国同类产品要求，能以 27kN 悬挂张力架设，导线波动传播速度高达 572km/h，适应 350～400km/h 的运营速度需要。

2.4　支持、支撑装置和接触网零部件

建议推广使用硬横梁、管形水平腕臂等刚性支撑装置，普及应用整体吊弦、轻质高强度无螺栓线夹、不锈钢防松螺母螺栓等。

硬横梁等刚性支持方式能在各种环境条件（风吹、温度变化等）下最大限度地保持接触悬挂点的空间位置固定，保证弓网运行安全，软横跨则难以做到这一点。广深线的实践表明，压接式整体吊弦、轻质高强度无螺栓线夹、防松不锈钢螺栓等提高了接触网的可靠性，极大地简化了日常维护检修工作。铜质压接式整体吊弦还能加强承力索、接触线的联系，有利于承力索参与载流、适应高速区段机车牵引电流大的需要。

但广深线腕臂结构中（图 1）的 2 根防风加强支撑及其附属的 4 个套管双耳、8 套螺栓螺母垫片，成倍地增加腕臂上的零部件数目，使整个腕臂结构显得笨重复杂，施工不便，运用可靠性下降。因此应考虑在不降低腕臂整体结构强度的前提下，省掉其中的 1 根或全部 2 根防风加强管。随着接触网材料技术的发展，这应该是可能的。此外，硬横梁、支柱杯型基础、加强型拉线基础对接触网的稳定性也有明显的好处。广深第 3 线电气化设计还考虑用耐腐蚀的钢绞线取代 ϕ4.0mm 的镀锌铁线。

2.5　其他

（1）定位装置应推广使用轻质铝合金制造的长弓形定位器加长定位立柱形式。

（2）自动过分相建议采用绝缘锚段关节加车上动作式自动过分相。

（3）线岔建议高速区段采用无交叉线岔形式。但运营维护中需注意严格调整并保持线岔的正、侧线接触线拉出值和侧线各点的抬高量。

对繁忙 AT 区段无人看守道口事故的思考——
"10·10"横㵲区间道口事故剖析[*]

汉口供电段　邵华平

摘　要：本文通过对京广线 K1167＋400 无人看守道口一次事故的分析，从防护桩设置，技术管理，事故抢修，协调组织等四个方面，分析了 AT 供电方式下繁忙干线区段无人看守道口如何减少事故，保障运输畅通及供电安全作了较全面的探索。

关键词：电气化铁道；道口；事故分析

图 1　事故现场

10 月 10 日 14 时 36 分，京广线横店——㵲口区间 K1167＋400 处无人看守道口，发生了一起汽车与上行货物列车侧面冲突事故。列车由于运行的强大惯性，将汽车一直推到 K1166＋800 处才得以停止，致使该区段接触"网 74"柱防护桩（该防护桩按郑铁机函（1989）415 号文件规定，以 ϕ400 等径水泥圆杆制成，露出地面高度为 2000mm）、74$^\#$ 柱、68$^\#$ 柱、66$^\#$ 桩受汽车尾部撞击拦腰折断，支柱上的支撑定位装置，附加悬挂全部遭受严重破坏，K1166＋800～K1167＋400 范围内的承力索断成数股，接触线严重扭曲和烧熔，直接经济损失达 11 万余元。（图 1）。其他如电务高架信号机。工务设施等也遭到不同程度的破坏。这次事故影响范围之大，破坏之严重，恢复难度之大，在繁忙干线上都是少见的。

AT 供电方式下的运输繁忙干线，如何避免类似事故的发生，确保运输生产和供电畅通，很值得我们思考。

1　无人看守道口的设置要求和管理办法

由于铁路沿线道口众多，不可能每处都设专人看守。对于无人看守道口的设置，要尽可能满足两个方面的要求：一是瞭望要求，要保证铁路和公路都具有良好的瞭望要求，以便在紧急情况下，有足够的时间采取紧急刹车制动措施；二是地理要求，穿越铁路的公路地势要相对平坦，不应有较大的下滑坡度，便于机动车辆在紧急情况下能一次刹车成功。发生本次事故的地点，就存在瞭望困难的问题，一条突起的土岗阻碍了公路和铁路的视线。（见图 2 现场平面图）。当然，由于受客观条件所限，如果不能满足以上两个要求，就应该考虑其他办法预防事故的发生。首先从技术上改进。通常，无人看守道口只设有道口标志、道口护桩及鸣笛标等设施。由于麻痹思想和侥幸心理，很多行人和机动车辆对此引不起足

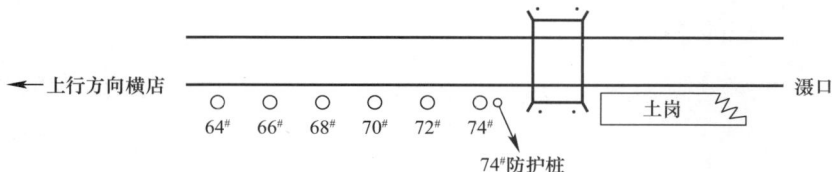

图 2　事故现场平面图

* 本文发表于《西铁科技》1995 年第 2 期。

够的警觉。如果考虑用远动控制的灯光和音响信号，提前预告列车信息，将会更为有效。其次是从管理上改进。无人看守道口至今没有一个行之有效的管理办法，如果我们把这些道口给地方管理，实行有偿使用，对过往机动车辆收费，那么地方得利，铁路得安全，这种管理办法需要我们探索。

2　接触网支柱防护桩的技术改进

为了防止列车在无人看守道口与抢道的机动车辆相撞而砸断接触网支柱，在复线区段无人看守道口列车前进方向的支柱内侧，均设置了支柱防护桩。防护桩距地面高为 2000mm 以上，通常以 φ400 等径空心水泥圆杆制成，也有以废旧水泥枕代用。随着列车运行速度越来越高，牵引货物质量越来越重，尤其是京广线郑武段韶山四型电力机车牵引的列车重量达 4000～5000t，这种防护桩能否满足新的运输形势的需要，答案显然是否定的。本次事故，列车撞击汽车后，在强大的惯性作用下，将汽车推行了 600 余米，不仅突破了 74# 柱防护桩，使之崩于一溃，继而还将 74#、68#、66# 柱拦腰砸断，由此可见其冲击力非常之大。因此，有两个问题需要我们考虑：一，按常规一根支柱只设一根防护桩是否继续有效？二，钢筋混凝土结构的防护桩抗冲击强度是否继续有效？如果我们从运输生产和安全供电的大局出发，采取积极稳妥的态度，是有必要增设防护桩数量，或使用抗冲击强度更高的材料（如废旧钢轨）来取代的。当然，增加或改换，必定会增加大笔费用，但对于防止道口接触网故障是大有裨益的。尤其是在 AT 区段，由于有附加悬挂（含正馈线、肩架和绝缘瓷瓶），一旦发生事故，其恢复难度和对运输供电的影响，要比 BT 直供区域大得多，因此，从安全角度出发，AT 区段防护桩所承担的责任比 BT 直供区段大得多，增加或增强的意义大得多。增设一根防护桩费用需 500 元，而这起道口事故，造成接触网直接经济损失 11 万余元，中断列车运营 6 小时 47 分钟，按京广线四显示区段每 8 分钟通过一趟列车，共影响了 50 趟列车的正常运营，其间接经济损失是不言而喻的。

3　制定有效的停电方案，缩小抢修停电范围

AT 供电方式下，进行接触网故障抢修，如何选择有效的停电方式，尽可能地缩小停电范围，减少对运输的影响，是值得探索的问题。首先，如果采用整个供电臂停电，如江岸西至三汊埠供电臂，其停电范围长达近百公里，对运输干扰之大显而易见，因而是不足取的。其次是采用 AT 解列运行方式，虽然能缩小停电范围，但需要对变电所断路器整定值重新调整，调整后的整定值，能否满足正常情况下的供电运输，尚待进一步考证。采用"V 形天窗"停电抢修是缩小停电范围较好的方案，但必须满足"上下行接触网带电设备的间距大于 2m"这一条件。尤其对于发生类似"10·10"事故，接触网大面积破坏，设备偏移量大，保证 2m 间距至关重要，如不能保证，那么只能实行"垂直天窗"了。"10·10"事故实行"V 停"抢修作业，就是在这一前提条件下进行的。

4　用正确的抢修方案、协调的组织指挥，可缩小停电时间

缩小事故抢修的停电时间，离不开正确的抢修方案和协调的组织指挥。

在抢修方案的准备上，供电段、电调、行调要加强道口大事故的预防活动，要对不同的地理条件，不同破坏程度的事故，制定出包括抢修机具材料、抢修列车运行线路等在内的细致的抢修方案，最好能存入计算机，一旦发生事故，就可以择其最佳方案。在抢修列车、通讯照明、生活后勤等方面，要建立行调、电调、供电段、电务段、生活段的协调关系，在事故抢修时，能各项有落实，各项有保障。"10·10"事故抢修列车到达不够及时，一定程度上影响了抢修的进度。又由于此次事故范围长达 600 余米，供电段所携带的照明用具满足不了需要，致使很多工作只能摸黑进行，既增加了抢修的难度，安全也得不到保障。

"10·10"道口大事故，对供电抢修的组织指挥提出了更高要求。首先是事故现场人员复杂，工务、电务、公安、车站、供电系统以及围观群众多达200多人，有效地调动指挥职工存在一定的困难；其次是事故现场难以清理。接触网74#、66#柱倒向线路外侧的稻田里，"68"柱倒在列车顶部，使接触悬挂和附加悬挂东扯西拉，并且汽车卡滞在机车轮下难以分离，分离后还需人工将汽车推出抢修范围，才能展开抢修。"10·10"事故发生后，汉口供电段党政工团全班人马，带领四个工区，出动两台作业车，以最快的速度到达现场，并对事故范围进行了全面的巡视。在抢修点未下达之前，他们先集中职工清理了事故现场，清楚了障碍，做好了抢修的准备工作。抢修作业中，实行统一指挥，每个作业点设专人负责，将抢修方案和作业程序传达到每位职工，使职工在抢修时心中有数，步调一致。"10·10"事故自16：55开始抢修，至20：56抢修完毕消令，仅用了4小时01分，这是非常难得的。另外，由于事故范围大，且事故地段处于上坡道，为了保证列车能降弓通过，按要求设300米降弓区比较困难，增加了抢修作业工作量。事实证明，列车降弓通过降弓区，其惰行距离有相当的富余，可达440m左右，如果在抢修时适当增加降弓区长度，或者采用列车减吨运行，将更能缩短抢修时间。

运用 DIGSI 软件分析分区亭自动重合闸不起动的原因[*]

张　帆　黎家武　邵华平

摘　要：广深高速电气化铁路自正式开通以来，仙村、樟木头分区亭断路器在牵引网发生短路、保护动作跳闸后，从未自动重合。运用 DIGSI 软件对西门子保护的报告和故障波形进行分析，确定了分区亭自动重合闸不起动的原因，为恢复自动重合闸的正常动作提供了解决办法。

关键词：分区亭；西门子保护；自动重合闸；DICSI 软件

1　引　　言

广深高速电气化铁路全长 139.5km，采用复线单边并联供电方式。全线共有 3 个牵引变电所、3 个分区亭和 1 个开闭所，正常运行时，分区亭（开闭所进线）断路器闭合，实现同一供电臂上、下行牵引网末端并联。自 1998 年 8 月 28 日正式开通以来，仙村、樟木头分区亭断路器在牵引网发生短路、保护动作跳闸后，从未自动重合，只能人工手动或远动合闸。用变电二次检测车试验仙村、樟木头分区亭西门子保护自动重合闸功能，断路器在保护动作跳闸后，经设定的延时，自动重合成功。如何正确分析分区亭自动重合闸不启动的原因，成为广深电气化铁路牵引供电需解决的一个技术问题。

2　分区亭自动重合闸的工作原理

广深线牵引网采用的西门子 7SA518 数字式架空接触网保护，提供了距离、高速过电流、紧急过电流、故障定位、自动重合闸等功能，自动重合闸后加速保护动作。广深电气化铁路复线单边供电示意图见图 1，正常运行时，分区亭 271、272 断路器闭合，当上行牵引网 II 的 D_1 发生短路时，272 与 212 断路器将同时跳开（注：牵引变电所和分区亭馈线保护的距离 I 段和高速过电流的动作时限均整定为 0.1s），2s 延时后，212 断路器重合，272 断路器通过 2 个电压继电器分别检测上、下行牵引网电压（见图 2 分区亭自动重合闸检有压回路），只要 1 个电压继电器的常开触点仍断开（即上行或下行牵引网无电），自动重合闸将闭锁，避免重合于故障线路。

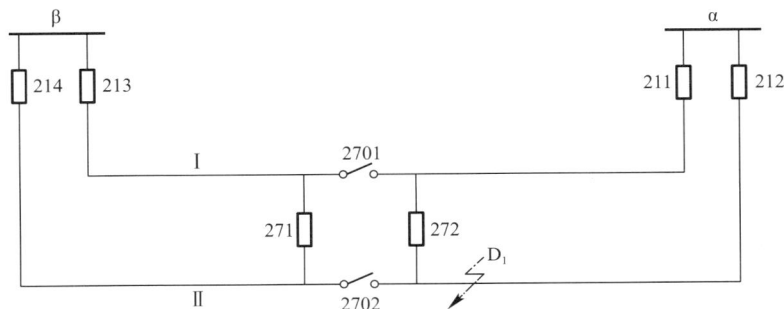

图 1　广深高速电气化铁路复线单边供电示意图

*　本文发表于《电气化铁道》2001 年第 2 期。

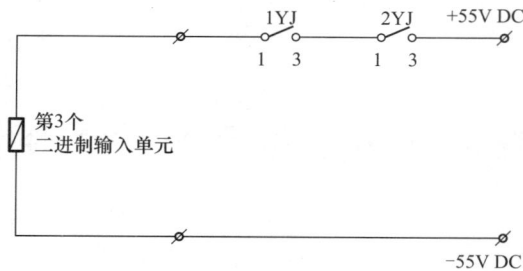

图 2　分区亭自动重合闸检有压回路
（注：1YJ、2YJ 为检有压电压继电器）

3　运用 DIGSI 软件分析分区亭自动重合闸不起动的原因

西门子公司为 7SA518 数字式架空接触网保护的维护人员提供了 1 台笔记本电脑和 1 套 DIGSI 运行/分析软件。通过 DIGSI 软件，维护人员使用笔记本电脑可以实现与保护装置的通信，便于查看、修改、保存参数设定、功能配置、运行及故障数据。为分析分区亭自动重合闸不启动的原因，用变电二次检测车测试分区亭西门子保护的自动重合闸功能，断路器在保护动作跳闸后，经设定的延时，自动重合成功，将分区亭自动重合闸的延时由 2s 改为 3s，牵引变电所馈线自动重合闸的延时仍设定为 2s，在牵引网发生短路，分区亭保护动作跳开断路器后，自动重合闸仍不启动。运用 DIGSI 软件对仙村、樟木头分区亭西门子保护产生的报告和故障波形进行分析发现：

（1）保护装置在牵引网短路时产生的故障报告中均有"AR：最后跳闸（Definitive trip）"，故障波形中均有"AR 未准备好"脉冲。

（2）在牵引网发生短路及天窗点牵引网停电时，运行报告中均有"闭锁自动重合闸开始"，在牵引网短路故障消除、网压恢复正常及天窗点结束、牵引网送电时，运行报告中均有"闭锁自动重合闸解除"。经核对西门子保护指令手册，有关解释如下：

（1）AR：最后跳闸

如果在自动重合闸的延时期间自动重合闸被闭锁或在自动重合闸已经被闭锁时保护发出跳闸命令，保护装置都将进行最后跳闸并将不再进行自动重合闸。

（2）AR 未准备好

AR 未准备好是在自动重合闸被闭锁或最后一次自动重合闸（注：西门子保护允许设置多重自动重合闸循环）的复归时间结束时产生的一个共同的报告。

（3）闭锁自动重合闸

闭锁用以防止起动自动重合闸或结束一个已经启动的自动重合闸循环。自动重合闸功能被关闭或者二进制输入接受到外部的闭锁信号都将导致闭锁自动重合闸。

分区亭自动重合闸检有压回路的第 3 个二进制输入单元（Binary Input 3）被定义为"第 3 个二进制输入单元不受电时，闭锁自动重合闸"。在牵引网发生短路或天窗点停电时，电压继电器常开接点断开，西门子保护装置中第 3 个二进制输入单元因失压而闭锁自动重合闸。分区亭西门子保护的故障报告显示出在保护发出跳闸命令时或在自动重合闸延时期间自动重合闸已经被闭锁。

分区亭西门子保护记录的故障图形可以解释变电二次检测车试验分区亭自动重合闸成功的原因。以仙村分区亭 272 断路器为例，2000 年 8 月 26 日 15：50：51 高速牵引网发生短路，故障图形（图 3）显示牵引网电流升高、电压降低，分区亭电压互感器（27.5/0.1kV）二次电压最低为 17.1V，小于 2YJ 的动作值（63V），272 断路器电流互感器（400/1A）二次侧电流最大值 3.161A，高速过电流整定值为 1.2A，在保护动作跳开 272 断路器之前，"AR 未准备好"脉冲就已经出现，272 断路器跳闸后非故障侧网压回升，牵引变电所馈线断路器自动重合成功后，272 断路器未能自动重合。2000 年 12 月 1 日用变电二次检测车试验 272 断路器自动重合闸，故障图形（图 4）显示故障电流持续 100ms 后高速过电流动作，2YJ 电压最低为 79.9V，始终高于其动作电压，图形中未有 "AR 未准备好"脉冲。笔者观察到变电二次检测车在试验分区亭自动重合闸时，先用 2 个通道将电压加在 1YJ 和 2YJ 上，使其常开接点闭合一直持续到断路器重合之后，运行报告记录事件发生的时间顺序如下：

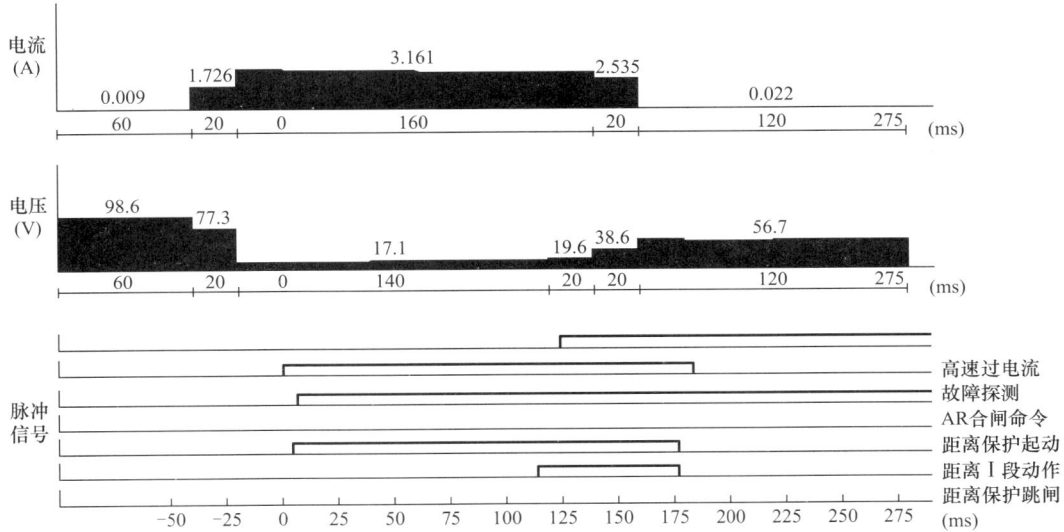

图 3　2000 年 8 月 26 日 15∶50∶51 高速牵引网短路仙村分区亭 272 断路器故障图形

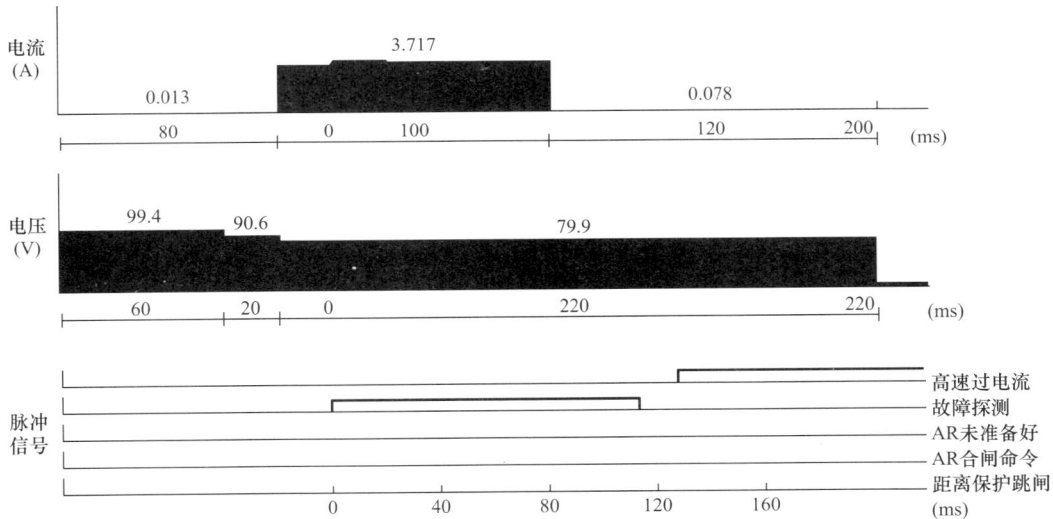

图 4　2000 年 12 月 1 日仙村分区亭 272 断路器自动重合闸试验故障图形

01/12/00 18∶26∶24.873　AR 闭锁解除（检测车对 1YJ、2YJ 加压）
01/12/00 18∶26∶25.179　保护探测到故障发生
01/12/00 18∶26∶25.307　高速过电流动作
01/12/00 18∶26∶28.490　AR 闭锁开始（检测车停止对 1YJ、2YJ 加压）

4　结论及措施

在牵引网发生短路时，分区亭自动重合闸检有压回路中 1YJ 或 2YJ 的常开接点断开，在保护发出跳闸命令或在自动重合闸的延时时间内，自动重合闸已经被闭锁，断路器在进行了最后跳闸后，不再重合。

要真正实现分区亭检有压自动重合闸，就必须对分区亭自动重合闸检有压回路进行修改：

（1）将检有压电压继电器的常开接点与一时间元件串联，当牵引网失压时，时间元件启动开始计时；

（2）时间元件的延时打开接点与第 3 个二进制输入单元（仍可定义为无压闭锁自动重合闸）串联；

（3）时间元件的延时整定应大于牵引变电所馈线自动重合闸的延时时间而小于分区亭自动重合闸的延时时间。

参 考 文 献

［1］　7SA518/519 V3.0 数字式架空接触网保护指令手册. 西门子公司. 1997.

［2］　西门子保护 DIGSI V3.2 运行和分析软件指令手册. 西门子公司. 1997.

气相色谱法分析牵引变压器潜伏性故障[*]

邵华平　张　帆　湛运南

摘　要：牵引变压器是电气化铁路的重要设备，供电段每年进行的预防性试验是保证其安全运行的重要措施。现有的预防性试验方法在一般情况下，不能在带电时有效地发现变压器内部的潜伏性故障。气体继电器也不能真正反映所出现的故障，甚至发生误动作。气相色谱法通过定性、定量分析变压器绝缘油中的气体来预测变压器的潜伏性故障，特别是过热性、电弧性和绝缘破坏性故障，不管故障发生在变压器的什么部位，都能很好地反映出来。深圳铁路供电段定期对牵引变压器绝缘油中的溶解气体进行色谱分析，并根据历次测试记录或重复取样试验的结果，考察了牵引变压器的产气率，特别是运用特征气体法、IEC 三比值法，结合电气试验对牵引变压器内部是否存在故障或故障的严重性及其发展趋势作出估计，及时发现了一台牵引变压器铁芯多点接地故障，成功地避免了供电事故的发生。

关键词：变压器；绝缘油；气相色谱法分析

　　牵引变压器是电气化铁路的重要设备，铁路供电段每年进行的预防性试验是保证其安全运行的重要措施。现有的预防性试验方法在一般情况下，不能在带电时有效地发现变压器内部的潜伏性故障，气体继电器也不能真正反映所出现的故障，甚至发生误动作。气相色谱法可根据变压器内部析出的气体，分析变压器的潜伏性故障，特别是过热性、电弧性和绝缘破坏性故障，不管故障发生在变压器的什么部位，都能很好地反映出来。

1　变压器内析出气体的原因和特征

　　气相色谱法预测变压器的潜伏性故障是通过定性、定量分析变压器油中的气体来实现的。由电力系统的运行经验和实验研究证明，运行中的强油循环变压器，因油泵的空穴作用和管路密封不严等原因会使空气混入，而油浸式变压器的绝缘油和有机绝缘材料在热和电的作用下，会逐渐老化和分解，产生少量的各种低分子烃类及二氧化碳、一氧化碳等气体，当存在潜伏性过热或放电故障时，会加快这些气体产生的速度。随着故障的发展，分解出的气体形成的气泡在油中经对流、扩散，不断溶解在油中。当产气量大于溶解量时，还会有一部分气体进入气体继电器。由于故障气体的组成和含量与故障的类型和故障的严重性有密切关系，所以定期分析溶解于变压器油中的气体就能及早发现变压器内部存在的潜伏性故障，并随时掌握故障的发展情况。

　　导致变压器内部析出气体的主要原因为局部过热（铁芯、绕组、触点等）、局部电晕放电和电弧放电（匝、层间短路、沿面放电、触点断开等）。这些都会引起变压器油和固体绝缘的裂解，从而产生气体。产生的气体主要有氢、烃类气体（甲烷、乙烷、乙烯、乙炔、丙烷、丙烯等）、一氧化碳、二氧化碳等。我国《变压器油中溶解气体分析和判断导则》和《电力设备预防性试验规程》（以下简称《导则》和《规程》）均规定变压器油中氢和烃类气体的注意值，一般不大于表1中所列数值。

油中溶解气体的注意值　　　　　　　　　　　　表1

气体组分	含量/$\times 10^{-6}$
总烃	150
乙炔	5
氢	150

注：1. 上述数值按一般统计结果得出，应估计到有特殊例外的可能。
　　2. 上述数值不适用于气体继电器放气嘴取出的气样。
　　3. 在《导则》和《规程》中的总烃指的是甲烷（简称为 C_1）、乙烷、乙烯、乙炔（以上三者统称为 C_2）4 种气体的总和，可简写为 $C_1 + C_2$。
　　4. 500kV 变压器乙炔含量的注意值为 1×10^{-6}。

*　本文发表于《中国铁道科学》2001 年 8 月第 22 卷第 4 期。

2　气相色谱分析判断变压器内部故障性质的步骤

应用气相色谱分析判断变压器内部故障性质通常按下列步骤进行。

2.1　将色谱分析结果的几项主要指标（总烃、乙炔、氢）与注意值进行比较

运行中变压器内部氢与烃类气体含量超过表1中任何一项数值时，都应查明产生气体的原因，或进行跟踪分析。根据历次测试记录或重复取样试验的结果，考察其产气率，从而对其内部是否存在故障或故障的严重性及其发展趋势作出估计。

2.2　对 CO 和 CO_2 的指标进行判断

CO 和 CO_2 是纤维绝缘材料分解产生的特征气体。当故障涉及固体绝缘时，会引起 CO 和 CO_2 含量显著增长。但电力系统的经验表明，这两个指标的分散性很大，很难划出严格界限，《导则》只对开放式变压器作出了规定，对具有薄膜密封油枕的变压器没有作规定。

2.3　用特征气体法和三比值法判断故障性质

若分析结果超出表1所列数值时，表明设备处于非正常状态下运行，可以判断变压器内部可能有早期的故障存在，用以下方法可以确定故障的性质和状态。

2.3.1　特征气体判断法

特征气体可反映故障点引起的周围油、纸绝缘的热分解本质，气体特征随着故障类型、故障能量及其涉及的绝缘材料的不同而不同，如表2所示。

判断故障性质的特征气体法　　　　　　　　　　　　　　表2

序号	故障性质	特征气体的特点
1	一般过热性故障	总烃较高，$C_2H_2 < 5 \times 10^{-6}$
2	严重过热性故障	总烃高，$C_2H_2 > 5 \times 10^{-6}$，但 C_2H_2 未构成总烃的主要成分，H_2 含量较高
3	局部放电	总烃不高，$H_2 > 100 \times 10^{-6}$，CH_4 占总烃中的主要成分
4	火花放电	总烃不高，$C_2H_2 > 10 \times 10^{-6}$，$H_2$ 较高
5	电弧放电	总烃高，C_2H_2 高并构成总烃中的主要成分，H_2 含量高

注：当 H_2 增大，而其他组分不增加时，有可能是由于设备进水或有气泡引起水和铁的化学反应，或在高电场强度作用下，水或气体分子的分解或电晕作用所致。

2.3.2　IEC 三比值判断法

用5种特征气体的三对比值，来判断变压器的故障性质的方法，称为三比值法。在三比值法中，相同的比值范围，三对比值以不同的编码表示，如表3所示。

三比值法的编码规则　　　　　　　　　　　　　　　表3

特征气体的比值	比值范围编码		
	C_2H_2/C_2H_4	CH_4/H_2	C_2H_4/C_2H_6
<0.1	0	1	0
0.1~1	1	0	0
1~3	1	2	1
>3	2	2	2

三比值法选用了两种溶解度和扩散系数相近的气体组分的比值作为判断故障性质的依据，如表4，因而消除了油的体积电阻效应的影响，可得出对故障状态较为可靠的判断。

序号	故障性质	比值范围编码		
		C_2H_2/C_2H_4	CH_4/H_2	C_2H_4/C_2H_6
0	无故障	0	0	0
1	低能量密度的局部放电	0	1	0
2	高能量密度的局部放电	1	1	0
3	低能量的放电	1~2	0	1~2
4	高能量的放电	1	0	2
5	低于 150℃ 的热故障	0	0	1
6	150℃~300℃ 低温范围的过热故障	0	2	0
7	300℃~700℃ 中等温度范围的热故障	0	2	1
8	高于 700℃ 的高温范围的热故障	0	2	2

2.4 检测气体继电器中的气体

在气体继电器内出现气体的情况下，应将气体继电器内气样分析的结果与油中取出的气体分析结果进行比较。

2.5 其他项目的测试

根据上述结果和其他检查性试验（如测量绕组的直流电阻、空载特性试验、绝缘试验、局部放电和微水分析等）的结果，并结合该设备的结构、运行检修等情况，作综合性分析，来判断故障的性质和部位。

3 气相色谱法分析牵引变压器潜伏性故障

深圳铁路供电段从 1999 年下半年开始，每 6 个月定期对广深电气化铁路的 6 台牵引变压器进行绝缘油中溶解气体的色谱分析，从而及时发现了平湖牵引变电所 2# 主变压器铁芯多点接地的故障。

平湖牵引变电所 2# 主变压器于 1998 年 7 月 21 日投入运行，在对历次绝缘油气相色谱分析结果（见表 5）进行跟踪分析时，我们发现 2# 主变压器的总烃值与初始值比较，一年半后升至 75.1，两年后升至 85，虽然未超过表 1 中的注意值，但远远高于其他 5 台牵引变压器的总烃值的增长速率。根据 IEC 的三比值法，1999 年 12 月 15 日和 2000 年 7 月 3 日的 5 种特征气体的比值编码分别为 0、0、2 和 0、2、1，在表 4 中 0、2、1 表示变压器内部可能存在 300℃~700℃ 中等温度范围的热故障，而 2000 年 5 月份 2# 主变压器的预防性试验结果并未显示任何异常，为此我们认为应对平湖牵引变电所 2# 主变压器的运行加强监测，以便及时确认其可能存在的潜伏性故障。2000 年 12 月 25 日平湖牵引变电所 2# 主变压器绝缘油气相色谱分析结果如下。

（1）总烃远远超过表 1 中的注意值，变压器实际运行 133d（4.43 月），总烃相对产气速率为：

$$\frac{1150-86}{4.43\times86}\times100\%=279.3（\%・月^{-1}）$$

《导则》中规定相对产气速率大于 10% 可判断设备内部存在异常。

（2）5 种特征气体的 IEC 三比值编码为 0、2、1。

（3）乙烯占总烃的大部分，其产气速率呈急剧上升趋势。

（4）乙炔未出现。

平湖牵引变电所 2# 主变压器的绝缘油气相色谱分析结果　　　　　　表 5

试验日期	油中组分/×10^{-6}							
	CH_4	C_2H_6	C_2H_4	C_2H_2	C_1+C_2	H_2	CO	CO_2
1998-07-01*	0.7	—	0.4	—	1.1	47	33	452
1999-12-15	37	8.1	30	0	75.1	40	91	643
2000-07-03	41	12	33	0	86	18	66	249
2000-12-25	398	222	530	0	1150	80	151	1564
2000-01-04*	535.3	250.9	613.1	—	1399.3	147	226	1777
2000-01-05	478	251	628	0	1357	120	183	1715

注：*——深圳供电局试验数据，其余为广州供电局试验数据。

　　根据电力系统的运行经验，发生铁芯多点接地故障的变压器，其绝缘油气相色谱分析通常具有上述4 个特点。为确认平湖牵引变电所 2# 主变压器存在潜伏性故障，对 2# 主变压器重新取油样分送深圳供电局和广州供电局进行气相色谱分析。根据两家对绝缘油气相色谱分析显示，总烃高于表 1 中注意值并持续增长，5 种特征气体的成分与 2000 年 12 月 25 日的分析相同，IEC 三比值编码仍为 0、2、1。测量2# 主变压器运行时铁芯接地电流为 11.0A，超过铁芯接地电流一般不高于 0.1A 的标准，停电后用2500V 兆欧表测量铁芯的绝缘电阻为 0MΩ，用万用表测量为 19Ω，因而确认铁芯存在多点接地故障。在对 2# 主变压器进行吊罩检查时，发现铁芯底部与变压器底座间有一个长约 3cm 的细薄月牙形金属片，金属片一端已经碳化，变压器底座表面有大量细碎金属屑和一些碳化颗粒。经清除金属杂物和碳化颗粒后，将绝缘油脱气过滤后重新注入变压器，用 2500V 兆欧表测量铁芯的绝缘电阻为 500MΩ，满足铁芯绝缘电阻不低于 200MΩ 的厂家标准。2# 主变压器在重新投入运行的前一天和投入运行后的第三天、第十天和第三十天又分别进行了绝缘油的气相色谱分析，结果均正常，检测运行时的铁芯接地电流，符合不大于 0.1A 的标准。应用气相色谱法，深圳铁路供电段及时发现并消除了平湖牵引变电所 2# 主变压器铁芯多点接地的潜伏性故障，避免了供电事故的发生。

4　结　束　语

　　对牵引变压器定期进行绝缘油中溶解气体的色谱分析，是铁路供电段技术工作的重要组成部分，是保证设备可靠供电、运输生产安全和进行质量管理的重要环节。随着牵引动力的改革，绝缘油的试验作为一项专业性、技术性很强的工作，越来越显示出其重要性。只有认真执行铁道部，以及集团公司对供电段绝缘油试验的各项要求，应用电力系统气相色谱分析的经验，跟踪气相色谱分析法的研究新动向，才能对牵引变压器的潜伏性故障进行准确的监测和预报。

参 考 文 献

[1]　陈化钢. 电气设备预防性试验方法（修订版）. 北京：水利电力出版社，1999.
[2]　中华人民共和国电力行业标准. 电力设备预防性试验规程. 北京：中国电力出版社，1997.
[3]　中华人民共和国铁道部. 牵引变电所运行检修规程. 北京：中国铁道出版社，2000.

分相绝缘器碰弓故障的分析和防治对策*

洛阳供电段　张桂林　邓颖海

深圳供电段　邵华平

摘　要：本文研究分析了分相绝缘器碰弓故障产生的原因，并对制定防治方案进行了探讨。

关键词：分相绝缘器；受电弓；故障分析

分相绝缘器是电气化铁路设备中的关键设备，用在牵引变电所向接触网馈送不同相位电源时的电分段位置处。分相绝缘器碰弓故障也是我国电气化铁路的惯性故障。由于分相绝缘器碰弓故障对接触网运营的危害性较大，发生频繁，易引发事故，而且这类事故故障范围大，修复困难，停电时间长，对铁路正常运输具有很大影响，因此分析分相绝缘器碰弓故障，找出相关原因，从而制定出行之有效的防治措施，对电气化铁路的安全运行有着十分重要的现实意义。

1　分相绝缘器碰弓故障概况

分相绝线器碰弓故障是常见的弓网故障，现状特点是故障频繁、不易根治。它是电力机车受电弓与接触网在分相绝缘器处因过渡不平滑及接触悬挂弹性不均匀、接触压力急剧变化而产生的功能异常，表现为弓网间发生猛烈碰击，检测设备在该处可检测出超常的冲击力，观察到按触悬挂剧烈振动，听到碰击声响，夜间还能观察到撞击出的火花。

分相绝缘器碰弓故障的形成原因比较复杂，涉及接触网设备的材质、结构、技术状态等因素，并与电力机车受电弓等密切相关。

2　分相绝缘器碰弓故障的形成原因

2.1　电力机车方面的原因及后果

（1）电力机车通过分相绝缘器时未断开主断路器，造成有电侧与中性区段拉电弧烧损中性区接触线或分相绝缘器元件，造成分相绝缘器底面不平滑造成碰弓点。

（2）由于电力机车通过分相绝缘器不降弓，受电弓滑板会逐渐将绝缘元件污染，使得泄漏距离不够，引起对中性区长时间闪络放电，烧损中性区接触线或绝缘元件造成凹凸点，也会造成碰弓故障。

（3）列车通过分相绝缘器要断电，通过后重新取流。断电和重新取流时（尤其是重新取流）的负荷电流较大，会产生较大的电弧，使取流点处接触线电气蚀耗（即电弧烧伤）较严重而产生凹凸点，引起接触悬挂的弹性变化，其位置一般距"合"标 10m 左右。由于其距离分相绝缘器比较近，一般将之纳入分相绝缘器的检修范围。

2.2　接触网方面的原因及后果

（1）接头线夹处过渡不平滑、偏磨或损伤，一方面易造成碰弓等弓网故障；另一方面，接头处接触

*　本文发表于《西铁科技》2002 年第 2 期。

线和绝缘滑板局部磨耗或损伤严重，甚至会造成断线塌网。

（2）由于绝缘滑板元件是依靠接头线夹的压力来固定的，在重力的作用下绝缘滑板会下滑突出而使得接头线夹处发生碰弓故障。以上两个缺点也是分相绝缘器发生碰弓故障的主要原因，后面将作重点分析，并提出改进措施。

（3）零部件松动、脱落、开断，会造成打弓、碰弓等弓网故障，严重时会断线塌网。

（4）分相绝缘器处接触线高度如低于两相邻定位点接触线高度，会加剧分相绝缘器处接触线及绝缘元件的局部磨耗或损伤，造成弓网故障。

（5）分相绝缘器处承力索上的瓷质悬式绝缘子串，相对于安装分相绝缘器的接触悬挂来说是一个较大的集中负荷，集中负荷对分相绝缘器及分相绝缘器处接触线的运行指标有很大影响，它会造成接触悬挂的弹性差、接触线及绝缘滑板局部磨耗严重。局部磨耗会造成分相绝缘器处接触线及绝缘滑板底面不平滑形成碰弓点。

（6）制造分相绝缘器零部件的材料材质不良，及分相绝缘器碰弓故障长时间不检修，也会造成分相绝缘器底面偏磨或局部磨耗，造成碰弓故障。

综上所述，分相绝缘器碰弓故障实际上是由于其所在跨距内接触悬挂的弹性不均匀，受电弓滑过时产生了急剧变化的冲击力，该不均匀性可表示为：

$$U = \frac{e_{\max} - e_{\min}}{e_{\max} + e_{\min}}$$

式中，$e_{\max}$——最大弹性；

$e_{\min}$——最小弹性。

在一个跨距内，不均匀性小于 10% 时，列车可顺利高速运行。理想状况下，应使用与接触线、承力索具有相同特性，又可以满足绝缘要求的材料制造分相绝缘器，使分相绝缘器处的接触悬挂弹性均匀，显然这不可能实现，但是可以对其进行改进，使其性能尽量接近弹性不均匀性小于 10% 的要求。

2.3　分相绝缘器绝缘滑板磨损情况的调查数据

表 1 是陇海线三门峡～孟塬段几组分相绝缘器绝缘滑板磨损损失后剩余高度的测量数据。

剩余高度测量数据表　　　　　　　　　　　　　　　　　　　　　　　　表 1

分相编号	第一块（郑州侧）			第二块（中）			第三块（西安侧）		
	郑州方向侧（mm）	中（mm）	西安方向侧（mm）	郑州方向侧（mm）	中（mm）	西安方向侧（mm）	郑州方向侧（mm）	中（mm）	西安方向侧（mm）
36#	37	38	36	40	40	38	38	39	35
37#	35	41	40	36	41	40	36	39	39
40#	40	41	35	39	38	38	40	39	37
41#	36	42	42	36	42	41	38	41	40
42#	35	36	35	35	39	36	34	35	35
43#	34	35	36	35	38	36	35	36	34

测量结果显示：分相绝缘器接头线夹处绝缘滑板磨耗较严重，这与前面的分析是相吻合的。实际上，分相绝缘器碰弓故障有相当大比例是产生于接头线夹处。

3　防治分相绝缘器碰弓故障的方案

预防和控制分相绝缘器碰弓的发生是一项系统工程，涉及科研、设计、产品制造、施工安装、运营管理和检修维护等各个部门，需要多层次、多专业和多环节的协调一致。防止分相绝缘器碰弓故障，必须从消除隐患、避免扩大、迅速修复三个环节入手，全面、全过程地进行预防和控制。消除分相绝缘器碰弓故障隐患，对其先天性隐患和后天性隐患必须同样重视，同步努力，同时消除。

3.1 分相绝缘器先天性隐患及改进措施

先天性隐患指分相绝缘器零部件的材质、形状、安装位置、功能等方面的缺陷。

（1）采用电分相绝缘锚段关节来替代分相绝缘器。但是由于电分相绝缘锚段关节的无电区长达200m左右，远大于分相绝缘器约30m的无电区，适用于时速大于160km/h的高速铁路，而我国的列车速度普遍低于120km/h，故应从改造现有分相绝缘器来考虑。

（2）分相绝缘器碰弓故障与分相接头线夹有非常重要的关系，由于分相绝缘器接头线夹处有较多零部件，很容易在此处产生碰弓点。以T型接头线夹为例（图1），装配时要将约400mm铜接触线向上弯曲120°（图1中A处），并使用钢丝卡子固定。

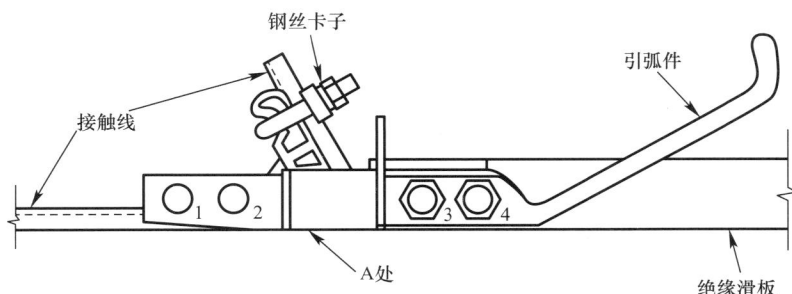

图1 T形接头线夹示意图

接头线夹底面不平滑及其与接触线过渡会造成碰弓；由于需要弯曲接触线，致使其底面部分（图1中A处箭头所指）易向下凸出，引起碰弓；螺栓紧固不良及重力作用会使绝缘滑板下滑突出，引起碰弓。所以有必要对接头线夹形式进行改进（图2）。

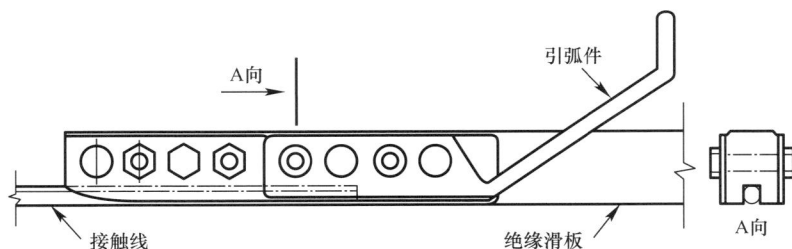

图2 分相绝缘器接头线夹改进示意图

对分相绝缘器接头线夹的改进包括：

① 接触线与分相绝缘滑板的连接件中连接接触线的部分采用接触线对接接头线夹形式，连接绝缘滑板的部分保持不变，便于从接触线到分相绝缘器的平滑过渡，消除因接触线弯曲造成的底面凸起。2000年进行了这种接头线夹的试制和试用，试用结果显示其对改善分相绝缘器处的平滑过渡有很明显的作用；

② 绝缘滑板两端下部预制出长10～15mm、深度和宽度与接触线相当的凹槽（图2中A向）。安装分相绝缘器时，绝缘滑板类似于担在接触线上，其底面和接触线的底面（接触线端头可适当打磨，端头底面略高于绝缘滑板底面）处于同一水平面上，便于从接触线到分相绝缘器的平滑过渡，消除绝缘滑板因重力作用下移突起造成的碰弓点，同时也便于组装和检修。

（3）减轻分相绝缘器处的集中负荷。承前所述，分相绝缘器所在跨距的接触悬挂因承力索上承受的分段悬式绝缘子串的负荷是一个较大的集中负荷，对该跨距内接触悬挂的弹性影响较大。为增加接触悬挂的弹性，可以采用质量较轻的硅橡胶合成绝缘子来替代瓷质悬式绝缘子。1999年对部分分相绝缘器处承力索上的分段悬式绝缘子采用硅橡胶合成绝缘子进行对照试验，取得了较好的效果。证明这项技术革新可部分改善分相绝缘器处接触悬挂的弹性。

3.2　分相绝缘器后天性隐患及对策

后天性隐患指对分相绝缘器运行管理不善或简化检修程序等造成的缺陷。消除后天性隐患，主要有以下几个方面：

（1）加强分段绝缘器的检修，提高设备质量，如及时清扫绝缘滑板、纠正偏磨等。

（2）提高电力机车司机的驾驶水平，或采用自动过分相装置，做到通过分相绝缘器时及时断开主断路器，不双弓通过分相绝缘器等，消灭因拉弧烧伤绝缘滑板和接触导线。

4　结　束　语

分相绝缘器碰弓故障的产生，常常是各种原因综合作用的结果。要解决这类缺陷，需要加强对分相绝缘器的检修，积极维持分相绝缘器的最佳运行状态。除此之外，还应强化职工对分相绝缘器重要性的认识，加强职工对分相绝缘器检修工艺的认知程度，加强机供联控工作，才能最大限度地防止分相绝缘器碰弓故障。

浅谈接触网正线无交叉线岔的特点与检调[*]

彭道文　　邵华平

（1. 长沙铁路供电段，湖南 长沙，410007；2. 广州铁路（集团）公司　机务处，广东 广州　510088）

摘　要：本文通过对铁路京广线株蒲段机车供电正线无交叉线岔技术参数的测试与调整，掌握了大量无交叉线岔的技术参数与运行状态，进行了归纳与探讨，总结出了与之相适应的检调方法。

关键词：铁路机车；供电方式；接触网；正线；无交叉线岔；检调

1　引　　言

目前，我国电气化铁路的接触网在站场轨道道岔上方普遍采用限制管将汇交于此的两组接触悬挂予以固定，这一固定装置称为有交叉线岔，如图 1（*a*）所示。

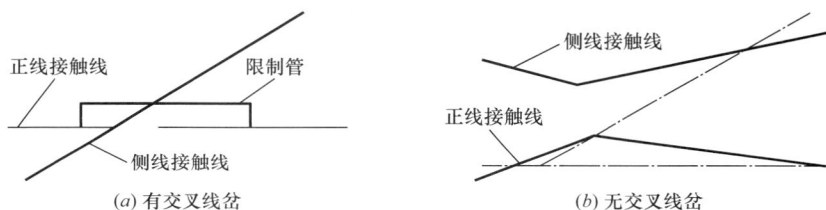

图 1　接触网线岔

随着无交叉线岔如图 1（*b*）所示方式的提出，线岔的概念也就发生了相应的变化，如今，线岔应理解为电气化铁路的接触网在站场轨道道岔上方两组接触悬挂汇交（过渡）的特殊结构。

有交叉线岔是电气化铁路创建之初便采用的结构形式，在我国的施工、运营也已有约 40 年的历史，实践证明，这种结构形式简单可靠，便于施工和维修，适用于低速和中速运行，故在我国得到普遍采用。

对于电气化铁路而言，要提高电力机车运行速度，必须通过减少离线率来提高受电弓的受流质量，这就需要通过改善接触网的弹性来改善弓网关系。有交叉线岔的集中重量、硬点以及受电弓相对于两支接触线压力的不均匀性，成了改善接触网弹性的制约点，从而制约了电气化铁路的提速与发展。为了适应电气化铁路提速的需要，无交叉线岔应运而生。

如今，无交叉线岔在世界上高速铁路领域的先进国家（如日本、法国、德国）中已普遍采用，我国开始是在京郑等线上少量试用（采用的是日本模式），后来在广深高速线中正式使用（采用的是法国模式）。当前，我国新的铁路技术政策要求既有线路铁路提速，逐步达到 140～160km/h，无交叉线岔的广泛采用是势所必然的事。武广线电气化接触网按行车速度 160km/h 设计，与正线相连的道岔在可能的情况下均采用了"无交叉线岔"（参照法国模式，采用广深线中使用的结构），这是国内在干线电气化中首次大面积使用这一技术。

2　无交叉线岔的原理及特点简述

无交叉线岔的主要特点是：当电力机车从正线上通过道岔时，其受电弓在任何情况下均不与侧线的

＊　本文发表于《电力机械》2005 年总第 103 期第 26 卷。

接触线相接触（这在高速情况下尤为重要），避免了普通线岔的不足（即产生打弓现象）；而电力机车从侧线进入正线或从正线进入侧线时，受电弓能从侧线与正线接触线之间实现平稳过渡，不发生刮弓现象。对于接触悬挂的结构而言，无交叉线岔主要表现为：道岔处两支悬挂线在空间是分开的，不像普通线岔那样有交叉点。相对于有交叉线岔，无交叉线岔的安装调整比较麻烦，但它能够满足高速电气化铁路的要求，机车经过线岔时平稳良好的受流优越性是其他结构无法替代的。

3　正线无交叉线岔标准定位的调整

3.1　调整前的准备工作

交叉线岔调整前必须先检查并确认：道岔柱双腕臂及相邻支柱的三腕臂或双腕臂组装正确；承力索、接触线已按规定架设，空间交叉关系及悬挂位置正确；补偿张力已达到设计要求。道岔柱双腕臂在顺线路方向的相对位置，设计没有指定，为满足调整尺寸，宜将悬挂侧线的腕臂装于岔尖侧（后面将详述原因）。

3.2　调整顺序及要点

3.2.1　保证电力机车正线通过时不打弓

（1）两支接触悬挂线拉出值的调整。先将道岔柱两相邻悬挂点处两支接触悬挂线的拉出值按设计调好，再调整道岔直链形悬挂应先调承力索位置，道岔柱处两支悬挂线的拉出值均从正线线路中心向侧线方向量取；应保证两线路中心距离600mm处，正线拉出值333mm，侧线拉出值999mm（图2）。岔尖侧与道岔柱相邻的悬挂点处侧线（下锚前）相对于正线中心的拉出值为600mm。

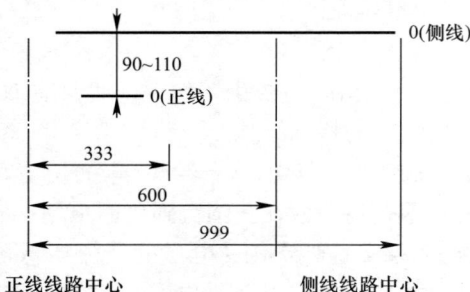

图2　正线与侧线相对于正线线路
中心的拉出值

（2）导高的调整。导高调整之前应先将承力索高度调整到位——注意道岔柱处承力索抬高支始终为远离支柱的一支（不论该支是正线还是侧线），抬高量为300mm（相对于水平支承力索）。

导高的调整应先按正常施工程序调整正线，再调整侧线自道岔柱至下锚前的抬高段（相对于正线）——调整侧线过岔后（岔尖侧）第一根吊弦，使侧线在道岔柱处导高抬高90～110mm（该数值的调整后面再详述），侧线过岔后（岔尖侧）第一根吊弦处导高抬高250mm然后向下锚方向逐渐抬高，于下锚前转换柱处抬高量达到设计数值（300mm，400mm或500mm，根据不同情况按安装图调整）。

3.2.2　保证电力机车由正线进入侧线或由侧线进入正线时不刮弓（同时保证不穿弓）

为保证这一点，设计要求：1）道岔柱悬挂点处，侧线接触线比正线接触线抬高90～110mm；2）机车从侧线进入正线时，受电弓始触点处侧线接触线比正线接触线高50mm（图3）。应优先满足第2）条。

为使调整精确，最好的方法是先用冷滑试验车进行模拟滑行，确定电力机车从侧线进入正线的始触点并做好标记，然后再进行调整。然而，在新线股道未拨到位或既有线行车密度较大（如武广线）情况下，对于每个车站均有十多组无交叉线岔这样大面积的调整工作量来说，模拟滑行确定始触点的方法显然是不现实的。为此，通过人工测量确定始触点的位置非常必要。

电力机车由侧线进入正线时的始触点即是图3的A向视图中的C点，图中0点为受电弓中心（无超高时为线路中心），C点位于受电弓斜面上比0点低50mm的位置。通过测算，可以确定CO段的长度（设为L，约为670mm）。调整时，只需用线坠找出正线接触线的投影距离侧线线路中心（有超高时改为受电弓中心）的垂直距离为 L 的点，该点即为始触点 C，侧线上与 C 点处于同一垂直面上的点即为需抬高 50mm 的 B 点。

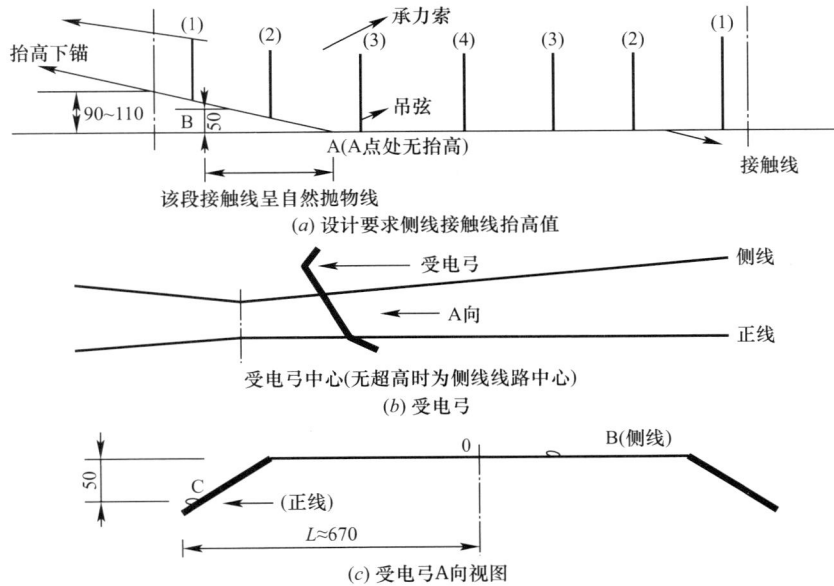

图 3 弓网关系图

如图 3 所示，高度调整时需先调整 A 点以外的无抬高段达到常规高度，再细调（即反复调整）靠近道岔柱悬挂点处道岔开口侧的两根吊弦和过岔后（岔尖侧）的第一根吊弦，优先保 B 点抬高 50mm，同时满足悬挂点处抬高 90～110mm，并且使道岔开口侧第一根吊弦至 A 点（无抬高段起点）呈一自然抛物线。

侧线悬挂点至 B 点的距离较近，而导高抬高量需由 90～110mm 降至 50mm，若能使悬挂点至 B 点的距离近一些，将有利于导高调整，故宜将悬挂侧线的腕臂装于岔尖侧（如前所述）。

4 结 语

（1）为叙述方便、条理清楚，对无交叉线岔的调整进行了分步叙述，实际操作中有的步骤是不能截然分割开来的，应该协作进行，特别是悬挂点处承力索和接触线的拉出值与高度的调整是互相影响的。

（2）无交叉线岔调整作为一项新技术，尚无现成的检调方法可供参考，以上仅为本人现场检调经验总结出的一些方法和见解，有待进一步改进和完善。

参 考 文 献

［1］ 赵世耕. 电气化铁道接触网安全运行的研究［R］. 郑州铁路局西安科研所，1998.
［2］ 张道俊，陶维富. 接触网运营检修与管理［M］. 中国铁道出版社，1996.
［3］ 于万聚. 接触网设计及检测原理［M］. 中国铁道出版社，1993.

准高速无交叉线岔弓网安全关系的分析*

邵华平　卫志刚

摘　要：既有线准高速电化区段无交叉线岔处弓网安全是薄弱处所，随着动车组及列车直供电技术的普及，弓网事故带来的严重后果远大于普速区段，基于受电弓动态包络线检查方法从理论上回答了线岔处弓网事故发生的机理，提出了判别此处弓网潜在故障的方法。

关键词：动态包络线；无交叉线岔；弓网安全

国际上一般将列车时速在 $160\sim250\text{km/h}$ 定义为准高速，其牵引供电接触网在线岔处的技术分为有交叉和无交叉 2 类，而在时速 250km/h 的线路上，接触网在线岔处通常采用无交叉技术。

广深铁路是我国第一条 200km/h 的准高速电气化铁道，其中位于 K39+745－K66+700 试验段的接触网设计允许速度达 250km/h，引进了无交叉线岔技术。线岔处发生了弓网故障，一时众说纷纭，有的要求改动车组受电弓以适应接触网安全运营需要，有的要求改接触网线岔参数以适应受电弓安全运营需要。

1　准高速无交叉线岔弓网约束条件

弓网间动力响应数学描述：弓网振动结构动力方程

$$M\ddot{y} + c\dot{y} + ky = P(t) \tag{1}$$

Newmark 法迭代公式为：

$$\left.\begin{array}{c}\dot{y}_{n+1} = y_n + \dot{y}_n\Delta t + (1/2-\beta)\\ \ddot{y}_n\Delta t^2 + \beta\ddot{y}_{n+1}\Delta t^2\\ y_{n+1} = \dot{y}_n + (1-\gamma)\ddot{y}_n\Delta t + \gamma\ddot{y}_{n+1}\Delta t\end{array}\right\} \tag{2}$$

可见这是单步的隐式积分，根据式（1）可以构成计算跌代式：

$$(M+\gamma c\Delta t + \beta k\Delta t^2)y_{n+1} = (M+\gamma c\Delta t)y_n + [M+(\gamma-\beta)c\Delta t]\dot{y}_n\Delta t +$$
$$[(1/2-\beta)M + (\gamma/2-\beta)\cdot c\cdot\Delta t]\ddot{y}_n\Delta t^2 + \beta P_N\Delta t^2 \tag{3}$$
$$\dot{y}_{n+1} = \gamma(\dot{y}_{n+1}-\dot{y}_n)/\beta\Delta t + (\beta-\gamma)\dot{y}_n/\beta + (\beta-\ddot{y}/2)y_n\Delta t/\beta \tag{4}$$
$$\ddot{y}_{n+1} = (\dot{y}_{n+1}-\dot{y}_n)/\gamma\cdot\Delta t - (1-\gamma)\ddot{y}_n/\gamma \tag{5}$$

式中，γ，β 为积分因子；Δt 为积分步长。

Newmark 法具有以下特点：

（1）积分因子 $\gamma=1/2$，$\beta=14$ 时，积分无条件稳定。

（2）当积分步长取值比较大时，数值积分得到的结果中只有高频成分受到损失，而不会影响频率成分较低的主要振动特性。

鉴于以上特点，本文选择了 Newmark 逐步积分法，从而可以采用较大的步长完成足够精度的动力响应数值积分，实现了动力仿真计算。

接触压力约束条件：$y_f=0$，则受电弓脱网；$y_f\geqslant$ 某设定值，则刮弓钻网。

2　受电弓动态包络线方法

（1）无交叉线岔理论。从图 1 中可看到，正、侧线接触线没有交叉点，限制管也取消了，大大改善

*　本文发表于《电气化铁道》2006 年客运专线技术研讨会。

了网受流质量。

为了实现受电弓正线无障碍通过，无交叉线岔的正、侧线接触线拉出值以及侧线接触线抬高量设置都是经过精心设计的。以广深线接触网标准定位为例，定位点处正线接触线拉出值为 400mm；侧线接触线拉出值为 350mm；侧线接触线定位点处相对于正线接触线抬高量为 90～130mm；道岔开口方向侧线接触线呈抛物线布置。第一吊弦处（距定位点约 4m）侧线接触线抬高 55～75mm，第二吊弦处侧线接触线抬高 8～15mm，第三吊弦处抬高为 0mm。道岔闭口方向侧线接触线第一吊弦处抬高 200mm，第二吊弦处及之后的抬高量不小于 250mm，成为非工作支。非标准定位的无交叉线岔布置则参照标准定位的布置情况，须保证正、侧线接触线在道岔上空的空间几何位置配合正确无误。为保证定位点处正、侧线接触线的合适定位，无交叉线岔处道岔柱的腕臂装配及定位装置也是特殊设计的（图略）。

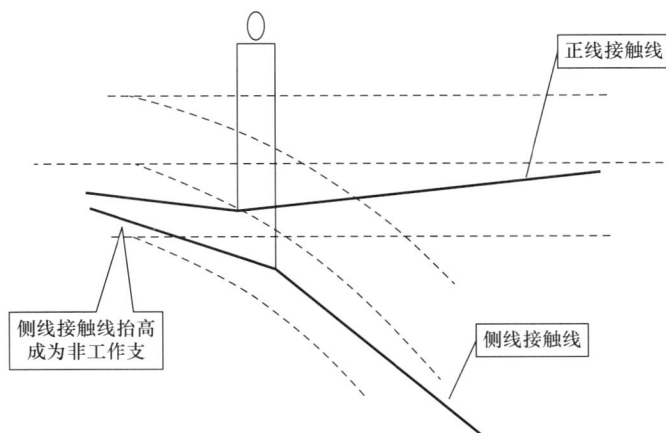

图 1　无交叉线岔平面布置示意图（轨平面投影）

无交叉线岔使用长弯弓形定位器，无法按定位坡度检查，所以引进了受电弓动态包络线概念。受电弓动态包络线是指受电弓外形轮廓加上允许的抬高和摆动量所形成的包络线。其中，摆动量应该考虑受电弓的风偏移量，同时，考虑 10% 左右的余量。在 $V=200km/h$ 区段受电弓最大动态抬升量为设为 250mm，直线区段受电弓最大横向摆动量为 280mm，曲线区段受电弓最大摆动量为 330mm，在最大风速条件下所有零部件在动、静态时都不得侵入受电弓动态包络线范围。

（2）受电弓动态包络线方法是检查准高速弓网安全关系的重要概念。如果受电弓上方的导线、吊弦、腕臂及定位装置侵入这个包络线范围内就有可能造成打弓事故。按动态包络线方法检查接触网时，除了应注意定位器根部至接触线中心水平面的距离外，还应注意不同类型定位器的拉出值限制。

3　无交叉线岔处弓网安全的特征

（1）道岔在定位，受电弓在无交叉线岔处的正线上高速通过。在无交叉线岔岔后第三吊弦以外正、侧线等高时，侧线不在受电弓的动态包络线范围之内，受电弓碰不到侧线；当侧线的布置进入受电弓通过正线时的动态包络线范围之内时，侧线的抬高量足以保证受电弓不会碰到侧线，其弓网受流关系和区间是一样的。因此，要想确保受电弓通过正线线岔时的安全，侧线在定位点处和岔后第一、二吊弦处的抬高量是至关重要的。检修时，要盯牢这 3 个值的变化，必须保证在标准范围之内。广深线在这方面没有发生过弓网故障。

无交叉线岔的正线通过的安全并有裕度的弓网受流关系，在列车分别从正线、侧线通过时，不同的速度，列车产生不同的横向摆动量和纵向抬升量时，对线岔的合理布局，受电弓动态包络线不会侵入线岔及零件允许范围内。

（2）道岔在反位，当受电弓从正线经道岔进入侧线时，由于侧线接触线的抬高，受电弓在与正线接触线接触转换到与侧线接触线接触的过程中，必有一个抬升的跳跃瞬间，在车速小于 45km/h 的情况下，正线接触线从受电弓的导角平缓的下滑、离开，这个转换过程应是比较平滑的，要保证受电弓安全通过线岔，正、侧线定位点的拉出值足够大是关键。

（3）当道岔在反位，受电弓从侧线进入正线时，由于无交叉线岔始触区范围内的侧线接触线高于正线，须通过弓角将正线导入受电弓的滑板上取流。在广深线 2001 年 8 月 7、8 日 2 次发生同一种受电弓在类似的情况下发生了弓网事故。经过分析对比发现这种受电弓滑板的弓角高度只有 164.2mm，是广深线高速接触网上运行的受电弓中滑板弓角最短的一种，其他受电弓的弓角高度都在 190mm 以上。当 $y_f \geqslant$ 允许值受电弓动态包络线侵入到接触网的非允许空间。

通过对该型受电弓的滑板弓角进行改造，将弓角高度由 164.2mm 延长到了 220mm，通过近 4 年运行经验，证明改造后的受电弓弓角安全裕度在 45mm 以上。

4　结　　论

（1）受电弓动态包络线检查方法是衡量线岔处弓网关系安全与否的行之有效的方法，其理论基础可靠，实际操作易行。

（2）既有电气化铁道弓网安全一方面要求接触网的质量始终符合设计文件的要求，另一方面必须坚定不移地实行"受电弓准入制度"，该制度包括受电弓的外形尺寸、跟随性及滑板材料性能等。

（3）一旦发现线岔处弓网存在安全问题或隐患时，应重新校验受电弓动态包络线，进而对"改弓适网"或"改网适弓"做出技术经济比较后，选择最佳方案。

（4）如果不降低或升高列车速度等级，通过在既有线"改弓"远远优于"改网"方案及效果。

参 考 文 献

［1］　常百达，韩迈新. 影响高速受流质量的弓网动态参数研究［J］. 高速受流，89-90.
［2］　王世尤，电气化准高速铁路无交叉线路受电弓配套技术［J］. 中国铁路，2005，（2）：35-36.

移动式牵引变电所设备相关技术的探讨[*]

刘润新　　邵华平

摘　要：移动式牵引变电设备在战备、抢险、故障抢修、工程等方面都具有重要意义，本文分析了移动式牵引供电设备的整体和各部分方案，对移动牵引变压器、高、低压组合电器、绝缘配合、设备集成等相关技术问题及主要技术指标进行了有益的探讨。

关键词：移动式；牵引变电所；相关技术

1　采用移动式牵引变电所设备的必要性

当变电所遭到破坏或需要进行工程改造时，通过铁路或公路用一个标准集装箱将移动式牵引变电所成套设备运至目的地，可迅速恢复牵引网供电，缩短铁路运输瘫痪时间并能尽量减少各方面的损失。此相关技术无论在战备、反恐、灾害抢险、设备大故障及工程改造等情况下都将具有重要意义。因此，很有必要借鉴国外发展电力系统移动式变电所设备相关技术研究的经验，及时开展铁路移动式牵引变电所设备技术的研究。

2　移动式变电所设备在国外的应用

近年来，随着制造技术的发展，移动式变电所设备在北美及欧洲供电系统中得到了日益广泛的应用，已经发展成为一种运输方便、装备完善、灵活可靠的新型供电模式。美式箱型变电所设备与同容量的欧式设备相比，其结构更为合理。前者的低压室、变压器室、高压室呈品字形布置，结构简化，占地面积和体积均比较小，且保护配置方式简单，高压侧采用熔断器保护，低压侧采用塑壳自动空气断路器保护线路的过电流、短路、欠电压故障。总之，美式箱型变电所的优点较多，更具有参考意义。

3　移动式牵引变电所设备

3.1　移动式牵引供电设备的整体方案

为了应急抢险的需要，针对可能出现的突发情况，需要研制一整套小型、快速、多功能的移动牵引供电设备。该设备主要包括：移动牵引变压器，110kV 全封闭三相组合电器，27.5kV 全封闭两相组合电器，电压、电流监测及保护装置，直流系统和发电机组（当两路电源都遭到破坏时）等。

移动牵引变压器应采用新材料、新工艺制造出重量轻的变压器，将移动变压器、断路器、隔离开关、直流模块以及保护设备组装于 1 个标准集装箱中，使用载重汽车或铁路平板车将整套设备运往目的地，直接取代故障变压器进行供电。方案 1：在只有一路外电源能正常供电时，将整套设备运往目的地后，通过必要的接线，将外电源接入变压器，再将输出馈线接入接触网保证供电。方案 2：在外电源全

＊　本文发表于《电气化铁道》2007 年第 3 期。

被破坏的情况下，可设计成发电机组接升压变压器再供电至接触网上网点。利用东风 4 型内燃机车（使用 JF212 发电机时单台功率可达 4200kVA，用 2 台或 3 台并联发电，或者特制 1 台大容量的机车）作为移动发电机组。

3.2　移动式牵引变电所成套设备的组成方案

移动式牵引变电所成套设备可由 3 部分设备组成，分别为 110kV 牵引变压器、110kV HGIS（或 GIS）和 27.5kV 箱式开关站。其中 110kV 牵引变压器可以满足 110kV 单相或三相进线电源要求。27.5kV 箱式开关站包括 110kV 电源计费装置，控制保护用交直流电源，以及 110kV 设备、主变压器和 27.5kV 设备的继电保护装置。该成套设备具有机动灵活、能迅速恢复供电、体积小、重量轻、供电可靠、保护、控制功能完善等特点。

移动式牵引变电所成套设备可采用"一"字形布置，3 部分设备可采用架空线连接，该成套设备结构图如图 1 所示。

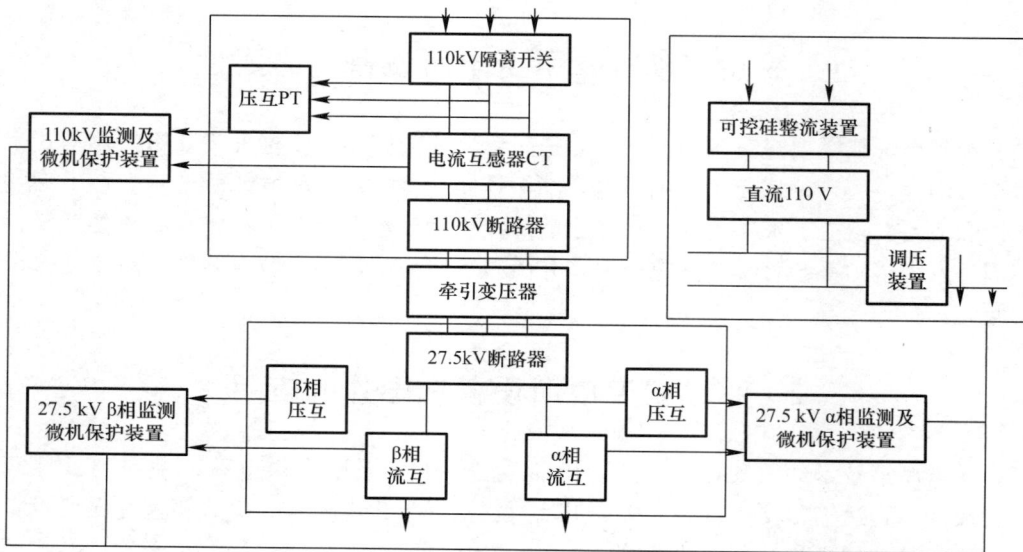

图 1　移动式牵引变电所成套设备结构图

4　移动式牵引变电设备的技术及优选方案

4.1　移动式牵引变压器方案

移动式牵引变压器的关键技术主要包括：在集装箱小体积情况下，保证一定的过负载能力和足够的机械强度和绝缘水平。

牵引变压器方案有 2 种：干式变压器方案和油浸式变压器方案。前者的变压器接线采用 YNd11，其体积较小，是同容量油浸式变压器体积的 60%，但造价较高，目前国内尚不具备采用该方案的条件。后者可选择的变压器接线方式较多。笔者经研究分析推荐特殊设计的油浸式变压器方案。

采用油浸式变压器方案的相关技术如下：

（1）油浸式牵引变压器的容量关系及过负载能力。以我国采用较多的 YNd11 接线变压器为例，对其在带两相负载不对称运行时的过负载能力进行计算分析。根据 YNd11 接线原理图（略），假设 A、C 相负载分别为 Z_α、Z_β，B 相没负载。

根据电流节点方程和回路方程，有

$$\begin{cases} I_\alpha + I_b = I_a \\ I_c - I_b = I_\beta \\ (I_a + I_b + I_c) Z_2 = 0 \end{cases} \tag{1}$$

可得

$$\begin{bmatrix} I_A \\ I_B \\ I_C \end{bmatrix} = \frac{I_\alpha}{3K} \begin{bmatrix} -\dfrac{5}{2}j & \sqrt{3/2} \\ \dfrac{1}{2}j & \sqrt{3/2} \\ 2 - j\sqrt{3} \end{bmatrix}$$

经综合计算可得输出容量

$$P_2 = 2 U_a I_a = \frac{2}{\sqrt{7}} p_m = 0.756\, p_m$$

式中，P_m 为变压器的额定容量。

其容量利用率为 75.6%，限制条件中其绕组最高温度不超过 140℃，其他参数按通常情况设定。

经过综合计算分析，该牵引变压器的过负载能力最好不超过最大过负载的 50%，其持续时间以不超过 30min 为宜。考虑到移动式变电所多为短期运行及负荷大小不确定，在保证温升限值的前提下，一般对变压器负载损耗不做限定或限定为较高值以求得紧凑的绕组设计，同时铁心材料选用高等级硅钢片，以尽可能降低空载损耗。

（2）绝缘配合技术及混合绝缘系统在移动式牵引变压器中的作用。混合绝缘是指在常规油浸变压器中，在其内部与导体直接相邻的部位采用耐高温固体绝缘材料，其他部位仍采用常规纤维质绝缘材料的复合式绝缘布置方式。目前，Nomex 芳香聚酰胺 Aramid 绝缘纸及纸板在变压器油和空气中均具有良好的介电性能，在运行温度达到 220℃时仍可保持极佳的电气、机械特性及热老化寿命。混合绝缘与常规纤维质绝缘温升对比见表 1。

在当前移动式变电所设备的设计制造中，广泛采用了混合绝缘系统而将其主变压器的绕组平均温升提高至 95～115K，并实现其整体的紧凑型布局，使其主变压器体积尽可能减小。

变压器温升对比表		表 1
参数	常规纤维质绝缘系统	混合绝缘系统
绕组平均温升/K	65	115
绕组最热点温升/K	80	150
最高环境温度/℃	40	40
绕组最热点最高运行温度/℃	120	190
油顶层温升/K	65	65
油顶层最高运行温度/℃	105	105
纤维质绝缘最热点温升/K	80	80
纤维质绝缘层最高运行温度/℃	120	120

4.2 高压组合电器方案

为提高机动性，移动式牵引变电所成套设备无法采用固定式牵引变电所使用的分离式高压电器。高压侧（110kV 侧）采用 SF_6 封闭式组合电器方案。27.5kV 侧采用真空绝缘金属封闭组合电器方案。

4.3 低压组合电器方案

计量、保护及控制回路等装置均布置于单独的控制柜内。柜内可装设各类保护及计量仪器仪表、主变压器冷却器和有载开关的控制回路等装置。特殊订制的承载拖车应配备单独的液压动力转向装置，并可以与多种重型牵引车配套使用。另外，所有移动式变电所配套设备均要求能够在偏离水平 5°的范围内正常投运和运行。

4.4　移动式牵引变电所的主要技术指标

变电所主要技术指标如下：

（1）容量指标。以 SS_4 电力机车 6400kW 作为最大负荷对象，所造容量为 25MVA，考虑到变压器短时过载能力，可满足双线区段上下行供电臂内各开行 3 列牵引定数为 1900t 标准列（在坡度≤12‰区段），若是普通客车则各开行 4 列。

（2）电气控制及适应环境指标均达到国标，绝缘指标满足国际相应要求，保护方式略微简单。

（3）机动性能。装于 1 个标准集装箱（40 英尺）中，也可采用铁路平板车或载重汽车运输。

（4）运输速度：铁路、公路都为 90～100km/h，平时处于机动待运状态，接到出发命令即可出动，一旦到达目的地后，可在 1.5h 内投入送电运行。

（5）体积尺寸：高度为 4.3m，宽度为 2.4m。

5　应注意的几个实际问题

（1）研制和生产一种满足移动式牵引变电所高电压等级、绝缘性能良好的专用标准集装箱，其外形尺寸完全与普通标准集装箱相同，但箱内设备放置合理，并能机动安装；

（2）研制一种移动式牵引变电所专用的大容量，小体积、轻重量、运行安全的移动牵引变压器；

（3）相关组合电器及保护监控装置要尽量做到体积小、重量轻、适合于专用集装箱安装运输；

（4）选用合适的通用运输工具，铁路、公路都可运输装卸。

参 考 文 献

［1］吴波. 高速铁路牵引变电所电气设备类型及布置型式［J］. 电气化铁道，2006（z1）.

［2］李秀娥. 浅议城市轨道交通中的箱式牵引变电所［J］. 上海电器技术，2006（3）.

［3］周剑等. 移动式变电站发展近况及混合绝缘系统在主变中的应用［J］. 变压器 2004（4）.

［4］解绍锋. 牵引变压器温升与寿命损失研究［J］. 机车电传动 2003（4）.

电气化接触网故障抢修专家系统的研究[*]

郭保生[1]　邵华平[2]

（1. 湖南交通工程职业技术学院，湖南 衡阳　421001；2. 广州铁路集团公司，广东 广州　510088）

摘　要：电气化接触网故障在铁路运输中经常发生，严重的影响了铁路的正常运输秩序，但电气化接触网故障产生的原因较复杂，处理和抢修电气化接触网故障很困难。文章对电气化接触网故障进行了研究，提出了建立电气化接触网故障抢修专家指挥系统，制作掌上电子指挥系统的方法，使接触网故障抢修工作走上了规范化管理的轨道，取得了好的效果。

关键词：接触网故障；抢修；专家指挥系统；流程图

　　电气化接触网故障是铁路机故、信故、辆故、弓网、线故中五大惯性故障之一，在铁路运输中经常发生，严重的影响了铁路的正常运输秩序。但电气化接触网故障产生的原因较复杂，故障的形式有多种类型[1]。所以处理和抢修电气化接触网故障的方法很复杂，如果处理不当就会延长抢修时间，造成很大的经济损失。科学的查找故障原因和制定抢修处理方法能将故障查处时间减少至 1/4 或 1/6，能尽快的排除故障，对缩短停车时间，尽快恢复运输秩序具有极其重要的作用。怎样才能使现场工作人员在很短的时间内解决复杂的接触网故障这是一个难题。而采用电气化接触网故障抢修专家指挥系统是解决这一个难题的有效方法[2][3]。电气化接触网故障抢修专家指挥系统就是，事先研究好详细和全面的电气化接触网故障发生的原因及处理方法，制作成小的电子版本。由于电气化接触网故障抢修专家指挥系统把对抢修工作、管理、技术的要求，制订成定性、定量的规范，能指导现场抢修人员的行动步骤[4]，提高了现场抢修的力度和效果。

一、接触网故障抢修专家指挥系统的内容

（一）故障分类

　　接触网故障可以分为三类[5]：（1）接触网个别零件损坏，但导线、承力索位置基本不变，就是通常说的网未垮塌，打弓不停电，但需降弓运行。（2）导线或承力索跨网、侵入限界、导致停电。（3）支柱断裂、并侵入限界跨网，但支柱、软横跨未跨。

（二）故障信息搜集[6]

1. 故障信息搜集线路图

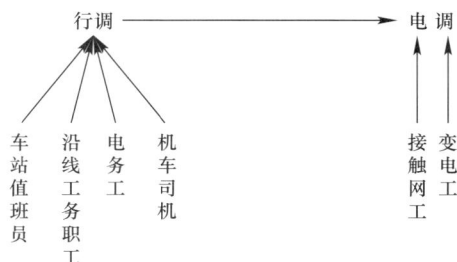

2. 故障信息按照要素分类

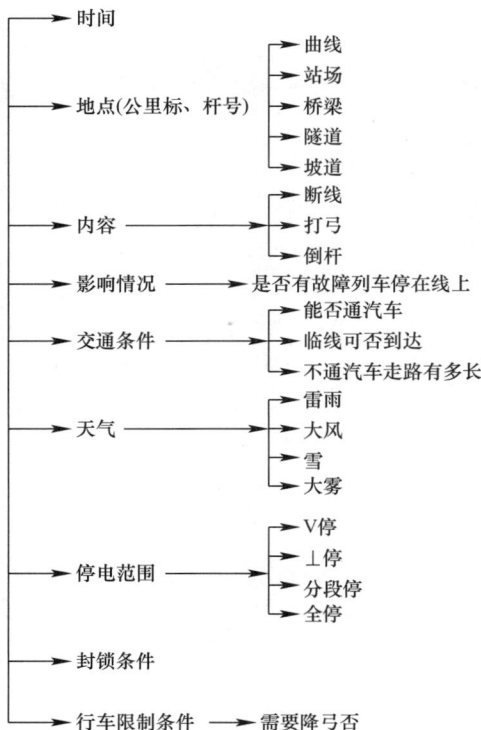

```
├──→ 时间
│
├──→ 地点(公里标、杆号) ──┬──→ 曲线
│                        ├──→ 站场
│                        ├──→ 桥梁
│                        ├──→ 隧道
│                        └──→ 坡道
│
├──→ 内容 ──┬──→ 断线
│           ├──→ 打弓
│           └──→ 倒杆
│
├──→ 影响情况 ──→ 是否有故障列车停在线上
│
├──→ 交通条件 ──┬──→ 能否通汽车
│               ├──→ 临线可否到达
│               └──→ 不通汽车走路有多长
│
├──→ 天气 ──┬──→ 雷雨
│           ├──→ 大风
│           ├──→ 雪
│           └──→ 大雾
│
├──→ 停电范围 ──┬──→ V停
│               ├──→ ⊥停
│               ├──→ 分段停
│               └──→ 全停
│
├──→ 封锁条件
│
└──→ 行车限制条件 ──→ 需要降弓否
```

（三）故障抢修约束条件

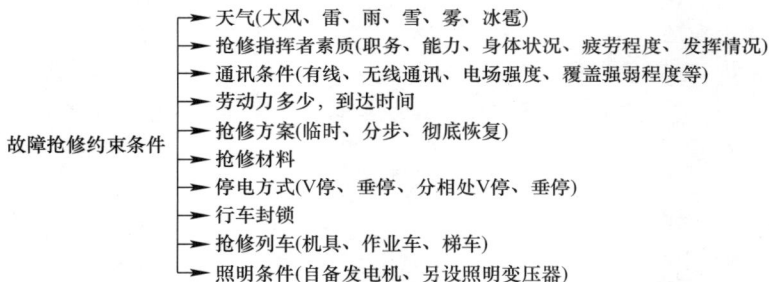

```
故障抢修约束条件
├──→ 天气(大风、雷、雨、雪、雾、冰雹)
├──→ 抢修指挥者素质(职务、能力、身体状况、疲劳程度、发挥情况)
├──→ 通讯条件(有线、无线通讯、电场强度、覆盖强弱程度等)
├──→ 劳动力多少，到达时间
├──→ 抢修方案(临时、分步、彻底恢复)
├──→ 抢修材料
├──→ 停电方式(V停、垂停、分相处V停、垂停)
├──→ 行车封锁
├──→ 抢修列车(机具、作业车、梯车)
└──→ 照明条件(自备发电机、另设照明变压器)
```

（四）故障抢修流程图[7]（见下图）

二、接触网故障抢修专家指挥系统的制作

接触网故障抢修专家指挥系统采用了系统论、控制论、信息论、安全系统工程等现代管理科学中的原理和方法，并结合了 ISO 9000 标准的基本思想，体现了现代管理的新思维和新方法，把握了新时期电气化铁道安全管理的新方向。指挥系统的资料全面，详细，指导性准确，内容很多，是以现有的行车和牵引供电安全规章、管理制度和检修规程、工艺为基础；以确保电气化铁道运输安全正点，最大限度的缩短故障的抢修时间为目标。依据现代管理科学理论，针对电气化铁道故障抢修的要求及特点，采用抓好故障抢修前的安全管理，抓好故障抢修中的系统控制，抓好故障抢修时的信息反馈、抓好故障抢修后的安全分析等安全管理手段。实现抢修按原则、指挥按体系、管理按层次、责任按岗位、作业按标准的系统化管理。最终确保以最短的时间完成故障的抢修，减少对运输生产的干扰，实现运输安全有序可

控。使抢修工作逐步走上了系统化、规范化管理的轨道，从根本上解决以往抢修效率不高的薄弱环节是现场抢修人员的非常好的规范和工具。但要抢修人员将这么多的内容记住或将这么多的资料随时带在身边是很困难的。于是将接触网故障抢修专家指挥系统的内容制作成掌上指挥电子辞典。现场当班的工人和技术人员可以随身携带，在遇到接触网故障时随时使用。

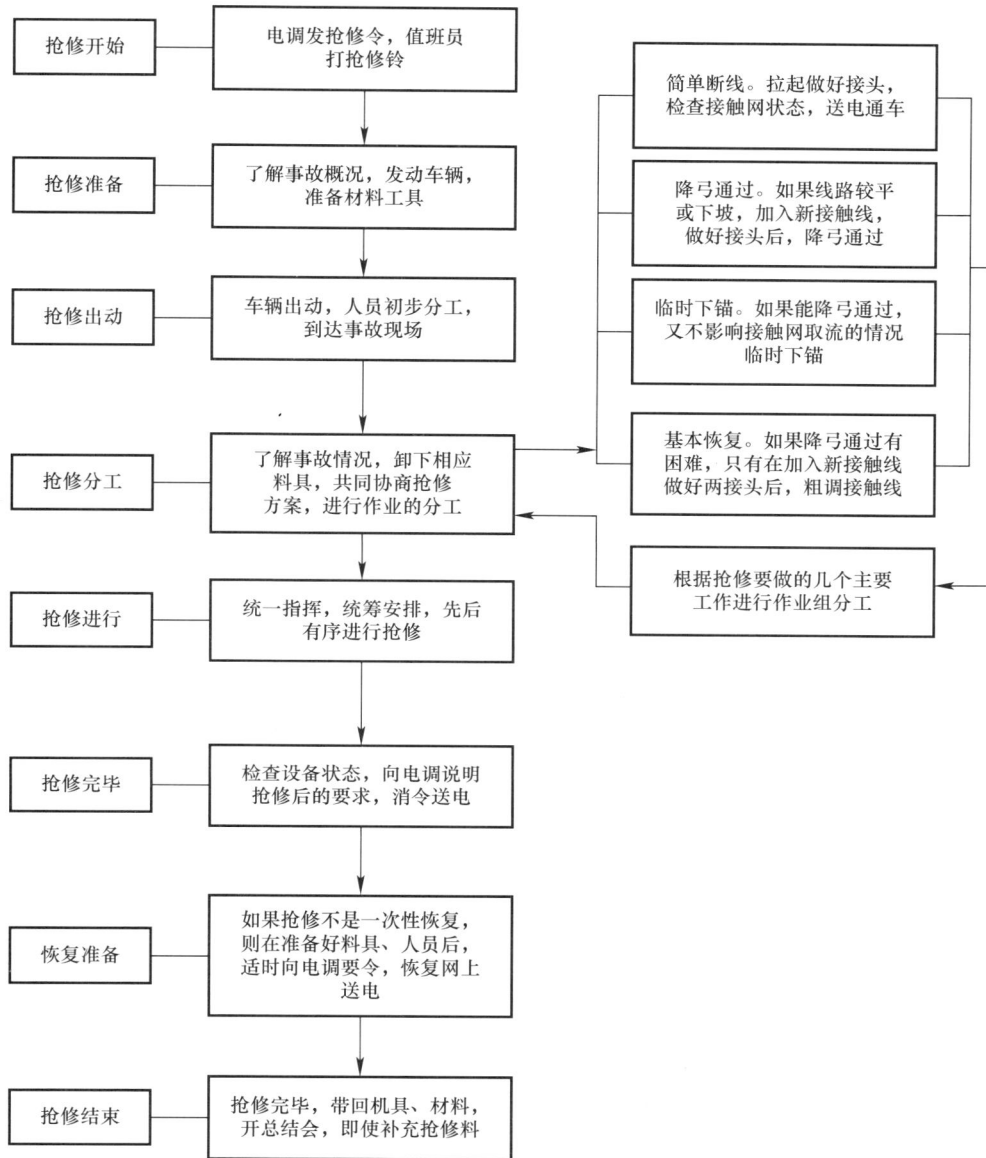

抢修开始	电调发抢修令，值班员打抢修铃		简单断线。拉起做好接头，检查接触网状态，送电通车
抢修准备	了解事故概况，发动车辆，准备材料工具		降弓通过。如果线路较平或下坡，加入新接触线，做好接头后，降弓通过
抢修出动	车辆出动，人员初步分工，到达事故现场		临时下锚。如果能降弓通过，又不影响接触网取流的情况临时下锚
抢修分工	了解事故情况，卸下相应料具，共同协商抢修方案，进行作业的分工		基本恢复。如果降弓通过有困难，只有在加入新接触线做好两接头后，粗调接触线
抢修进行	统一指挥，统筹安排，先后有序进行抢修		根据抢修要做的几个主要工作进行作业组分工
抢修完毕	检查设备状态，向电调说明抢修后的要求，消令送电	
恢复准备	如果抢修不是一次性恢复，则在准备好料具、人员后，适时向电调要令，恢复网上送电	
抢修结束	抢修完毕，带回机具、材料，开总结会，即使补充抢修料	

三、结 语

用电气化接触网故障抢修专家指挥系统可以很好的解决电气化接触网故障的处理和抢修方法很复杂的难题，使接触网故障抢修工作走上了系统化、规范化管理的轨道。电气化接触网故障抢修专家指挥系统可以制作成掌上指挥电子辞典，便于现场工作人员能够随身携带，在发生接触网故障时，专家能够随时在你身边进行指导。本文建立了电气化接触网故障抢修专家指挥系统的详细内容具有较好的实用价值。

参 考 文 献

[1] 复线电力牵引网瞬时与永久性故障特征分析 [Z]. 中文科技期刊库.

［2］　李夏青，鲍林栋. 电气化铁路牵引变电所故障诊断专家系统［J］. 石家庄铁道学报，1995，（1）

［3］　田盛丰，康天釜. 桥梁抢修决策系统的设计［J］. 铁道学报，1996，（6）.

［4］　田盛丰. 国防交通铁路工程保障指挥决策专家系统的设计与实行［J］. 铁道学报，1998，（4）.

［5］　覃蓉芳，唐瑞兴. 铁路行车事故救援专家系统［J］. 上海铁道科技，1996，（2）.

［6］　霸效英，龚顺利，张凤支，等. 牵引变电设备故障处理专家系统［R］. 北京铁路局，1997，（6）.

［7］　陈铁刚，王林祥. 牵引变电所微机监控及专家诊断系统［J］. 西铁科技，2001，（3）.

车载油浸式牵引变压器混合绝缘材料应用[*]

郭保生¹　　刘润新²　　邵华平³

1. 湖南交通工程职业技术学院，湖南 衡阳　421001

2. 广深铁路股份有限公司，广东 深圳　518010

3. 广州铁路集团公司，广州　510088

摘　要：小型化、重量轻、大容量的车载油浸式牵引变压器是车载式牵引变电所的核心设备。当铁路电气化变电所受到不可抗拒原因破坏时，尽快将车载式牵引变电所运输至受到破坏的变电所位置，可迅速恢复牵引网供电。对车载油浸式牵引变压器的铁芯材料、绝缘材料和变压器油等关键技术问题、技术指标及优选方案进行了探讨。

关键词：牵引变电所；变压器油；绝缘材料

当遇到战争、恐怖活动和严重自然灾害遭受破坏时，电气化线路、车站、医院等可能会因失去电源而瘫痪，要在短时间内解决供电问题就应采用供电应急措施。车载式牵引变电所可解决这一难题[1]。车载式牵引变电所由车载牵引变压器、各种高低压组合电器、监控及保护装置、直流系统所组成[2]。但目前车载式牵引变压器体积较大、运输和安装不方便、成本较高。而变压器混合绝缘系统可使车载牵引变压器体积减小、技术指标和成本综合性能提高。

1　车载油浸式牵引变压器的设计

本研究中，车载牵引变压器的设计目标是：设计一种针对车载式牵引变电所专用的、大容量、小体积、重量轻、价格便宜、运行安全可靠的车载油浸式牵引变压器，并具有规定的过负载能力、足够的机械强度和绝缘水平。根据铁路电气化用车载牵引变电所的实际工作情况，设计车载油浸式牵引变压器容量为 12.5MV·A，可满足上下行供电臂内各开行 1 列牵引定数为 5500t 的重载列车，或满足上下行供电臂内各开行多列牵引定数为 1900t 的标准列车。

重量轻、体积小、大容量的车载油浸式牵引变压器是一个系统工程[3]，设计中采用了以下技术。

1.1　三柱单相铁芯结构

变压器器身结构采用新型的三柱单相铁芯结构，铁芯由三柱铁芯构成，高低压绕组同心套在中柱的铁芯上，铁芯中柱与铁芯旁柱形成闭合的磁路（图 1）。图 1 中，两铁芯旁柱截面大于铁芯中柱截面，这种结构节省了变压器铁芯材料，避免了因铁芯旁柱磁通密度过低而造成的铁芯材料的浪费，同时也可有效降低变压器的高度，满足在一定容量条件下装载高度、宽度的要求。

1.2　降耗技术

严格控制变压器的铁芯裁剪及叠装工艺过程，油箱内多

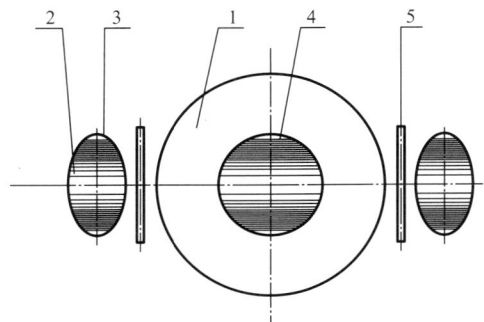

图 1　铁芯结构图

1—高低压线圈；2—为铁芯旁柱；3—为绝缘围板；4—为铁芯中柱；5—为绝缘隔板

*　本文发表于《科技导报》2011 年第 5 期。

处采用无磁钢板以降低漏磁及涡流损耗。为满足负荷特性和降低温升、损耗，变压器选用优质硅钢片30Q130和磁密小于1.7T，电密小于2.5A/mm² 的优质无氧铜线。在上下铁轭处各设置多道拉带以收紧铁芯，在铁芯下部外侧增设外拉带拉紧铁芯上下轭，收紧铁芯，使铁芯叠装系数大于或等于0.97，有效降低空载损耗。采用不等距换位技术，线圈的涡流损耗可降低2%。

1.3　免吊芯技术

大型变压器器身定位是一个重要问题，器身定位好坏直接影响变压器运输过程中器身的损伤。牵引变压器的器身定位为下部定位钉加限位块、上部四角定位结构。免吊芯措施采用固化胶涂刷铁芯端面，提高铁芯机械强度；实行间隙填充，使铁芯与垫脚完全可靠接触；线圈采用内附硬纸筒结构，加强线圈机械强度；增加并合理分布压钉结构，增加轴向压紧力；采用附压板式压板结构，提高压板强度；采用自锁防松金属螺母；绝缘螺母采用止动片和点胶固化措施；采用立体多方位组和定位结构，确保变压器在规范运输条件下器身不位移，满足免吊芯的要求。经多次现场吊芯检查，器身均无位移现象和损伤。

2　车载油浸式牵引变压器的材料

变压器目前主要采用干式变压器方案、油浸式变压器方案。干式变压器体积是相同容量的油浸式变压器的1/2左右，但其造价太高；油浸式变压器造价相对较低，但体积较大、重量偏重，机动性和运输性较低[4]。本研究对以上两种变压器方案进行了综合改进，设计车载油浸式牵引变压器技术方案以满足车载式牵引变电所的要求。车载油浸式变压器选用ZDKH高导磁取向硅钢片作为铁芯材料，并采用混合绝缘配合技术。

2.1　车载油浸式牵引变压器铁芯材料

铁芯是变压器的重要部件，车载油浸式牵引变压器的铁芯材料要求在一定频率及磁通密度下具有低铁芯损耗，在一定磁场强度下具有高磁通密度。本研究中，铁芯材料选用ZDKH表面激光照射处理的高导磁取向硅钢片30Q130[5]。在车载油浸式牵引变压器中，ZDKH高等级硅钢片可最大限度地降低空载损耗，实现紧凑的绕组设计。实际中ZDKH硅钢片采用"蝶形簧"压紧、线圈不等距换位和挡油板技术。"蝶形簧"压紧技术可保证变压器器身紧密牢靠，有效提高变压器的抗短路能力。普通换位线圈的涡流损耗为5%～7%，采用不等距换位技术，线圈的涡流损耗降低2%。挡油板技术可降低变压器线圈温升4～6℃，可延长变压器使用寿命。

2.2　车载油浸式变压器混合绝缘材料

在车载油浸式变压器中，采用常规绝缘油作为液体绝缘介质，为使油浸变压器某些绕组具有较高的温升限值，在其内部与导体直接相邻的部位采用耐高温固体Nomex芳香聚酰胺绝缘材料，变压器内部其他温升较低的部位仍采用常规纤维质绝缘材料。采用混合绝缘配合系统，可使车载油浸式变电压器具有优异的变压效果和过负载能力．达到体积小、性能高、经济佳的目标[6]。

混合绝缘技术中，将高密度电缆纸经变压器油浸渍后作匝绝缘以提高匝绝缘强度，干燥的高密度电缆纸在空气中电气强度为（6～9）×10³kV/m，经浸渍变压器油后其电气强度达（70～90）×10³kV/m；用金属化皱纹纸包扎地屏及静电屏，静电板、静电屏端圈、引线出头。金属化皱纹纸底纸厚为0.089～0.096mm，底纸上粘一层铝箔，铝箔厚0.009mm，起皱度为50%～70%，起皱后的断裂强度为26SN/(cm·层)，起皱厚度为0.45mm；用微皱纤维皱纹纸包扎变压器匝绝缘和组合导线绝缘。这种皱纹纸起皱量为200%，具有纵、横双方向伸长率，底纸厚度为0.1mm，起皱厚度为0.45mm，长度方向伸长率为50%，宽度方向为20%，其机械性能和电气性能好、不易断裂，用其包扎的换位导线可保证紧而不会涨包。用 Nomex 芳香聚酰胺绝缘纸板制造各种绝缘部件。Nomex 芳香聚酰胺绝缘纸板在温度超过 220℃时稳定性仍然极佳；在液体冷却介质中，高温运行时不会裂解，并且不会释放出气体和二次产物；在干燥期间及在静态和动态负荷下，在 190℃的矿物油中厚度收缩较小；在油中介电常数较低，约为 3.4；在油中有良好的局部放电强度，在相同的条件下，试验击穿时间约为纤维素的 10 倍。

2.3　芳香聚酰胺绝缘材料实验

在车载油浸式变压器中，选择 Nomex 芳香聚酰胺绝缘纸用来制作和加工所需的各种绝缘件[7]。Nomex 芳香聚酰胺绝缘纸固有的介电强度能耐 18～40kV/mm 的短时电压，耐高温达到 220℃。实际中将 E93 型热压纸板，密度一般为 0.83g/cm³，用制作软质成型件，如角环、反角环、扇形片和成型部件；NBC 型纸板用来制造各种成型部件、纸筒。NBC 型纸密度为 1.029g/cm³，为中密度纸板；E94 型纸板，用于制作垫块、撑条、垫脚及压紧元件。E94 密度为 1.149g/cm³，是一种非常坚硬和机械稳定性较好的材料，为最高密度纸板。对使用 Nomex 芳香聚酰胺绝缘材料的混合绝缘系统、常规纤维质绝缘系统，在变压器温升限值方面的能力进行了实验，选用 IEEE 标准进行对比（表 1）。

IEEE 标准比较 2 种绝缘系统的温升　　　　　　　　　　　　　　　　　表 1

A comparison of IEEE standard temperature rise between two insulation systems　　　Table 1

参数	常规纤维质绝缘系统	混合绝缘系统
绕组平均温升/K	65	115
绕组最热点温升/K	80	150
最高环境温度/℃	40	40
绕组最热点最高运行温度/℃	120	190
油顶层温升/K	65	65
油顶层最高运行温度/℃	105	105
纤维质绝缘最热点温度升/K	80	80
纤维质绝缘层最高运行温度/℃	120	120

2.4　混合绝缘系统中变压器油水分实验

水分是影响变压器设备绝缘老化的重要原因之一。变压器油和绝缘材料中含水量增加时，会直接导致绝缘性能下降并促使油老化，影响设备运行的可靠性和使用寿命。对水分进行严格监督，是保证设备安全运行必不可少的项目。绝缘油中的水分包括外部水分、内部水分 2 个部分[8]。变压器内部产生的水分是固体绝缘材料和变压器在运行过程中，由于氧化热裂解而生成水分，绝缘油在运行温度下并有溶解氧存在时，其氧化作用加快，产生有机酸生成水分。由于混合绝缘系统中在较高的温升限值部位采用了耐高温固体 N0mex 芳香聚酰胺绝缘材料，该材料对潮湿不敏感，减少了变压器内部水分的产生。为了解变压器油的水分情况，进行绝缘油水分的实验。常规纤维质绝缘系统、混合绝缘系统绝缘油水分实验对比见表 2。

变压器油水分实验结果　　　　　　　　　　　　　　　　　表 2

Moisture content in transformer oil　　　　　　　　　Table 2

参数	常规纤维质绝缘系统	混合绝缘系统
实验前绝缘油水分/(μL·L^{-1})	10	10
实验后绝缘油水分/(μL·L^{-1})	13	11
绝缘油水分增加量/%	30	10

3　结　论

车载式牵引变电所可解决电气化铁路变电所遭受破坏时的应急供电问题，车载油浸式变压器是车载式牵引变电所的核心设备，车载油浸式变压器采用 ZDKH 高等级硅钢片作为铁芯材料、选用 Nomex 芳香聚酰胺绝缘纸作为绝缘材料，这种绝缘材料在变压器油和空气中均具有良好的介电性能、极佳的电气与机械特性，其热老化寿命也优于常规纤维质材料。

参 考 文 献

[1]　曹京学. 箱式牵引变电所在轨道交通供电系统中的应用 [J]. 电气技术，2006 (10)：53-55.
　　　Cao Jingxue. *Electrical Technology*，2006 (10)：53-55.

[2]　陈明忠，孙玉坤，彭刚. 基于 Web 的牵引变压器在线监测诊断系统 [J]. 电气化铁道. 2006 (5)：9-12.
　　　Chen Mingzhong, Sun Yukun, Pen Gang. *Electric Railway*，2006 (5)：9-12.

[3]　张雪原，吴广宁，何常红，等. 车载牵引变压器小型轻量化研究 [J]. 机车电传动，2007 (4)：5-8.
　　　Zhang Xueyuan, Wu Guangning, He Changhong，*et al*. *Electric Drive for Locomtives*，2007 (4)：5-8.

[4]　王亚妮. 地铁变电所综合自动化系统结构分析 [J]. 广东电力，2006 (10)：35-38.
　　　Wan Yani. *Guangdong Electric Power*，2006 (10)：35-38.

[5]　王刚，沈巍，马涛. 主变压器铁芯故障判断与分析 [J]. 高压电器. 2007 (4)：313-314.
　　　Wang Gang, Shen Wei, Ma Tao. *High Voltage Apparatus*，2007 (4)：313-314.

[6]　邹艳平. 变压器油在高温下介质损耗的不稳定原因分析 [J]. 宁夏电力. 2007 (3)：36-38.
　　　Zhou Yanping. *Ningxia Electric Power*. 2007 (3)：36-38.

[7]　谭卫东，俞发晖. 变压器绝缘油在线监测技术在 750kV 变压器中的应用 [J]. 电网与水力发电进展，2007，23 (1)：49-52.
　　　Tan Weidong. Yu Fahui. *Advances of Power System & Hydroeletric Engineering*，2007，23 (1)：49-52.

[8]　王献峰，石东. 基于 CAV424 的变压器油微水检测 [J]. 电子测量技术，2007 (6)：186-188.
　　　Wang Xianfeng, Shi Dong. *Electronic Measurement Technology*，2007 (6)：186-188.

高铁接触网雷击跳闸分析及应急处置[*]

邓义华（广铁集团电调室主任　工程师　24483）　邵华平

摘　要： 本文对广铁集团管内京广高铁 2012 年至 2017 年间发生的接触网常见故障进行了归纳统计，分析其成因，重点对雷击跳闸进行了具体分析，以期研究防雷治雷措施，减少因雷击对铁路运输的干扰。

关键词： 高铁；接触网雷击跳闸；分析、应急处置

中国高铁作为一张划时代的名片，也彻底改变了人们的出行方式，并愈来愈为人们所关注和青睐。接触网作为高速铁路的重要组成部分，如何强化接触网故障应急处置能力、压缩故障停时、提高运营效率和质量，是摆在我们面前的一道重要课题。

1　接触网故障数据统计

2012 年 1 月至 2017 年 12 月来，京广高铁线路在中国铁路广州局集团有限公司（以下简称广铁集团）管辖范围内共发生接触网跳闸故障 781 起，如表 1 所示。

2012～2017 年各类故障原因统计　　　　表 1

跳闸原因年份	环境因素（雷击跳闸）	动车组设备缺陷	接触网设备缺陷	变电设备故障	其他因素
2012 年	129	23	2	4	3
2013 年	88	12	5	2	1
2014 年	108	31	2	0	0
2015 年	77	26	2	2	2
2016 年	98	40	1	1	4
2017 年	52	60	2	4	0
共计	552	192	14	13	10

故障原因分为：环境因素（552 起）、动车组设备因素（192 起）、接触网设备因素（14 起）、牵引变电设备因素（13 起）、其他因素（10 起）。其中，环境因素和动车组设备因素是影响京广高铁运输秩序的主要原因，分别占比为 70%、25%。如下图：

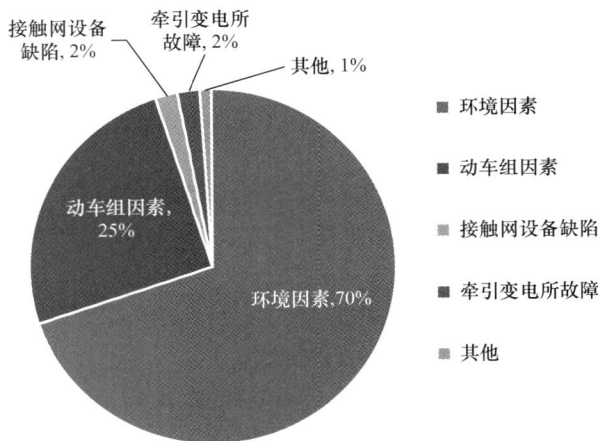

2012~2017年各类故障跳闸统计

*　本文发表于《广东铁道》2019 年第 1 期。

2　雷击引起接触网故障跳闸分析判断

AT 供电系统典型雷电类故障跳闸数据分析，以武广线新韶关变电所 2016 年 05 月 05 日 211、212 故障跳闸为例

（1）分析及计算该起故障跳闸数据：

故障跳闸信息记录：

211 短路阻抗：5.06Ω；211 短路阻抗角度：64.8°212 短路阻抗：3.3Ω；212 短路阻抗角度：65.1°；211、212 重合闸成功。

故障跳闸数据如下：

变电所名称	新韶关变电所		
跳闸断路器 1	211	阻抗	
跳闸断路器 2	212	阻抗角	
跳闸断路器 3			
跳闸断路器 4			

物理量	变电所（S0） 装置数据	AT 所（S1） 装置数据	分区所（S2） 装置数据
U1	13.35	6.24	8.41
U2	13.35	6.28	8.42
1T1	1236	1054	198
1F1	1387	1606	198
1T2	1275	1062	209
1F2	2752	3739	209
IAT0	1629	4254	831

对故障跳闸数据进行分析计算：

利用故障跳闸数据建立数据模（图 1）：

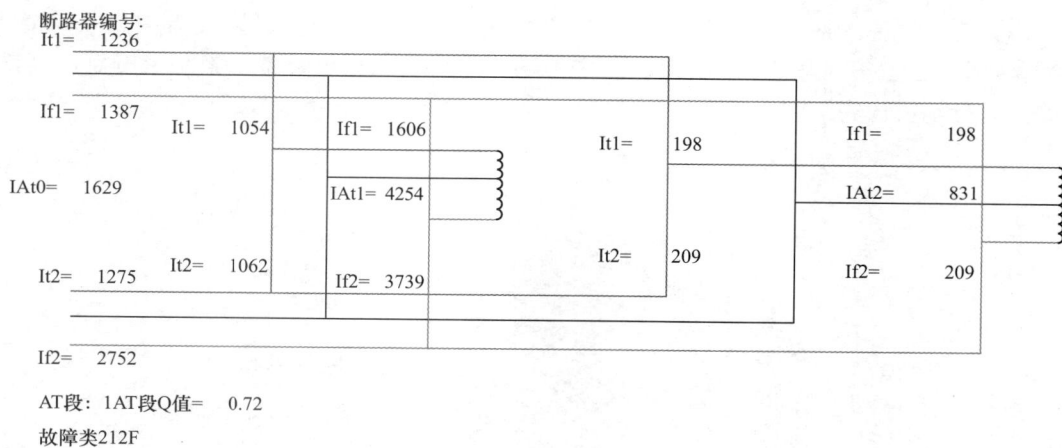

断路器编号：
It1= 1236
If1= 1387　It1= 1054　If1= 1606　It1= 198　If1= 198
IAt0= 1629　IAt1= 4254　IAt2= 831
It2= 1275　It2= 1062　It2= 209　If2= 209
If2= 3739
If2= 2752
AT段：1AT段Q值= 0.72
故障类212F

图 1　故障跳闸数据建立模型

对于全并联 AT 供电方式且各所数据无缺失的情况下，进行计算故障跳闸故标的准确性时一般采用吸上电流比测距法。计算如下：

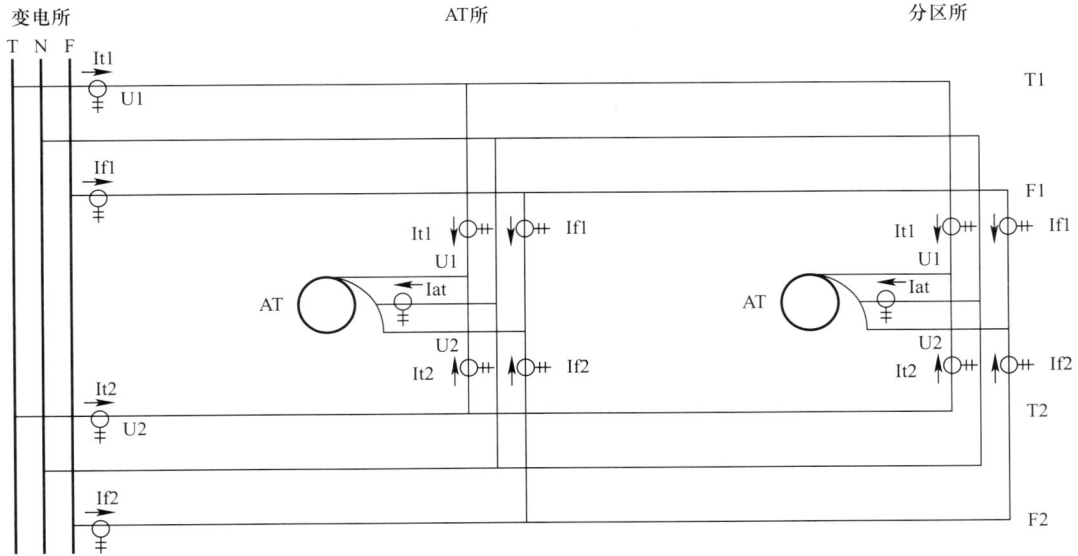

（全并联 AT 供电方式各电流流向）

$$\begin{cases} I_{at0} = I_{t1} + I_{f1} + I_{t2} + I_{f2} \\ I_{at1} = I_{at1} + I_{at2} \\ I_{at2} = I_{at1} + I_{at2} \end{cases}$$

首先找到各处 AT 吸上电流模值最大，并寻找相邻 AT 吸上电流，取次大值处 AT 位置，确定故障区段，然后通过吸上电流比计算实际故障位置。测距公式为：

$$L = \sum_{i=0}^{n-1} D_i + \frac{D_n}{Q_{n+1} - Q_n}\left(\frac{I_{n+1}}{I_n + I_{n+1}} - Q_n\right)$$

其中，n、$n+1$ 为故障 AT 段两端的电流编号，该两处最大电流和次大处编号，D_i 为各 AT 段长度，I_i 为各处 AT 吸上电流，Q_i 为各 AT 处故障时的 AT 吸上电流比。

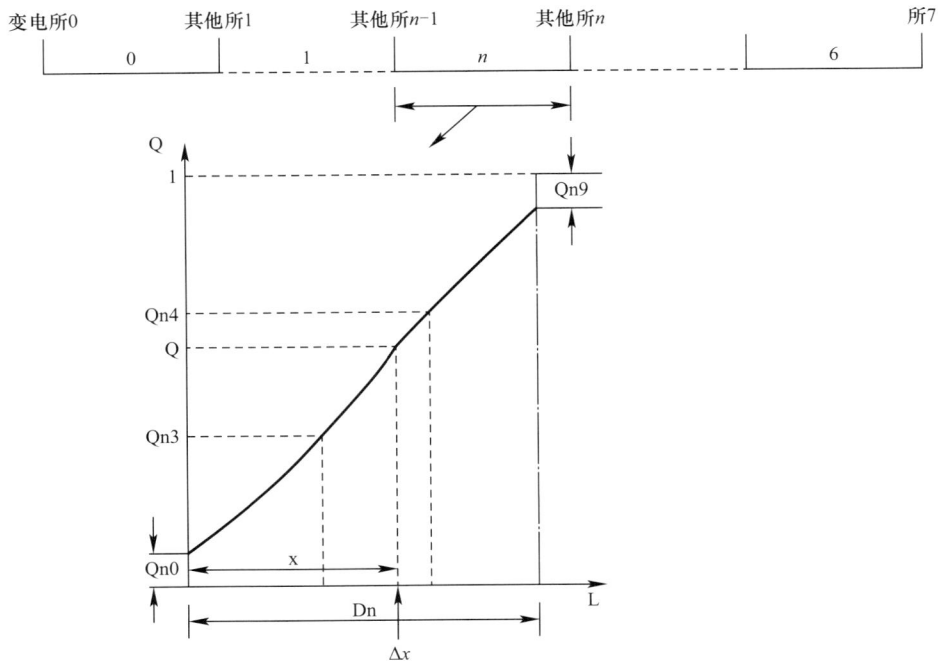

对于武广线的全并联 AT 供电方式而言只有 2 个 AT 区段，对测距公式进行代入后简化得：

$$l = l_k + \frac{I_{at(k+1)}}{I_{at(k)} + I_{at(k+1)}} D$$

其中 $\frac{I_{at(k+1)}}{I_{at(k)} + I_{at(k+1)}}$ 为吸上电流比，即为 Q 值。

故对于新韶关变电所 211、212 该故障跳闸数据分析得：故障发生在馈线 212 第 1AT 区段内的 F 线上。

$I_{at}(K+1) = 4254\text{A}$（来自变电所吸上电流数据 IAT0）

$I_{at}(k) = 1269\text{A}$（来自 AT 所吸上电流数据 IAT1）

$D = 12895\text{m}$（来自装置整定值，为新韶关变电所至重阳 AT 所距离）

$l_k = 0$（第 1AT 区段故障无增加距离）

新韶关变电所公里标为：K2065+686

计算距离变电所故障长度：$L \approx 9929$

换算为公里标为：K2055+757

计算结果与装置跳闸故标接近，判断该故障跳闸故标准确，故障跳闸阻抗角在 40°～80° 之间，符合电弧或金属性短路特性。

（2）分析该起故障跳闸波形：

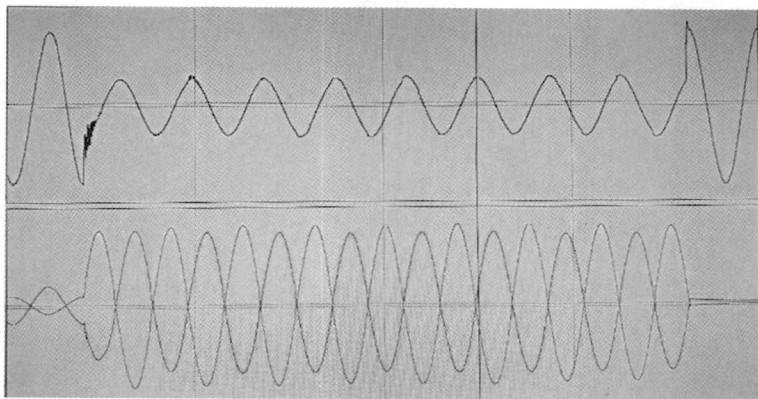

（211 故障跳闸波形）

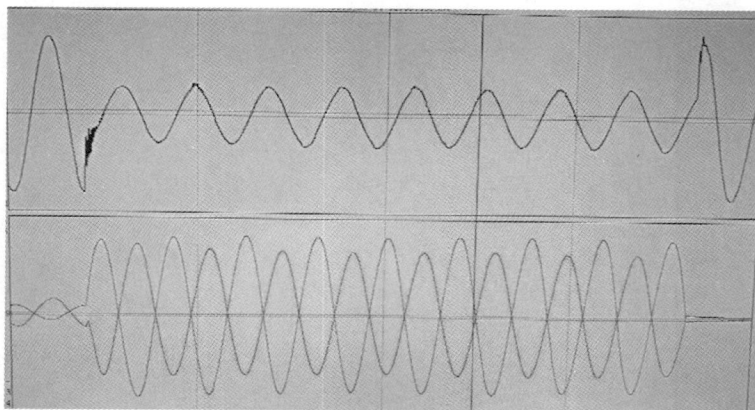

（212 故障跳闸波形）

通过简单的分析波形中的谐波含量对比不同类型的故障跳闸波形中的谐波含量能快速地判断出故障类型。

周期性的非正弦波形利用傅里叶级数及傅里叶变换，分解为基波及次谐波的方法。把连续时间信号的一个周期 T 等分成 N 个点后进行采样，从而得到一系列的离散时间信号，然后采用离散傅里叶变换或快速傅里叶变换的方法进行谐波分析。

设对 $u(t)$ 每个周期均匀同步采样 N 点，得到序列 $u\{(n)\}$，若 $u(t)$ 的最高次谐波次数为 M，为了满足采样定理，N 应满足：$N > 2M + 1$

以电流各次谐波计算为例，根据连续函数的傅里叶级数计算式 $THD_1 = \frac{\sum_{h=2}^{N} I_h^2}{I_1} \times 100\%$（式中：THD 表示总谐波畸变率；它等于各次谐波均方根的平方和的平方根值与基波均方根值的百分比）则可得离散型的计算式：

$$a_m = \frac{2}{N} \sum_{n=0}^{N-1} u(n) \cos\left(\frac{2\pi}{N}mn\right)$$

$$b_m = \frac{2}{N} \sum_{n=0}^{N-1} u(n) \sin\left(\frac{2\pi}{N}mn\right)$$

其中 a_m、b_m 分别为傅里叶级数中的余弦项系数和正弦项系数。对于离散序列 $u\{(n)\}$，可作 N 点的离散傅里叶变换

$$U(k) = \sum_{n=0}^{N-1} u(n) \cos\left(\frac{2\pi}{N}kn\right) - j \sum_{n=0}^{N-1} u(n) \sin\left(\frac{2\pi}{N}kn\right)$$

根据上述公示则可以完全确定各次谐波，以及基波和直流分量。

与以往雷击跳闸后的波形对比，雷击跳闸波形中主要以 5 次谐波、3 次谐波含量为主，能初步判断该故障跳闸类型为雷击跳闸。

3 雷击跳闸的应急处置与防范措施

（1）接触网因雷击引发的接地故障有时候故障点比较隐蔽，在雷雨天气，重合闸不成功，调度首先本着"先行供电、先通后复、先通一线"的原则，故障停电范围内的动车组降弓，根据故障标定点指示，断开相关牵引所、AT 所、AT 分区所上网开关，确认动车组司机、车站无其他异常反映，组织试送电（当故标离变电所 3km 以内时，还需采用迂回方式试送电）。与此同时，及时通知供电车间和供电驻站联络员做乘动车组巡视并做好抢修准备。

（2）为了降低直击雷对接触网的影响，有必要做好日常的应急预防工作，根据统计接触网雷击点的分布，在密集落雷区段加装避雷线、降低接地电阻、增设线路避雷器等。2016 年底管内京广高铁防雷工程竣工，2017 年因雷击因素引起跳闸只有 52 起，雷击引发的跳闸次数明显下降，做好直击雷的预防工作能减轻应急组织压力。

4 结 束 语

做好接触网故障应急处置工作，是保证运输效率得以提升的重要一环。综上所述，供电调度人员应肩负起使命，以高度的责任感，履职履责，主动作为，加强故障分析判断和应对工作，减少故障对高铁运输干扰，真正实现旅客温馨出行。

参 考 文 献

[1] 轨道交通供电系统的防雷与接地/吴广宁，曹晓斌，李瑞芳著. [M]. 北京：科学出版社，2011
[2] 电气化铁道接触网实用技术指南/于小四主编. [M]—北京：中国铁道出版社，2009.4
[3] 张宁，孙雅明，毛鹏. 电力系统故障暂态信号分析中基波提取的新方法. 电力系统及其自动化学报•1999（3）
[4] 杨文. 电力系统谐波检测方法研究 [D]. 长沙：中南大学，2005

第二部分
智能控制

基于多层网络体系的列车智能控制系统的研究[*]

邵华平　覃　征

(西安交通大学 电子与信息工程学院，陕西 西安　710049)

摘　要：在对国内外列车智能系统发展的研究基础上，提出了基于多层网络体系的智能列车系统。该系统被划分为三个部分，现场级总线采用 CAN 总线，可提高底层系统的实时控制，控制级采用铁路专用网络，管理级采用以太网，在保证实时性的基础上减少了上层网络间的传输数据量。最后给出了系统在列车作业调度、通信实时性和列车定位等关键技术上的解决方法。

关键词：列车智能控制；作业调度

1　引　言

随着人口的增长、土地的开发以及经济的发展，引发了铁路运输需求进一步扩增。而铁路运输的安全、阻塞、高耗、低效等成为日渐突出的问题[1]，由于资金、土地、环境、能源等条件的约束，进一步大规模的基础建设已无可能，所以，解决铁路运输需求的方法就集中在铁路运输的智能管理与调度上。而对我国而言，铁路运输的主要矛盾是运能不足和运能分布不均衡。铁路运能与货物列车重量和行车密度相关，而这两个数值又与列车行车速度有关。由此可见，优化调节列车重量、行车密度、行车速度将是提高铁路运能的关键，当然在提高运能的基础上，安全是必不可少的，信号机、道岔、股道之间建立的联锁关系技术在经历了机械槽口技术、电气衔铁技术、安全型继电器技术时代后，也逐渐向微机联锁过渡[2]，在此情况下智能铁路系统（IRS：Intelligent Rail way System）的出现成为必然。

2　国内外发展状况

IRS 是对新一代智能化铁路运输系统的总称，IRS 最早可以可追溯到从调度集中 CTC（Central Traffic Control）、自动闭塞系统开始，1964 年日本的与自动闭塞系统相结合的 ATC（Automatic Train Control）和 1965 年西德的连续无线列车控制系统为世界上最早的列车间隔——速度自动调整系统，其后还有超速防护系统 ATP（Automatic Train Protection）、列车自动操纵系统 ATO（AutomaticTrain Operation）等都可算为 IRS 范畴。80 年代中期后，原本相互独立的列车运行控制系统和行车调度逐渐融合成一体，使得调度中心即可调整列车运行和开放进路，又可之间控制列车的间隔和速度。其代表性系统有美国和加拿大开发的先进列车控制系统 ATCS 和先进铁路电子系统 ARES，法国的行车连续实时控制系统 ASTREE[1]，德国的计算机辅助综合铁路系统 CIR，欧洲铁路的全欧列车控制系统 ETCS 澳大利亚铁路的先进控制系统 AUSTRAC 等，它们的总目标都是要求得到安全、高效、信息化、高舒适度铁路运输系统。

我国铁路基本上采用的是客货共线的运输模式，当想兼顾客运提速和发展货运重载运输时，人工调配或是地域性调度，往往使得客货运输的质量都难得到保证，以此看来，中国的 IRS 是提高铁路运能的关键，目前，我国的铁路运输系统越来越多的吸收先进的信息技术、计算机技术和控制技术，诸如铁路运输管理信息系统 TMIS 调度信息系统 DMIS 车辆管理信息系统 CMIS 等都相继投入使用[3]，为提高我国的铁路运输性能起到很大的作用，但这些体系间的连通性和互操性较差，彼此间相互独立，也就是说

*　本文发表于《小型微型计算机系统》2003 年 7 月第 24 卷第 7 期。

到现在为止，中国还没有正式进行智能铁路系统的规划与设计。因此在我国 IRS 的研究与应用迫在眉睫。

3　列车控制智能系统的多层网络体系结构

IRS 系统的最终目的就是依靠当前先进的信息、计算机、控制以及通信等技术，优化铁路运输组织、管理，尽可能的获得高运能、高效、安全、数字信息化、易于操作的铁路运输系统。为了实现这一目的，给出了如图 1 所示的多层网络体系的智能铁路系统。

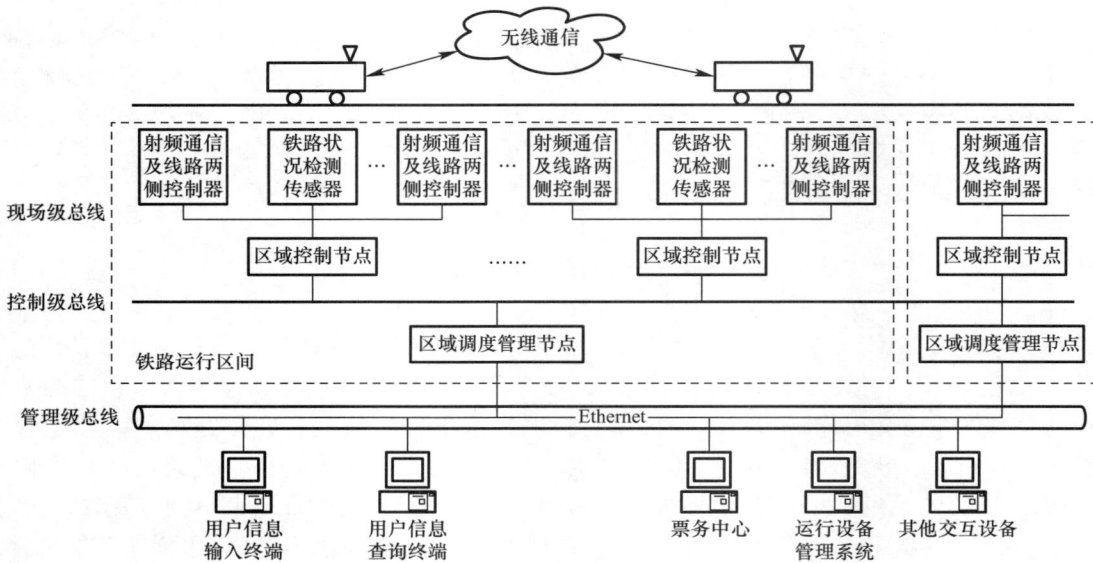

图 1　智能铁路系统原理图

由图可知，整个智能列车控制系统分为三层，现场级总线采用 CAN 总线，其具有良好的实时性，CAN 总线连接有铁道两边的射频通信器、铁路两侧的控制器（包括信号灯控制、闭塞控制、轨道控制等）和铁路沿线状态检测传感器和区域控制节点，一方面铁路两侧控制器可直接根据射频通信器以及状态传感器来动作，另外还可以根据区域控制节点给出的控制信号来操作。本方案主要技术思想在上海市轻轨明珠线过渡信号系统、广州等城市轨道交通列车运行控制中，得到良好的运用，控制级总线则利用铁路专用网络线路，连接各区域控制节点和区域调度管理节点，每一个铁路运行区域都设有一个区域调度管理节点，它根据区域内的区域控制节点所传来的消息、从管理级总线上传来的其他区域信息和其他用户信息以及运输市场需求的列车作业任务的输入，自动生成并优化各列车运行编制和各种运输方案，并对车辆装卸和列车运行进行控制和指挥，在运输市场的供求发生变化时，动态调整路网车流分布，有效的调度列车的运行。体现本方案主要技术思想的产品已列入德国、西班牙、意大利等国家高速铁路线使用计划，而由庞巴迪公司生产的该类产品当前已经在瑞士奥尔滕-卢赛恩线路上完成了试验。而管理级总线，则可利用以太网，将各区域调度管理节点以及用户信息系统、票务管理中心、运行设备管理系统等辅助系统联接起来，构成一个分布式的智能体系。

为提高系统的可靠性，即铁路运输的安全性，现场级和控制级总线都选用双余度总线，且射频通信器和铁路两侧的控制器的应用范围互有重叠，无特殊要求时，按区域调度管理节点给出的控制信息，自动完成控制，当出现故障时在区域控制节点的调配下可重构底层铁路控制系统；而区域控制节点也存在冗余热备份系统，平时主机运行，从机起监控作用，当检测到主机故障时，主机自动脱离网络，从机进入工作状态；而区域调度管理节点在平时都是各自管理调度运行区间内的列车作业，当有一台发生故障时，相邻区域的节点将分担这部分工作，以保证铁路的安全运行。

4　相关技术的应用

4.1　列车作业调度

我国的铁路运输具有很大的潜力，而潜力的挖掘就在于列车作业的合理分配，即列车作业调度。作业调度问题（JSP）就是找到一个将一组作业安排到固定资源上以使作业可被最优完成的问题[4]，根据作业到达的情况不同，可分为静态分配和动态调度。

静态分配算法主要有基于图论的分配法、数学规划法、排队模型法、启发式搜索法和遗传算法，前3种由于受到其假设条件的限制，且效果较差，所以应用范围较小，后两种应用较为广泛，而在此本系统中选用遗传退火算法，首先依据相应的约束条件和市场需求分析得到作业调度的代价函数，在原始构造的解群基础上，利用遗传算法的选择、交叉和变异获得新解、并利用模拟退火算法 Boltzmann 机制来接收交叉和变异后的新解，在保留优良个体的同时，防止了单独遗传算法所无法避免的过早收敛问题。动态调度方法中常用的包括 LPT 算法、MUTLIFIT 算法，但这两种更使用于处理多处理机的任务调度问题（MSP），当前随着随机 Petri 网理论的完善，在柔性制造和交通等作业调度中起到越来越重的作用，本系统就采用有色赋时随机 Petri 网来实现其实时调度模型，解决当由于市场需求、自然灾害或人为干扰，引起对铁路运输或状况发生变化时动态调节以保证铁路运输的安全和快捷。

4.2　通信的实时性

由于采用了多层网络体系结构，可提高信息的实时通信性能，底层现场级总线采用 CAN 总线，其传输速率可达 1Mbps，且作为多主机总线，其协议支持带有非抢占式无损伤优先级的总线仲裁，使得优先级高的报文将获得更好的传输性能，此外信息在区域控制节点处汇合，该节点并不将所有信息发布到控制级网络上，而是采用 Publish/Subscribe 机制，即发送信息的控制节点在网上分布自己所能提供的信息名称，接收点根据自己所需订购其中某些它们所感兴趣的信息，这样将减少网络上传播的数据，减少网络堵塞。

从寻址方式而言，网络间通信方式主要分为 Unicast（单点传输）、Broadcast（广播传输）和 Multicast（多点传输）。其中 Unicast 是数据接受主机最有效的方式同时也是发送主机则是效率最低的传输方式。Broadcast 正好相反。而 Multicast 则是指数据从一点发送到多个节点，并提供数据过滤技术，同时满足了发送和接受数据的效率。对于底层 CAN 总线，可在数据链路层实现的 Multicast 技术，对于上层各控制级及管理级之间则采用网络层中实现的 IP-Multicast。这样有利于系统的扩充、外部连接以及网络传输延迟的减小，提高通信的实时性和系统的沿展性，因此在智能铁路系统中选用以 Multicast 为主，Unicast 和 Broadcast 为辅的方式，将所需信息相同的节点编为一个兴趣组，从而提高网络的效率。

4.3　混合列车定位系统[3]

目前用于确定列车定位的系统有轨道电路、全球卫星定位系统 GPS 多普勒雷达、累计车轮旋转数加应答器等多种实现方式，而且目前用的最多的是累计车轮旋转数加应答器配合以轨道电路的方式。但为了适应将来发展的需要，以 GPS 为主体的混合列车定位系统将是以后发展的方向，即在接收区，接收由 GPS 传来的经纬度信号，根据地理信息系统 GIS 获得当前列车所在具体位置，而在诸如隧道等 GPS 盲区处，则可根据雷达、轨道电路、累计车轮旋转数加应答器泄漏波导光缆等装置获得当前列车的位置信息。

5　结　束　语

　　我国地域广泛人口众多，且正处于经济发展时段，铁路交通的便利与否和运载能力都相对于发达国家更为重要，而智能铁路系统在我国还有较大的发展空间，本文提出的基于多层网络体系的智能铁路系统，将整个系统划分为三个部分，不但提高底层的实时控制性，而且减少了上层网络间的传输数据量，有利于充分合理的利用当前有限的资源，优化列车运行时间和顺序，解决我国当前客运提速和发展货运重载运输的双重需要。

参 考 文 献

［1］　顾炎. 关于交通运输自动化系统〔J〕. 铁道运输与经济. 1997，19（3）：8～9.
［2］　赵明，邸春海. 现代铁路信号系统分析研究〔J〕. 北方交通大学学报，1999，23（2）：19～24.
［3］　严余松. 发展中国智能铁路系统的若干思考〔J〕. 交通运输工程学报，2001，1（4）：15～20.
［4］　Nirwan Ansari Edwin Hou. 用于最优化的计算智能〔M〕，北京：清华大学出版社，1999，12.
［5］　唐志勇，王占林. 任务管理式新型余度飞控系统的研究〔J〕. 系统仿真学报，2002，14（5）：599～601.

几种函数逼近方式的逼近能力比较与综合[*]

邵华平¹　何正友²　覃　征¹

（1. 西安交通大学电子与信息工程学院，中国 西安　710049；

2. 西南交通大学电气化自动化研究所，中国 成都　610031）

摘　要：介绍了 Fourier 变换、小波变换、神经网络、小波神经网络、多小波和多小波神经网络几种不同的函数逼近方式，对这几种函数逼近方式中的基函数性能作了详细比较，发现基函数的性能越好，其函数逼近效果一般来说也越好，并对这几种函数逼近方式的表达式进行了比较和综合。

关键词：Fourier 变换；小波变换；神经网络；小波神经网络；多小波；多小波神经网络；函数逼近

近几十年来，对于函数的逼近一直是数学研究人员和工程研究人员所关注的基本问题之一。作为函数逼近的数学工具，已经发生了巨大变化，从 19 世纪初的 Fourier 理论到 20 世纪 60 年代的神经网络，一直到近 10 多年来的小波理论、多小波理论和小波神经网络等。

本文试图通过对 Fourier 变换、神经网络、小波变换、多小波变换、小波神经网络和多小波神经网络等这些函数逼近工具进行对比和综合，研究函数逼近能力之间的差别和内在联系。

1　几种函数逼近工具逼近形式的比较

1.1　Fourier 变换的函数逼近

周期函数展开为 Fourier 级数，就是把周期为 T 的周期函数用三角函数系构成的正交基表示。

设空间 $V_n = \mathrm{span}\{e^{-iMt}, \cdots, 1e^{-it}, \cdots, e^{iNt}\}$，$V_n \subset L^2(0, 2\pi)$，$n = N + M + 1$，$N$，$M$ 为正整数。若函数 $f(x) \in L^2(0, 2\pi)$，则 $f(x)$ 在 V_n 中的最佳平方逼近元为：$\sum\limits_{k=-M}^{N} c_k e^{ikt}$，即：

$$\lim_{M, N \to \infty} \left\| f - \sum_{k=-M}^{N} c_k e^{ikt} \right\| L^2(0, 2\pi) = 0. \tag{1}$$

式中 $c_k = \dfrac{1}{2\pi} \displaystyle\int_0^{2\pi} f(x) e^{ikx} \mathrm{d}x$，$c_k$ 为函数 $f(x)$ 在各个正交基上的投影系数，取最佳平方逼近元的极限，则 $f(x)$ 表示为：$f(x) = \sum\limits_{-\infty}^{\infty} c_k e^{ikt}$. 也就是说：每个 2π 周期方平方可积函数都可以用 e^{it} 整数膨胀的叠加生成。若取适当的 N，M，函数 $f(x)$ 可以由其 Fourier 级数之和逼近。

1.2　小波变换的函数逼近

由于 $e^{it} \notin L^2(IR)$，$IR = (-\infty, \infty)$。如果把空间 $L^2(0, 2\pi)$ 扩展到空间 $L^2(IR)$，显然 $f(x) \in L^2(IR)$ 不可能用 e^{it} 整数膨胀的叠加生成，所以必须用其他类型的基来生成空间 $L^2(IR)$，这种基就是小波。如果 $\Psi \in L^2(IR)$ 并且满足容许条件^[1]，则 $\Psi(t)$ 称为"母小波"。

首先考虑由 $\Psi(t)$ 构成正交基的情况 $\Psi_{j,k}(t) = 2^{j/2} \Psi(2^j t - k)$，$j$，$k \in (-\infty, \infty)$，生成空间 L^2

＊ 本文发表于《湖南师范大学自然科学学报》2003 年 12 月第 26 卷第 4 期。

(IR) 的一组正交基，即：$W_j = \mathrm{span}\{2^{1/2}\Psi(2t-k), \cdots, 2^{j/2}\Psi(2^j t-k)\}$，$L^2(IR) = \oplus_j W_j$。

可以把空间 $L^2(IR)$ 中的函数 $f(t)$ 进行分析：

$$f(t) = \sum_{j,k} <f, \quad \Psi_{j,k}> \Psi_{j,k}(t) \tag{2}$$

那么，必然存在某个整数 J_0，使得对于任何 $\varepsilon > 0$，满足下列等式[2]：

$$\left\| f(t) - \sum_k c_{J_{0,k}} \Psi_{J_{0,k}} \right\| < \varepsilon \tag{3}$$

接着考虑一般小波的函数逼近. 在空间 $L^2(IR)$ 中的函数 $f(t)$ 的离散小波变换被定义为：$d_{j,k} = \langle f, \Psi_{j,k} \rangle = |a|^{-1/2} \int f(t) \overline{\Psi}_{j,k} \mathrm{d}t$，任何函数 $f \in L^2(IR)$ 都可以被写为[3]：

$$f = \sum_{j,k}^{\infty} (f, S^{-1}\varphi_{j,k}(t)) \varphi_{j,k} \tag{4}$$

S 称为框架算子.

在小波变换的实际计算中，等式（4）中多项式的有限项之和就可以对函数 $f \in L^2(IR)$ 进行有效的逼近，即 [3]：

$$f = \sum_{j,k}^{N} w_{j,k} \Psi_{j,k}(t) = \sum_{j,k}^{N} w_{j,k} \Psi\left(\frac{t-b_k}{a_j}\right) \tag{5}$$

其中：$w_{j,k} = <f, S^{-1}\Psi_{j,k}(t)>$，$N < \infty$。

1.3　神经网络的函数逼近

对于一个给定的连续函数 $f(x), x \in [0, 1]$，可以用一个 Fourier 级数来逼近，$f(x)_F = \sum_{-\infty}^{\infty} c_k e^{ikt}$，$c_k$ 为相应的 Fourier 系数. 若 x 为一个 n 维空矢量，即用函数 $f(x)$ 完成 $[0, 1]^n \in R_n \rightarrow R$ 的映射. 当 $f(x) \in L^2(IR)$ 时，则根据Fourier 级数理论，仍存在一个可以逼近 $f(x)$ 的级数：

$$f_F, (x, N, f) = \sum_{k_1=-N} \sum_{k_2=-N} \cdots \sum_{k_n=-N} c_{k_1, k_2, \cdots k_n} e^{i\sum_{i=1}^{n} k_i x_i} = \sum_k c_k e^{ik \cdot x}, \tag{6}$$

当 $N \rightarrow \infty$ 时，满足：

$$\lim_{N \rightarrow \infty} \int_{[0,1]^n} |f(x) - f_F(x, N, f)| \mathrm{d}x = 0 \tag{7}$$

对于任意多维函数的映射，也可以得到类似的结果，给定一个函数 $h(x), x \in R^n, [0, 1]^n \subset R^n \rightarrow R^m$，其中 $h(x) = [h_1(x), h_2(x), \cdots, h_m(x)]^T$，则 h 中的每一分量也可以用相应的 Fourier 级数来近似。用于函数逼近的前馈神经网络主要有 BP 神经网络、RBF 神经网络等。

1.4　小波神经网络的函数逼近

小波神经网络是 Qinghu Zhang 和 Albert Denveniste 在 1992 年作为对前馈神经网络逼近任意函数变换的概念提出的[5]。

考虑等式（5）与前馈神经网络的神经元输出的公式：$y = f\left(\sum_{i=1}^{n} w_i x_i\right)$，$n \in IR$，$n < \infty$。比较这两个等式，可以发现它们之间是非常相似的，事实上，等式（5）可以被看作一个 3 层神经网络结构，这个神经网络结构以小波函数 Ψ 作为隐层神经元的激励函数，在输出层上是一个线性神经元输出。由前馈神经网络和小波级数逼近的等式，可以构成如图 1 所示的小波神经网络[6]。

图 1 所示的小波神经网络可以得到：

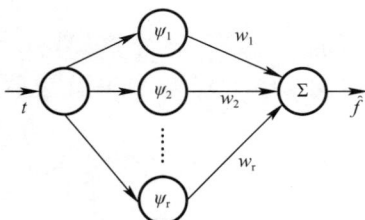

图 1　小波神经网络

$$\hat{f}(t) = \sum_{1}^{r} (w_k \psi_k) \tag{8}$$

这里 w_k 是权值，Ψ_k 是相应的小波基，r 表示经伸缩和平移后小波基的总个数，即隐层节点的数目，关于隐层节点数目的确定可以参见文献［6］。如果选取合适的尺寸参数和平移参数，则可以通过调节小波系数（权值）来达到对函数的最佳"覆盖"，以达到函数逼近目的。

1.5 多小波变换的函数逼近

通常假定一个多分辨分析是由一个尺度函数生成，上一个小波函数平移与伸缩构成 $L^2(IR)$ 空间的基，该小波函数被称为单小波或标量小波，即传统意义下的小波。若一个多分辨分析是由多个尺度函数生成，相应的由多个小波函数平移与伸缩构成 $L^2(IR)$ 空间的基，这些小波函数被称作多小波。对称性、正交性、有限支撑是信号处理中十分重要的性质，已经证明实系数单小波不能同时具有这些性质[3]。多小波放松了对单小波函数这些限制，可以同时具有这些性质。

令 $\Phi(t)=[\phi_1(t),\phi_1(t),\cdots,\phi_r(t)]^{\mathrm{T}}(r\in N)$ 是多分辨分析空间 $\{V_k\}_{k\in z}$ 的正交多尺度函数，与其对应的正交小波函数 $\Psi(t)=[\Psi_1(t),\Psi_2(t),\cdots,\Psi_r(t)]^{\mathrm{T}}(r\in N)$，满足其平移和伸缩 $\Psi_{j,k}=\{\Psi_1(z^{-j}x-k)\cdots,\Psi_r(2^{-j}x-k)\}^{\mathrm{T}},(j,k\in Z)$ 形成正交补子空间的正交基，即 V_j 在 V_{j+1} 中的补子空间 W_j。令 $f\in V^0$，$r=2$，以 GHM 多小波为例，则有[7]：

$$f(t) = \sum_{k\in Z}(C_{1,0,k}\phi_1(t-k)+C_{2,0,k}\phi_2(t-k)) =$$
$$\sum_{k\in Z}(C_{1,j_0,k}2^{J_0/2}\phi_1(2^{J_0}t-k)+C_{2,0,k}2^{J_0/2}\phi_2(2^{J_0}t-k))+$$
$$\sum_{J_0\leqslant j\leqslant 0}\sum_{k\in Z}(d_{1,j,k}2^{j/2}\Psi_1(2^jt-k)+d_{2,j,k}2^{j/2}\Psi_2(2^jt-k)) \tag{9}$$

这里，$c_{i,j,k}=\int f(t)z^{j/2}\varphi_i(2^jt-k)\mathrm{d}t,d_{i,j,k}=f(t)2^{j/2}\varphi_i(2^jt-k)\mathrm{d}t$

从上面的公式，可以看出 $f(x)\in L^2(IR)$ 的函数可以通过多小波变换来重构。类似于小波变换的函数逼近，可以利用多小波变换来进行函数逼近。

1.6 多小波神经网络的函数逼近

与小波神经网络类似，多小波神经网络与传统神经网络的主要区别是：多小波神经网络的激励函数是由多小波的多尺度函数或多小波函数构成，而小波神经网络的激励函数是由小波的尺度函数或和小波函数构成。多小波神经网络首先由 Licheng Jiao 等人提出，并对多小波神经网络及其特性进行了研究[8]。在多小波的多分辨分析理论中，我们知道 $\bigcup_{j\in z}V_j=L_2(IR)$，因此对于任何 $f(x)\in L^2(IR)$，都存在一个自然数 J_0，使得：

$$\|f-f_J\|_2<\varepsilon,J>J_0。 \tag{10}$$

这里 $\|\circ\|_2$ 为 L^2 范数，ε 是任一正数，$f_J\in V_J$。

$$f_J = \sum_{l=1}^{r}\sum_{k\in Z}<f,\phi_{J,k}^l>\phi_{J,k}^l(t) \tag{11}$$

从神经网络的观点来看，等式（11）可以作为一神经网络来学习，如图 2 所示[8]。

图中网络的输入输出关系可以被描述为：

$$\hat{f}_J = \sum_{l=1}^{r}\sum_{k\in Z}c_{J,k}^l\phi_{J,k}^l(t) \tag{12}$$

从图中可以看出：隐层所有节点的权值均为 2^J，在隐层的第一行中，节点的激励函数均为 ϕ^1，第 k 个节点的偏差为 k；在隐层的第 2 行中，节点的激励函数均为 ϕ^2，第 k 个节点的偏差为 k。输出层为一偏差为 0 的线性节点，节点权值为 $\hat{c}_{J,k}^1$，$\hat{c}_{J,k+1}^1$，$\hat{c}_{J,k}^2$，$\hat{c}_{J,k+1}^2\cdots$，对于权值的训练可以采用最小化方差的方法进行调节。

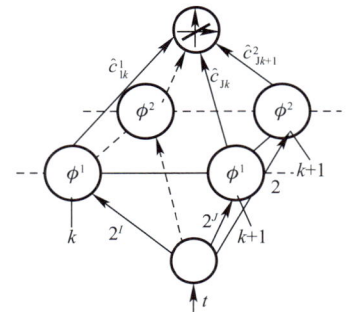

图 2 多小波神经网络

2　几种函数逼近工具中基函数的比较

我们知道函数逼近工具的发展与其基函数所具有的性质密不可分，首先从这些函数逼近工具的基函数进行讨论和比较。

图 3 中的 (a)、(b)、(c)、(d) 分别为 Fourier 变换中的基函数、神经网络中 S 型神经元激励函数、RDF 神经网络中的高斯型激励函数和小波变换与小波神经网络中的 Morlet 母小波函数；图 3 中的 (e)、(f)、(g)、(h) 分别为多小波变换和多小波神经网络中 GHM 多小波相应的两个尺度函数和两个小波函数。

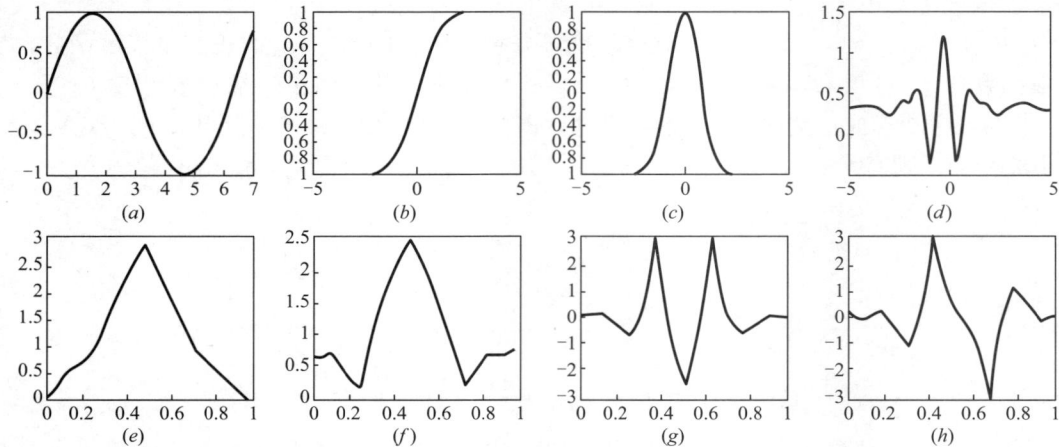

图 3　几种函数逼近工具的基函数

从图 3 中可以明显看出，Fourier 变换中的基函数的性质：全局性（即时域支撑为 $(-\infty, \infty)$）、周期性和正交性；BP 神经网络中 S 型神经元激励函数的性质：全局性、非周期性、非正交性，其支集为整个欧氏空间，存在严重重叠；RBF 神经网络中激励函数的性质：局域性（即 $(-\infty, \infty)$ 上是衰减的）、非正交性，所以由它构成空间的基是有冗余的；小波函数可以是正交性的，紧支撑性的，对称/反对称性的，具有高阶消失矩的，但是这些性质对于实系数小波函数来说不能同时具有；多小波可以同时具有这些性质，例如：GHM 多小波中两尺度函数是对称的、支撑区分别为 $[0, 1]$ 和 $[0, 2]$，两小波函数支撑为 $[0, 2]$，分别为对称和反对称的，整个系统是正交的，且具有二阶消失矩。

虽然在 Fourier 级数中 e^{it} 构成空间 $L^2(0, 2\pi)$ 的标准正交基，但是由于 Fourier 变换中基函数的全局性和周期性不仅使其逼近函数的范围有所限制，而且使其函数逼近能力在这些工具中最差。利用 Fourier 级数对某一区间上阶梯函数在 $L^2(IR)$ 意义下的 N 项逼近收敛率为 $O(N^{-1/2})$，而利用一个性质相当好的小波基，在 $L^2(IR)$ 意义下的 N 项逼近的收敛率为 $O(N^{-s})$，其中 s 为任意可能的数。我们知道，在神经网络中的全局激励函数与局部激励函数（径向基函数）相比较存在一些明显的缺点[4]，但是径向基函数也是非正交的，就是说它的基函数是有冗余的，所以其逼近函数的表达式并不唯一。小波函数可以是正交性的，保证逼近函数的表达式的唯一性，所以小波神经网络的逼近性能理论上一般比传统神经网络的逼近性能要好。BP 神经网络和径向基函数神经网络在空间 $L^2(IR)$ 的收敛为 $O(n^{-1/2})$，而小波网络在空间 $L^2(IR)$ 的收敛率为 $O(n^{-\alpha})\alpha>0$[2]，两者相比，小波神经网络的收敛率比 BP 神经网络和径向基函数神经网络的收敛率更好。由于多小波函数的独特性能，其逼近性能一般比传统神经网络的逼近性能要好。GHM 多小波神经网络在空间 $L^2(IR)$ 的收敛率为 $O(2^{-Jm})$，J，m 分别为多分辨分析中的分辨层数和多尺度函数的精度[8]，这比 BP 神经网络和径向基函数神经网络的收敛率要好得多。所以我们可以这样认为：基函数的性能越好，其函数逼近效果一般来说也越好。

3 几种函数逼近工具的综合

通过观察上面所讨论的公式，可以发现这些函数逼近工具表达式之间存在许多相似的地方，实际上都可以归结为利用一系列基函数与相应系数的乘积的有限和来对一函数进行近似逼近，对于不同方式，公式中的基函数是不同的，对应的系数可以利用相应的方法求出。假定对一函数 $f(t)$ 的逼近公式为：

$$f(t) = \sum c_i g(t_i) \tag{13}$$

1）g_i 为 Fourier 级数中的正交基 e^{it}，c_i 为相应的 Fourier 系数，则上式为 $f(t)$ 的 Fourier 级数逼近；2）g_i 为小波分析中的小波函数，t_i 为基函数平移和伸缩后自变量的结果，c_i 为相应的小波系数，则上式为 $f(t)$ 的小波级数逼近；3）g_i 为 BP 神经网络中的神经元激励函数 Sigmoid 函数，c_i 为相应的权值，则上式为 $f(t)$ 的 BP 神经网络逼近；4）g_i 为神经网络中的径向基函数，c_i 为相应的权值，则上式为 $f(t)$ 的径向基神经网络逼近；5）g_i 为小波分析中小波函数或尺度函数，c_i 为相应的权值，则上式为 $f(t)$ 的小波神经网络逼近；6）t_i 为向量函数，代表多小波分析中多尺度函数，c_i 为一向量，代表相应的多小波系数，则上式为 $f(t)$ 的多小波级数逼近；7）t_i 为矩阵函数，代表多小波神经网络中多尺度函数，c_i 为一矩阵，代表多小波神经网络中相应的权值，则上式为 $f(t)$ 的多小波神经网络逼近。

可见，不同的函数逼近工具实际上可以统一为一种函数逼近公式，其逼近的具体方法取决于相应的基函数和系数。

4 结　语

函数逼近工具在实际应用中已经被广泛使用，可以根据不同类型的函数，选择相应的逼近工具来逼近，总的来说，函数逼近工具中基函数的性能决定了最适宜逼近何种函数和逼近的效果。

参 考 文 献

［1］ CHUI C K. Wavelets：Atntorial in theory and application ［M］. New York：Academic，1992.

［2］ ZHANG JUN，GILBERT G. WALTER，YUBO MIAO，*et al*. Wavelet neural networs for function learning ［J］. IEEE Trans on Signal Processing，1995，43（6）：1485-1497.

［3］ DAUBECHIES. Ten lectures on wavelets，DBMS-Conference lecture notes ［M］. SIAM Philadelphia，1992.

［4］ 靳蕃. 神经计算智能基础原理。方法 ［M］. 成都：西南交通大学出版社，2000.

［5］ ZHANG Q，BENVENISTE A. Wavelet netword ［J］. IEEE Trans on Neural Network，1992，3（6）：889-898.

［6］ PATI Y C，KRISHNAPRASAD P S. Analysis and synthesis of feedforward neural network using discrete affine wavelet transformations ［J］. IEEE Trans. Nerural Network，1993，4，73-85.

［7］ XIA Xiang-gen，JEFFREY S GERONIMO，DOUGLAS P HARDIN，*et al*. Design of prefilters for discrete multi-wavelet transforms ［J］. IEEE Trans on Signal Processing，1996，44（1）：25-34.

［8］ LICHENG JIAO，JIN PAN，YANGWANG FANG. Multiwavelet neural networks and its approximftion propertie ［J］. IEEE Trans on Neurl Network，2001，12（5）：1060-1066.

基于计算机技术的一体化列车运行智能控制系统[*]

邵华平[1]　贾利民[2]　覃　征[1]

(1. 西安交通大学 电子与信息工程学院，陕西 西安　710049；2. 铁道科学研究院，北京　100081)

摘　要：针对列车运行多目标、多个互相联系的受控对象控制问题，探讨列车运行一体化控制概念和智能化控制的方法、手段。提出列车运行控制的 7 个约束集、7 个限制集、5 个指标集，并进行分析和排列，运用模糊逻辑、神经网络、遗传算法等智能控制理论和技术，构造一体化列车运行智能控制的分布式并行框架结构，分析距离差值 ΔS 等 7 个影响列车智能控制的决策因数。从移动性角度探讨目标函数的时变、非线性动态加权特性，提出了具有 5 层结构的模糊移动神经网络系统，介绍该系统的调节变量、输出变量、预测误差之间的关系和特性。

关键词：智能控制；一体化；列车运行控制；神经网络；系统分析

　　列车运行具有多目标、非线性、时变性，由复杂运行环境构成复杂系统的特征，它通常以地面信号、调度命令等行车指挥命令为依据，向着目标集（安全、正点、低消耗、舒适），结合各种运行条件（如运行图、气候、车载及列车本体等），实现对列车的启动、加减速、惰行、制动、停车等操作控制。这种控制模式灵魂在司机人脑，司机一旦疏忽、误判、误操作等失职，直接影响甚至危及行车及人身安全。20 世纪中叶，具有人脑初级功能的 ATS（Automatic Train Stop），ATP（Automatic Train Protection）等设备相继出现，如 LSK 等，出现了"人机联控、人控优先；人若未控，及时警告；告若无效，机替人控"的局面。20 世纪 90 年代以来，国际上列车自动控制进入了一个崭新的发展阶段——无线列车自动控制阶段，无线传输使得车—地之间可传送的信息量激增，信息控制处理的方法显得尤为重要。我国铁路智能运输系统的研究工作在基本定义、概念、系统框架、思路、实施方法和手段等方面，近几年来取得突破性的进展，获得许多阶段性的成果，但离实用尚有一定距离。为解决列车运行控制的多目标和多对象难于控制的问题，需对其一体化智能控制开展研究。

1　研　究　现　状

　　通常将列车作为一个"质点"考虑，研究列车控制问题。一方面对影响"质点"外特性的质点内部系统研究得不够，控制点欠深入、欠广泛；另一方面，对影响"质点"运行的外部因素如线路、设备、天气等方面的研究亦不够全面和深入。由于控制对象的增加和监测信息量的急剧增大，建立在神经网络、人工智能技术、专家库知识基础上的分布式智能子系统的信息处理量急剧增加，列车的一体化分布式智能控制系统的基础更广阔，末梢神经更灵敏、细胞组织的功能趋于成熟和健壮、容错功能、自适应和学习功能才能更成熟，这也促使列车运行中央调度系统的控制信息来源激增，系统功能更完善，控制能力、控制精度大大提高，控制手段更强大，列车控制朝着确保安全、提高效率、节省资源、降低损耗及成本提高舒适度方向达到一个新水平。

1.1　约束集

　　列车运行的外特性，依重要性、效率、经济性、舒适性可分为安全性、效益性、舒适性控制，也就是说列车在运行中是要受到各种约束，我们称这些约束为约束集。这种约束根据作用形式可分为限制集和指标集。

　＊　本文发表于《中国铁道科学》2004 年 2 月第 25 卷第 1 期。

1.2 限制集

限制集可以从固定和可变两方面划分，其中可变限制子集是最活跃、最危险的，最应该受到控制的因素[1]，如临时限速、突发的灾害性气候、坏人破坏线路等。

司机在驾驶列车的过程中，需要从视、听等多个角度了解列车运营所受到的各种限制，即获取"限制集（Limiting set）"。根据这些限制对控制的影响情况，可以对其进一步分类。

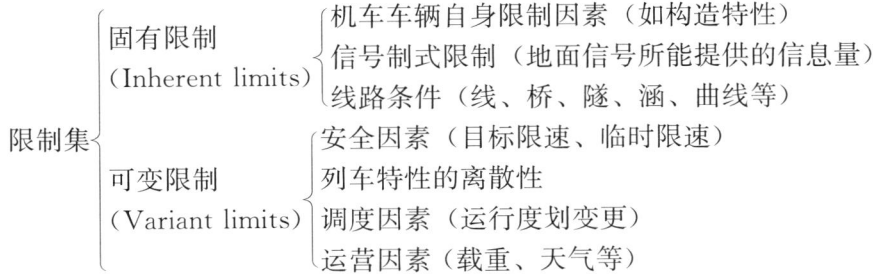

$$
限制集
\begin{cases}
固有限制 \\ (\text{Inherent limits})
\begin{cases}
机车车辆自身限制因素（如构造特性）\\
信号制式限制（地面信号所能提供的信息量）\\
线路条件（线、桥、隧、涵、曲线等）
\end{cases} \\
可变限制 \\ (\text{Variant limits})
\begin{cases}
安全因素（目标限速、临时限速）\\
列车特性的离散性 \\
调度因素（运行度划变更）\\
运营因素（载重、天气等）
\end{cases}
\end{cases}
$$

对于在某条线路上运行的列车，其固有限制是不变的。而可变限制则必然会或多或少的发生变化，并且即使是其中一种因素发生变化都会影响到其他因素，而最终导致控制策略的调整。

1.3 指标集

包含列车运行的安全性、效益性、舒适性三方面的内容，在总指标中，这些分指标的加权数（即重要性）不一样，彼此不统一，但又共容于一个大的列车运行控制整值中，是一个典型的多目标优化问题[2]。

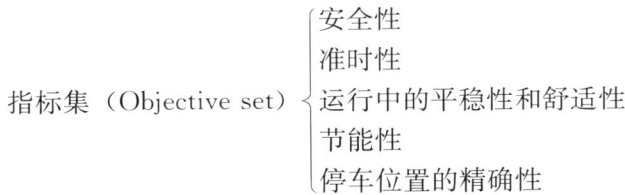

$$
指标集（\text{Objective set}）
\begin{cases}
安全性 \\
准时性 \\
运行中的平稳性和舒适性 \\
节能性 \\
停车位置的精确性
\end{cases}
$$

司机是从列车的实际情况、运营要求出发，结合一定的控制目标——指标集进行控车的。在驾驶过程中，司机总是努力使这些指标得到最优实现。而在实际操纵中，由于这些指标相互之间的不统一性、彼此冲突的特点，形成了不同情况下、不同的司机控制策略的差异性。

限制集和指标集所包含的内容合理性、精确性取决于影响列车运行外特性的部件功能密切相关的信息量的采集、传输、处理。即有用的信息量若未利用，列车的控制性就欠深入和精确。在国内许多专家的努力下，列车运行智能控制研究达到了较高水平，但实用设备当前仅停留在 LSK 水平上。

2 决策因素与相应的目标函数

2.1 决策因素

由人作为控制器的控制系统是典型的智能控制系统。事实上，有经验的司机的确可以出色地完成运营任务。同时，模糊逻辑神经网络实现，首先也需要确定模糊控制规则的前件和后件变量。为此我们有必要对司机的决策过程加以分析、提炼，以期准确完备地得出实现自动控制的有关参数，设计出列车运行过程自动化的智能控制系统。

首先，司机作出牵引、制动等控制动作的动机，我们称之为决策函数。这个决策函数绝不是单纯孤立的安全性目标、准时性目标、运行平稳舒适性目标、节能性目标，或者精确停车目标，也不是这些目标的简单相加，而是以这些目标为子目标，经过某种聚合后形成的综合目标[3]。

既然决策函数是由一些子目标经过某种聚合而成，我们不妨通过分析各个子目标的决策因素，最终得出影响决策函数的决策因素。

距离差值 ΔS：安全性子目标要求司机确保行车安全。也就是说，司机既要保证列车的实际走行速度低于机车车辆自身构造速度，而且还要保证列车以其所允许的速度接近或通过各个线路限速点（如曲线）、运营（或调度）限速点（如区间的通过信号机）。而准时性子目标要求列车实际走行速度要一定程度接近限制速度。从中可以提取决策因素 ΔS，它是预测走行距离与距限速点实际距离的差值。$\Delta S = S_{预测} - S_{实际}$。这里所说的限速点是对当前操作最有影响的限速点；预测走行距离是根据当前速度，结合某一基本牵引级别（或制动级别），根据经验公式计算得出的距离。

运转时分变化值 ΔT：准时性子目标就是要求列车的实际运转时分与要求的运转时分尽可能相等，保证列车按运行图运行。要求的运转时分是当前运营的计划用时，它可能是受到干扰的运行图产生的，即区别于原始运行图计划。这种区别是广义的，不仅包含在数量上的差异，而且还包括运输过程中时间分配（如线路检修造成）差别。这些变化最终都将对司机的决策产生影响。我们在全程（或局部）的范围内，将要求运转时分与原始计划运转时分的差值作为运转时分变化值 ΔT。$\Delta T = T_{要求} - T_{计划}$。例如，当 $\Delta T > 0$ 时，时间比较充裕，司机就会消耗这种充裕，去优化其他子目标，比如倾向于实施较小的牵引等。

耗散值变化率 $d\sum R/dt$：运行过程的平稳性和舒适性子目标，要求司机避免突然施加较大的牵引或制动，或者牵引（或制动）等级间的频繁切换。耗散值[4]概念的引入为量化这一感性指标奠定了基础。该概念认为：列车不同运行状态之间存在着耗散值 R；两个状态相差越大，其间的耗散值 R 就越大。影响控制决策的因素是耗散值的变化率 $d\sum R/dt$。

预测偏差 E：列车在牵引或制动过程中，因为环境和列车本身特性参数的不稳定性，往往会造成列车实迹曲线与推理机的预测曲线发生偏差。这种偏差可以理解为系统受到干扰造成的。为此，引入决策因素预测偏差 E，实现控制的抗干扰能力。

制动级别 L_B：节能性子目标要求司机合理利用各种资源，避免实施制动。该子目标实现情况我们可以利用制动级别累加和来衡量，即 $L_B = \sum l_b$。

温度因子 C：精确停车子目标要求列车在进站停车时具有较高的精度。司机在完成这项操作时，通常采用"制动—缓解—再制动直至停车"的控制策略。这样明显有利于实现精确定点停车，很容易克服因为列车较大的离散性造成的停车误差。与之相对应的是列车启动发车时，通常也是采用"牵引—缓解—再牵引"的控制策略。在此，我们引入温度因子 C，其表达式如下：$C = f(t - C_{起}) \times f(t - C_{终}) \times f(dv/dt - \theta_0)$。它是三个阶跃函数的乘积；$C_{起}$ 和 $C_{终}$ 分别是温度因子在决策过程中起作用和停止作用的时刻，$C_{起} < C_{终}$；θ_0 是加速度的阈值，保证该因子只有在大幅度提升或降低速度时才起作用。例如，当列车发车，牵引持续时间超过 $C_{起}$ 后，温度因子将促使列车进入惰行状态；惰行一段时间（$C_{终} - C_{起}$）之后，列车又可以继续实施牵引。

2.2　目标函数

以上分析得出的各个决策因素，均可以作为模糊控制器的输入变量。但应该看到，当控制器每增加一个输入变量时，模糊规则的数量将成倍增加。当一个模糊控制器的模糊规则库过于庞大时，势必造成该控制器规模庞大、运算速度变慢，设计困难等情况。这个问题可以通过寻求更为合理的变量来替代一些变量，从而达到减少输入变量的目的[5]。

决策函数不是各个子目标的简单聚合，也就是说，在不同情况下，决策函数会向不同的子目标进行倾斜，呈现某个子目标的特性。我们设模糊控制器的输入变量为 $X_1, X_2, \cdots, X_n$。第 i 个子目标的目标函数 F_i 可以表示成 $F_i = f_i(x_1, x_2, \cdots, x_n)$。各子目标表达式均不相同，各自呈现自己的特性。本来各个子目标目标函数实际的值域范围并不相同，这里以 F_i 表示的子目标的目标函数可以理解为均已经过处理，各子目标函数的值域已经统一了起来。

决策函数 F 为各个子目标函数的动态加权和。表达如下：

$$F = \sum_i F_i \times \frac{\alpha_i(x_1, x_2, \cdots, x_n)}{\sum_j \alpha_j} i, \quad j \in [1, n] \tag{1}$$

其中，Fi 是第 i 个子目标的目标函数。$\frac{\alpha_i}{\sum_j \alpha_j}$ 是第 i 个子目标在聚合过程中，在决策函数中所占的比重。决策函数的动态聚合表现为各个子目标函数在决策函数中所占比重随输入变量 $X_1, X_2, \cdots, X_n$ 的变化而变化，从而决策函数呈现不同的决策倾向。

下面，我们将决策函数做适当假设和变换：

$$F = \sum_i F_i(x_1, x_2, \cdots, x_m, \cdots, x_n) \times \frac{\alpha_i(x_1, x_2, \cdots, x_m, \cdots, x_n)}{\sum_j \alpha_j(x_1, x_2, \cdots, x_n)} i, \quad j \in [1, n]; \quad m \in [1, n]$$

当只有子目标 i_0 的目标函数 Fi_0 应用到输入变量 X_m，且该子目标的目标函数 Fi_0 仅应用到输入变量 X_m，同时该输入变量对子目标 i_0 以外的所有其他子目标具有相同的影响时，上式可以化为：

$$F = \sum_i F_i(x_1, x_2, \cdots, x_{m-1}, x_m, x_{m+1}, \cdots, x_n) \times \frac{\alpha_i(x_1, x_2, \cdots, x_{m-1}, x_m, x_{m+1}, \cdots, x_n)}{\sum_i \alpha_j(x_1, x_2, \cdots, x_n)}$$

$$= \sum_{i, i \neq i_0} F_i(x_1, x_2, \cdots, x_{m-1}, x_{m+1}, \cdots, x_n) \times \frac{\alpha_i(x_1, x_2, \cdots, x_{m-1}, x_m, x_{m+1}, \cdots, x_n)}{\sum_{j, j \neq i_0} \alpha_j(x_1, x_2, \cdots, x_{m-1}, x_m + 1, \cdots, x_n) + \alpha_{i0}(x_m)} +$$

$$Fi_0(x_m) \times \frac{\alpha_{i0}(x_m)}{\sum_{j, j \neq i_0} \alpha_j + \alpha_{i0}} \tag{2}$$

显然，此时输入变量 $X_1, X_2, \cdots, X_n$ 已经被分成两部分。第一部分构成的控制器的输入变量与原来控制器相比减少了输入变量 X_m，从而达到减少输入变量的目的。

因此结合列车运行过程控制决策因素的特殊性，根据（2）式就可得到一种多层移动的模糊神经网络系统，实现减少输入变量的目的，其结构如图 1 所示。

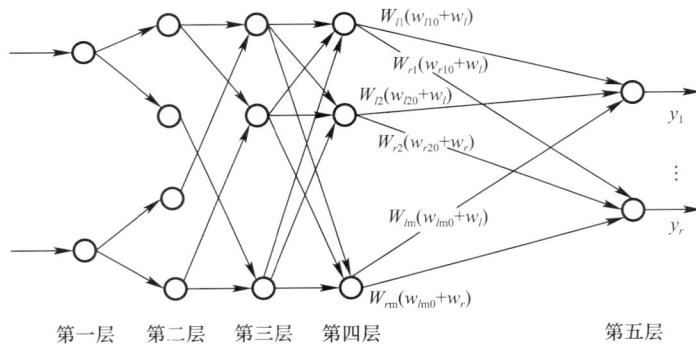

图 1　多层移动的神经网络系统结构图

上述结构与一般模糊神经网络结构除第四层和第五层之间的系数有所区别外，其他完全相同。其中的调节变量 $w_1, w_2, \cdots, w_r$ 是根据预测误差 E，针对输出变量 $y_1, y_2, \cdots, y_r$ 提出的。这样就实现了模糊神经网络的输出依据预测误差 E 作出相应调整的操作，好像模糊控制器的输出随着 E 的变化在原有值左右移动一样。

3　基本结构

依因果关系和要素与列车运行外特性关系密切程度，给出信息流程图（图 2）、一体化列车运行控制基本结构图（图 3）。

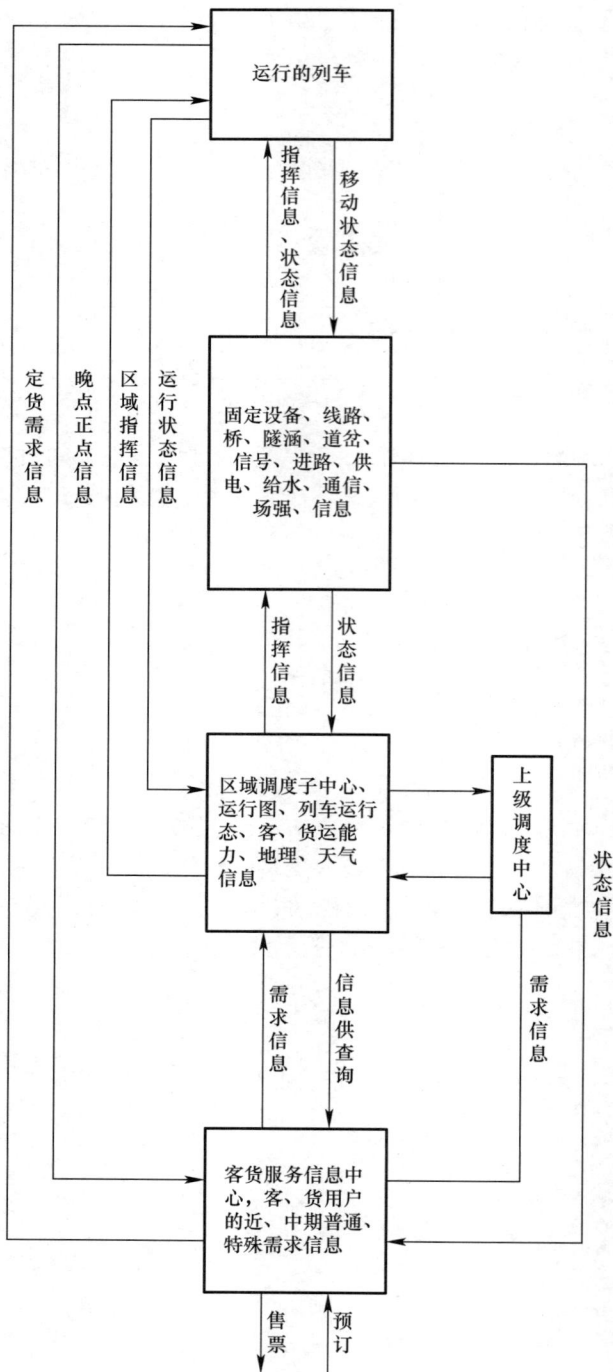

图 2　复杂信息流程图

　　在这个子系统中，区域性铁路列车运输控制中心是内环、是核心，外环提供内环的设定值，整个值系中的关键环节是：各子系统必须是分布式智能子系统，且有自学习、自适应功能；在系统中，大量信息同时传送，分布式并行计算和处理，信息的计算和处理方法的研究[6]，在智能调度中心，多目标、多限制集的优化问题。突破此关键环节后，列车运行控制的一体化程度将大大提高，控制点可大大靠前，能化程度也会大大提高。

一体化列车运行智能控制系统(TTIC)

列车运行安全性智能控制子系统
目标值：绝对安全
支撑技术：信息采集传输处理、人工智能

车站联锁：电气集中、微机联锁、电气集中监测、微机联锁监测、故障报警
区间自动闭塞：电化移频、区间18信息、UM71
驼峰自动化
列车运行监控技术：车载ATO设备、基于无线的监测、基于传感器参数检测的设备关、键件状态参数检测的设备关

静态应变技术的监测：建筑物、桥梁、车辆等结构构件劳疲强度参数
轨距、轨向平顺、重伤轨三角坑、道岔信号机进路状态、疤痕车钩、车辆电子防沼器状态列车脱轨监视器车轮的圆度、列车主副风缸压力列车单位制动力、轴温机车、电网电压、电线坡度、

列车运行效率性智能控制子系统
目标值：运行时间、运行能耗、运行中对列车零部件、对线路设备损耗min；正点率max
支撑技术：信息采集传输处理、人工智能

控制模式：普通机车信息模式、列车安全运行监控模式、基于无线传输的列车控制模式
控制机制：ATO、ATP、ATC

地理信息使移动设备定位：显形基于GPS光纤陀螺
紧急制动
阶段制动：电阻制动
常用制动：再生制动、向电网反送电

基于车沟强度韧性：启动、加速、惰性
制动压力
线路设备薄弱环节
接触网设备薄弱环节

风速量自然灾情、制动阻力等信息
线路限速道曲线
货物上道超偏载状态
道口状况、危石、铁路沿线列车定位运行姿态及耕牛、列车定位、运行姿态参数

列车运行合适性智能控制子系统
目标值：列车冲动、振动、摆动、噪声min、车内温度、温度、光线、空气清新度适宜、无线通讯环境
支撑技术：信息采集传输处理、人工智能

舒适性

平稳性：振动、冲动、摆动
振动：通过变坡点减速、过基桥连接处减速、制动时机、车钩压缩or舒晨
冲动：过曲线减速若干、用径向转向架、制动模式、空气制动（小减压量、大减压量）、电空制动（上坡道、平道、下坡道）、初速小加速度大or相反
摆动：启用摆式车底

适宜性：噪音、温度湿度空气清新度、沿线无线通信环境
噪音：接近隧道下承桥时减速若干、插播轻松美妙音乐
温度湿度空气清新度：按旅客需求量调整
沿线无线通信环境：列车到达前调整沿途场强

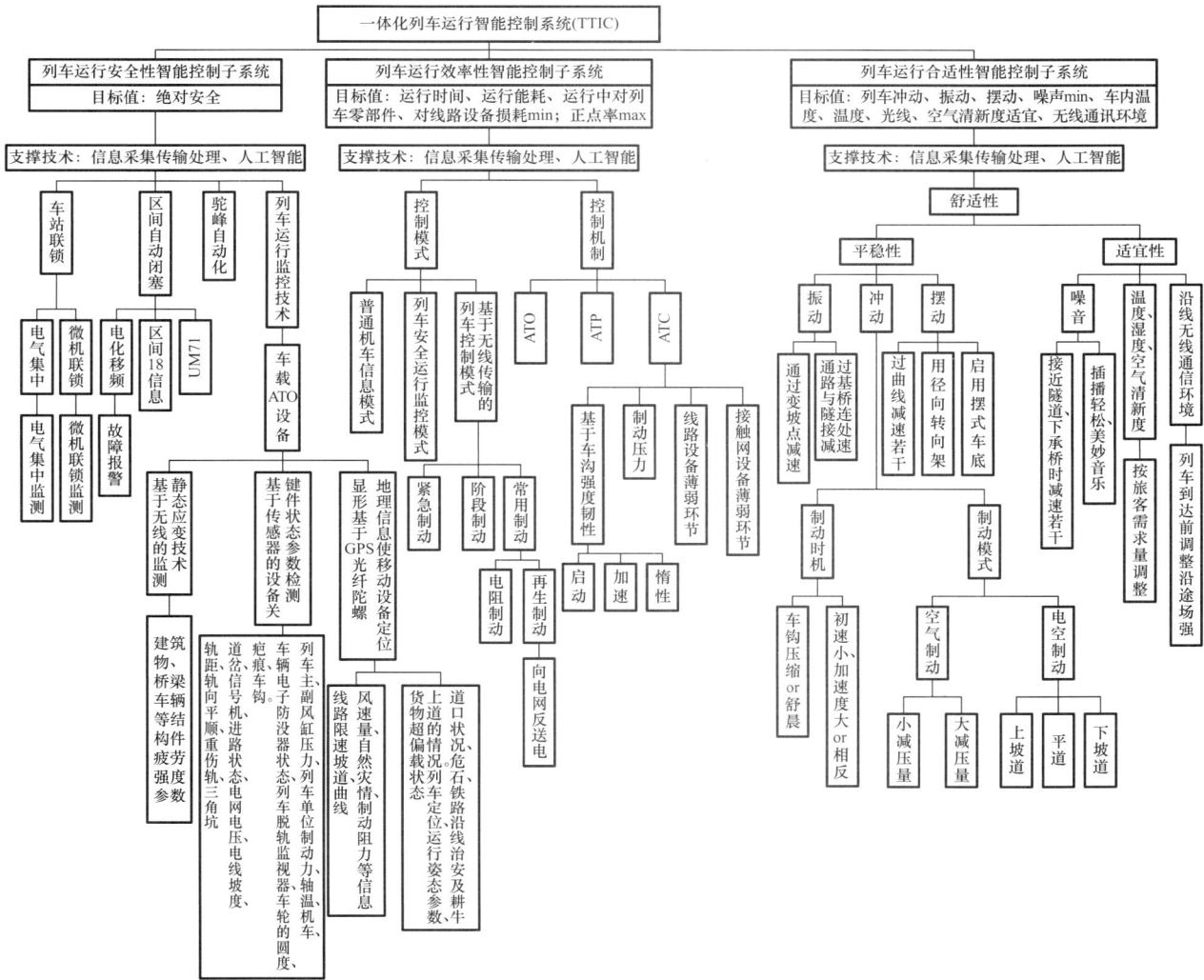

图 3　一体化列车运行控制基本结构图

4　结　　论

　　按照上述方式构建的一体化列车运行智能控制系统，能够很有效和可靠地实现对列车运行过程的智能化控制。其中如各子目标函数在决策函数中比重的动态变化等问题，还需要进一步讨论和实现，从而真正实现智能化、实用化的列车智能控制系统。

参 考 文 献

［1］　孙增圻. 智能控制理论与技术［M］. 北京：清华大学出版社，1997.
［2］　刘贺文，赵海东，贾利民. 列车运行自动控制（ATO）算法的研究［J］. 中国铁道科学，2000，21（4）：38-42.
［3］　贾利民，张建华，张锡第，等. 高速列车运行控制的现状与展望［J］. 中国铁道科学，1996，17（4）：95-100.
［4］　赵海东，刘贺文，杨悌惠，等. 高速列车运行控制系统的研究［J］. 中国铁道科学，2000，21（1）：31-36.
［5］　史忠植. 智能主体及其应用［M］. 北京：科学出版社，2000.
［6］　王立新. 自适应模糊系统与控制［M］. 北京：国防工业出版社，1995.

Intelligent Fault-Tolerant Control of the Nonlinear System Based on Fuzzy Learning Methodology[*]

Shao Huaping　　Qin Zheng

College of Computer Science and Technology，Xi'an Jiaotong University，Xi'an 710049，China

Abstract：This paper presents an intelligent fault tolerant control scheme for a class of non-linear system using learning methodology which is based on adaptive fuzzy logic system. The whole control scheme proposed is an augmentation control architecture integrating adaptive fuzzy controller，supervisory controller and accommodating controller. Simulations showed that the presented control scheme can effectively identify and accommodate non-linear unknown faults，and the controlled system is stable and robust in uncertainties and faults.

Key words：Fault tolerant control；intelligent control；learning algorithm

0　Introduction

Increasing requirements on productivity，functions and performance lead to complexity of controller. This may often result in systemfaults or failures. Conventional controllers do not possess all the attributes in a wide variety of situations. Changes in environments，controllers and performance criteria，unmeasurable disturbances and component or system faults necessitate fault tolerant control，reconfigurable control as well as intelligent control，in fault conditions. It is also called Fault Tolerant Control (FTC). Intelligent Control (IC) is the ability of control system to operate successfully in a wide variety of situations by detecting the specific situation that exists instantly and servicing appropriately. The monitoring，diagnosis and fault-tolerance are advanced in IC fields. Fault-tolerant control systems can be characterized as robust or reconfiguration[1][2].

For anticipated faultsand additive faults in linear system，it is not difficulty to design a fault diagnosis and accommodation scheme[3]. A fault tolerant supervisory control scheme was proposed[4] for preserving overall system stability (integrity). An on-line non-linear apparatus based on neural networks is used to model and monitor the change of the dynamic system due to a non-linear fault，and then use the estimate model to detect the fault and accommodate it by feedback-compensation control law. In the scheme，the non-linear unanticipated faults are represented as unmodeled forces or torques，which are modeled on-line by using a hybrid estimation/learning approach. In this paper，an intelligent fault diagnosis and accommodation scheme for non-linear systems is presented using fuzzy learning methodology. The adaptive fuzzy controller is based on the fuzzy logic systems with learning algorithm，which is designed by Lyapunov stability analysis and the projection algorithm，and is on-line pre-designed in case of no faults. The supervisory controller is designed based on bounded signal method and can be started only when the controlled system performance is worse than predefined performance threshold. The accommodating controller is based on fuzzy logic systems with learning algorithm.

＊ 本文发表于《交通运输工程与信息学报》2005 年第 1 期。

1 Fault-Tolerant Control Architecture

The fault-tolerant control architecture is an augmentation control scheme defined as $u=u_c+u_s-u_f$ (Fig. 1). The augmentation control law u consists of three parts:

(1) The normal adaptive controller u_c, which is based on a pre-identified inverted-model by using a fuzzy logic system with learning algorithm.

(2) The supervisory controller u_s, which is used to pursue system stability when system operates in the presence of very large uncertainties, disturbances.

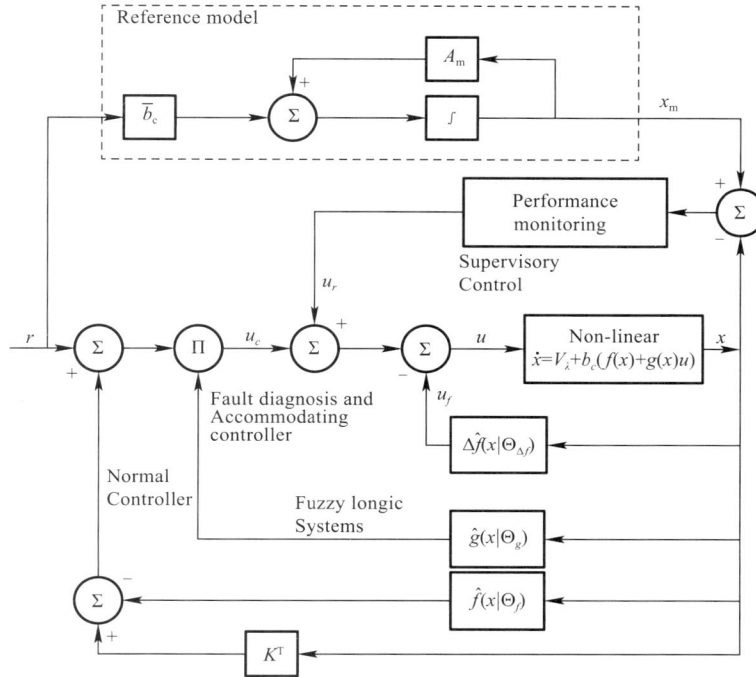

Fig. 1   Scheme of fault diagnosis and accommodation

(3) The accommodating controller u_f, which is based on on-line fuzzy logic systems with learning algorithm. The implementation procedures of this fault diagnosis and accommodation scheme:

• In cases of no fault, i. e. , $\Delta f(x)=0$, the estimated $\hat{f}(x|\Theta_f)$ and $\hat{g}(x|\Theta_g)$ of non-linear function $\hat{f}(x)$ and $\hat{g}(x)$ using adaptive fuzzy control law $u=u_c$.

• In cases of no fault and the pre-determined $\hat{f}(x|\Theta_f)$ and $\hat{g}(x|\Theta_g)$, then determine the initial Parameters of accommodating control $u_f=-\Delta\hat{f}(x|\Theta_{\Delta f})$ in order to make $\Delta\hat{f}(x|\Theta_{\Delta f})=0$;

• In fault case, using the augmentation control $u=u_c+u_s+u_f$, the on-line approximation of $\Delta\hat{f}(x|\Theta_{\Delta f})$ is determined, and then, it performs fault diagnosis and accommodation. The advantages of the intelligent fault tolerant control scheme are: (a) it can effectively accommodate faults and smoothly track the desired signal; (b) it makes system stable and robust in large uncertain disturbances or faults; (c) it can particularly diagnose the size and shape of the non-linear unknown faults and accommodate the fault fast, that is, it can provide the maintainability information for faulty systems; (d) it can decentralize the control force, i. e. , to distribute the control to free controllers.

2　Normal Adaptive Controller Design

Consider the n-relative degree faulty nonlinear system in the written form in state space as

$$\dot{x} = V_x + b_c(f(x) + \Delta f_i(x) + g(x)u) \tag{1}$$

Where, $V = \begin{bmatrix} 0 & 1 & 0 & \dots & 0 \\ 0 & 0 & 1 & \dots & 0 \\ & & & \vdots & \\ 0 & 0 & 0 & \dots & 1 \\ 0 & 0 & 0 & \dots & 0 \end{bmatrix}_{n \times n}$　$b_c = \begin{bmatrix} 0 \\ \vdots \\ 0 \end{bmatrix}_{n \times 1}$

f and g are unknown continuous functions, $u \in \mathbf{R}$ and $x = (x_1, \cdots, x_n)^{\mathrm{T}} = (x, x, \cdots, x^{(n-1)})^{\mathrm{T}} \in \mathbf{R}^n$ are the state vector of the system which is assumed to be available for measurement. $\Delta f_i(x)$ represents the faults which are unknown nonlinear functions.

Here we assume that, $g(x) > 0$ for x in certain controllability region, $U_c \in \mathbf{R}^n$, in order to enable Eq. (2) to be controlled. The system described above is most frequently. encountered in the mechanical and electrical engineering. Made the reference system be

$$\dot{x_m} = A_m x_m + b_c r \tag{2}$$

where, $x_m = (x_{m1}, \cdots, x_{mn}) \in \mathbf{R}^n$ is the state of the reference system, $r \in \mathbf{R}$ is the reference parameter. we choose $A_m = [V_{(n-1) \times n}, \cdots, -k_{1 \times n}]^{\mathrm{T}}$, where $k = (k_n, \cdots, k_1)^{\mathrm{T}} \in \mathbf{R}^n$ is such that all roots of the polynomial $h(s) = s^n + k_1 s^{n-1} + \cdots + k_n$ are in the open left half-plane. The control objectives are to force the system state x to follow the state X_m of a given desired reference system in both signals involved and fault cases, that is to determine a fuzzy logic system based on feedback control $u = (x | \Theta)$ and a fuzzy learning methodology for adjusting the parameter vector Θ such that: (1) The closed loop system must be globally stable in the fault cases and in the sense that all variables are bounded, i. e. $|x(t)| \leqslant M_x < \infty$, $|\Theta(t)| \leqslant M_\Theta$, and $|u(x | \Theta)| \leqslant M_x < \infty$ for all $t \geqslant 0$, where M_x, M_Θ, M_u are design parameters; (2) The tracking error, $e = x_m - x = (e, \bar{e}, \cdots, e^{(n-1)})^{\mathrm{T}}$, is as small as possible under the constraints, that is, $\lim\limits_{t \to \infty} e(t) = 0$. If the functions f and g are known, and fault functions $\Delta f_i(x) = 0$, then, the normal adaptive control law can be defined by

$$u_c = g^{-1}(x)[-f(x) - k^{\mathrm{T}} x + r] \tag{3}$$

This will yield a stable closed loop system for trajectory tracking. Substituting the control law (3) into the non-linear system (1) enables

$$e^{(n)} + k_l e^{(n-1)} + \cdots + k_n e = 0 \tag{4}$$

In practice, however, the functions f and g are unknown or partially unknown. Here we use the fuzzy logic systems $\hat{f}(x | \Theta_f)$ and $\hat{g}(x | \Theta_g)$ to approximate the functions f and g, then the resulting normal adaptive control law

$$u_c = \hat{g}^{-1}(x | \Theta_g)[-\hat{f}(x | \Theta_f)] - k^{\mathrm{T}} x + r \tag{5}$$

is the so-called certainty equivalent controller. Applying Eq. (5) into Eq. (1), we can obtain the error equation in normal operation

$$\bar{e} = A_m e + b_c[(\hat{f}(x | \Theta_f) - f(x)) + \hat{g}(x | \Theta_g) - g(x)u_c] \tag{6}$$

Since $\boldsymbol{A}_m$ is a chosen stable matrix, there exists a unique positive matrix $\boldsymbol{P} \in \mathbf{R}^{n \times n}$ which satisfies the Lyapounov equation

$$\boldsymbol{A}_m^{\mathrm{T}} \boldsymbol{P} + \boldsymbol{P} \boldsymbol{A}_m = -\boldsymbol{Q} \tag{7}$$

3　Supervisory Controller Design

In order to ensure system stable and V_e be bounded, we require that $V_e \leqslant 0$, when V_e is greater than a large constant $\bar{V}$. We append a supervisory control term u_s to the u_c, then the final control law is: $u = u_c + u_s$, and thecontrol law u consists of two parts: a predefined normal adaptive control part u_c, which is used to achieve the control performance in the case of normal operation and no faults; and another supervisory control part u_s, which is used to force $V_e \leqslant 0$, when $V_e > \bar{V}$ in case of large dynamic changes. The control term u_s is called a supervisory control for the reason that it is used only when the system performance is worse or unstable, i. e., the performance index $V_e > \bar{V}$. Substituting $u = u_c + u_s$ into Eq. (1), and considering Eq. (6), we have the new error equation

$$\bar{e} = \mathbf{A}_m e + b_c \left[(\hat{f}(x \mid \Theta_f) - f(x)) + \hat{g}(x \mid \Theta_g) - g(x)u_c - g(x)u_s \right] \tag{8}$$

Using Eq. (1) and (2) and (7), we can revised Eq. (1) and (2) as

$$V_e = -0.5 e^T Qe + e^T Pb_c \left[(\hat{f}(x \mid \Theta_f) - f(x)) + (\hat{g}(x \mid \Theta_g) - g(x))u_c - g(x)u_s \right]$$

$$\leqslant -0.5 e^T 0 Qe + e^T Pb_c \left[\mid \hat{f}(x \mid \Theta_f) \mid + \mid f(x) \mid + \mid \hat{g}(x \mid \Theta_g) \mid + \mid g(x)u_c \mid - g(x)u_s \right) \tag{9}$$

By considering Eq. (1) and (3), we can choosethe supervisory control u as

$$\begin{cases} u_s = \mathrm{sgn}(e^T Pb_c) g_l^{-1}(x) \left[\mid \hat{f}(x \mid \Theta_f) \mid + f^u(x) \right. \\ \qquad \left. + \mid \hat{g}(x \mid \Theta_g)u_c \mid - g^u(x)u_c \right] & V_e > \bar{V} & (10a) \\ u_s = 0 & V_c \leqslant \bar{V} & (10b) \end{cases}$$

4　Accommodating Controller Design

Using the normal adaptive controller and supervisory controller, we can guarantee that the controlled system is stable and has a good performance in case of uncertainties and faults. However, in case of faults, although we can guarantee that the controlled system is stable, but we can not guarantee that the controlled system has a good tracking performance, in particular, we can not detect and identify the non-linear unknown fault. So, we need to design a non-linear fault diagnosis and accommodation algorithm, and to append an accommodating control part for the whole control. In the case of unanticipated faults, learning methodologies are required to perform simultaneous on-line identification and control. This corresponds to indirect adaptive control, which is well known in the adaptive linear control. In non-linear case, however, the problem becomes considerably more complex as the control is required to reject the effect of the fault by canceling the non-linear function representing the deviation in the dynamic characteristic due to a fault. The objective of a learning scheme is to develop an adaptive procedure that not only can detect changes in dynamic system but also is able to learn these changes for the purpose of indenting and correcting the fault. Learning will be an inherent component of fault diagnosis and accommodation architecture for unanticipated non-linear faults in non-linear systems. The faults described in Eq. (1) are unknown non-linear functions which depend on the system state. Assuming that the fault occurs at some unknown time T, i. e., the time-profile of the fault is given by: $\beta(t-T)=0$, if $t < T (\geqslant T)$, that is, $\Delta f(x) = \beta(t-T)\Delta f(x)$, and faults do not occur at the same time. In order to identify the faulty functions, a nonlinear estimator based on fuzzy learning approach is presented. Here we use the fuzzy logic systems with learning algorithm to construct the nonlinear faulty functions on-line, that is,

$$\Delta f(x) = \beta \widehat{f}(x \mid \Theta \beta_f) \tag{11}$$

5　Fuzzy Logic System Design

Fuzzy logic system (FLS) is a name for the systems which have a direct relationship with fuzzy concepts like fuzzy sets, linguistic variables. FLS can process both the numerical information and the linguistic (symbolic) information effectively, and has been proved to be very efficient for the identification and control of non-linear dynamic systems through learning methodology. On-line learning can serve to fine-tune the control law over a period of time. Here we use the following fuzzy logic system with MIF-THEN rules

$$\widehat{f}(x \mid \Theta_f) = \sum_{l=1}^{M} \Theta_1(x) = \Theta_f^T \Theta(x) \tag{12}$$

where, $\Theta_f = (\theta_1, \cdots, \theta_M)^T$ is adjustable.

$\xi(x) = (\xi_1(x), \cdots, \xi_M(x))^T$ is the fuzzy basis function. Define m_i fuzzy sets F_i^{li} whose membership functions μ uniformly cover U_d which is the projection of U_c onto the ith coordinate where $i = 1, \cdots, n$ and $l_i = 1, \cdots, m_i$. Construct the fuzzy rule bases for the fuzzy logic systems $\widehat{f}(x \mid \Theta_f)$ as $R_f^{(l1, \cdots, ln)}$: IF x_l is F_l^{l1} and x_n is F_n^{ln} THEN $\widehat{f}(x \mid \Theta_f)$ is $G^{(l1, \cdots, ln)}$, where $G^{(l1, \cdots, ln)}$ are fuzzy sets in $\textbf{R}$. The fuzzy base function can be constructed as:

$$\Theta(x) = \frac{\prod_{m}^{n} i_{F_i^{li}}(x_i)}{\sum_{l_1=1}^{ml} \cdots \sum_{l_n=1}^{m_n} i_{F_i^{l1}}(x_i)} \tag{13}$$

where, $\xi(x)$ is a $M = \prod_{i=1}^{n} n^i$; m_i dimensional vector; $i_{F_l^{l1}}(x_i) = \exp(-((x_i - c_i^l)/\sigma_i^l)^2)$ are Gaussian membership functions; and C_i^l and σ_i^l the parameters of Gaussian distribution.

Here assuming that $i_{F_i^{l1}}$ are given, that is, the parameter C_i^l and σ_i^l will not change during the adaptation procedure.

6　Simulations

In order to demonstrate the efficiency of the proposed fault diagnosis and accommodation scheme, the controlled Van der Pol oscillator is simulated using MATLAB with Simulink. The oscillator is a second-order non-linear dynamic system which is in the form of Eq. (1). The considered faults are unknown non-linear functions of system states, which are derived from the alteration of the parameters ω, ξ and μ. The Parameters of the system state-space model are:

$$\textbf{V} = \textbf{V}_{2\times2}, \quad \textbf{b}_c = [0,1]^T$$
$$f(x_1, x_2) = -2\omega\xi(\mu x_l^2 - 1)x_2 - \omega^2 x_l \quad g(x_1, x_2) = 1$$
$$\Delta f_l(x_1, x_2) = \sigma(t - T_1) \cdot [-2\xi\Delta\omega(\mu x_i^2 - 1)x_2 - \Delta\omega(2\omega + \Delta\omega)x_1]$$
$$\Delta f_2(x_1, x_2) = \sigma(t - T_2) \cdot [-2\omega\xi\Delta x_i^2 x_2]$$
$$\Delta f_3(x_1, x_2) = \sigma(t - T_3) \cdot [-2\omega\Delta\xi(x_i^2 - 1)x_2]$$

Where, ω, ξ, μ are constants; $\Delta\omega$, $\Delta\mu$, $\Delta\xi$ are respectively the alteration of ω, μ and ξ; Faults Δf_1, Δf_2 and Δf_3 are corresponding to $\Delta\omega$, $\Delta\mu$, $\Delta\xi$, respectively; $\sigma(t - T_i)$ is unknown time function represented the stating time and the toe of faults.

In simulation, $\omega = 0.9$, $\xi = 0.6$ and $\mu = 0.95$, $\Delta\omega = \pm 0.5\omega$, $\Delta\mu = \pm\mu$ and $\Delta\xi = \pm\xi$, $\sigma(t - T_i) = 1$ when $t = T_i = 11$ s (not occur at the same time). The sample time $\Delta t = 0.01$s. The parameters of the reference model are defined as: $\boldsymbol{A}_m = [0\ 1; -k_2\ k_1], \boldsymbol{k} = [k_2\ k_1] = [12]$, and the reference signal $r = \sin(0.3t)$. The parameters of fuzzy logic systems and controller are defined as: rule numbers $M = m_1 \times m_2 = 2 \times 2 = 4$, $m_3 = 2$, $C_i^{\,y_i} = 0.5 \times li$, $\sigma_i^{\,li} = 0.25$, $M_f = M_g = M_{\Delta f} = 50$, $r_l = r_2 = r_3 = 2$, $\Theta_f(0) = \Theta_g(0) = \text{rand}(2, M)$, $Q = \text{diag}(10, 20)$, $\overline{V} = 0.5$. Meanwhile, we assume that $g(x)$ is given, i.e., $\hat{g}((x_1, x_2) | \Theta_g) = 1$, but $f(x_1, x_2)$ and $\Delta f(x_1, x_2)$ are unknown. In above conditions, many cases have been simulated. Because of limited space, we do not show parts of the whole simulation results in this paper.

7   Conclusions

At present, the non-linear fault diagnosis and accommodation for the non-linear systems is a challenging task in control fields. In this paper, a fuzzy-learning-methodology-based intelligent fault diagnosis and accommodation scheme for non-linear systems is presented. The whole augmentation control scheme proposed is integrated adaptive fuzzy controller (u_c), supervisory controller (u_s) and accommodating controller (u_f), that is, the augment control: $u = u_c + u_s u_f$. The adaptive fuzzy controller is based on the fuzzy logic systems with learning algorithm which is based on Lyapunov stability analysis and the projection algorithm, and is on-line pre-designed in case of no faults (the normal operation condition), the adaptive fuzzy controller is called normal controller which will be used to implement the control in normal operation. The supervisory controller is designed using the bounded constraint and is started only when the controlled system performance is worse than predefined performance threshold. The accommodating controller is also based on the fuzzy logic systems with learning algorithm and is zero in no fault case. A controlled non-linear Van der Pol oscillator with a variety of nonlinear faults is simulated in MATLAB with Simulink. The results of simulations demonstrate that the controlled non-linear system based on the proposed intelligent fault tolerant control scheme is stable and robust, and has good performance in case of no fault or with fault. Simulations also shown that the fault tolerant control scheme can detect and identify the non-linear unknown fault functions in an effective way.

References

[1]   Rahmat Shoureshi. Intelligent control systems are they for real Trans. of the ASME [J] Journal of Dynamic Systems, Measurement, and Control, 1993; 115: 392-401.

[2]   Rcbert F. Stengel. Intelligent failure-tolerant control [J] IEEE Control Systems, 1991; (6): 14-23.

[3]   Patton R. J., Frank P. M. and Clake R. N. Fault diagnosis in dynamic systems: Theory and Application [M]. Prentice Hall, NY, 1989.

[4]   Ramamurthi K. and Agogino A. M. Real-time expert system for fault-tolerant supervisory control [J]. ASME Journal of Dynamic Systems, Measurement, and Control, 1993; 115 (9): 219-227.

SVM 算法及其应用研究[*]

邵华平[1]　覃　征[1]　游诚曦[2]

（1. 西安交通大学 电子与信息工程学院，陕西 西安　710049；2. 广铁集团机务处，广东 广州　510000）

摘　要： 采用将支持向量机-模糊预测控制应用于列车自动控制系统的方法，解决了目前列车自动控制中，启动控制过程平稳性不高的问题。首先给出模糊预测控制的有限样本的预测学习方法。在此基础上，设计了基于支持向量机-模糊预测控制方法，并把该方法应用于列车的启动控制过程中，通过仿真实验验证了改进的有效性。

关键词： 支持向量机；模糊预测；列车自动控制

0　引　言

列车运行控制是一个极其复杂的过程，受许多因素的影响，是典型的大滞后、非线性、多目标、高实时性、复杂的控制系统，难以用统一标准的精确数学模型描述[1]。利用传统的基于模糊预测控制的方法，在实现启动控制过程中，平稳性还不是太好，有必要引进新的数学方法加以优化。

支持向量机是一种建立在统计学习基础上的机器学习方法，它不需要明确的模型就能对测得的样本集之外的数据有很高的估计精度，并且不存在局部极小问题，同时其计算复杂性与输入样本的维数无关[2]。

因此，本文采用支持向量机结合模糊预测来解决列车自动控制问题。采用 Matlab6.5 及 VC6.0 分别实现了 SVM 对列车起动控制过程（QDKZ）中 w_i 的预测程序，并建立了完备的历史数据库，较好地实现了所提出方法的通用性及实用性。

1　支持向量机原理及算法

1.1　结构风险最小

传统的学习方法如神经网络采用经验风险最小化 ERM 准则，在训练中最小化样本点误差，因而不可避免地会出现过拟合现象，这样使得模型的泛化能力受到了限制[3]。

ERM 准则在有限样本时是不尽合理的，应该同时最小化经验风险和置信范围。统计学习理论提出的策略是折中考虑经验风险和置信范围以取得实际风险最小，这种思想称为结构风险最小 SRM。

1.2　最优超平面

支持向量机的基本思路是寻找一个最优超平面，使它的分类间隙最大。对二维问题，即寻找最优分类线，如图 1 所示。所谓最优分类线就是要求分类线不但能够将两类无错误地分开，而且要使分类间隙最大。推广到高维空间，最优分类线就成为最优分类面即最优超平面。

1.3　核函数

对于 N 维空间中的线性函数，计算的复杂度不是由空间维数决定，而是由样本数来决定的[4]。支

＊　本文发表于《兰州交通大学学报》2006 年 2 月第 25 卷第 1 期。

持向量机方法巧妙避开了高维空间的计算，并不显式地进行变换计算，而只做训练样本之间的内积运算，这种内积运算由事先定义的核函数来实现，将线性空间中的非线性问题映射为非线性空间中的线性问题，从而从根本上解决非线性问题。

核函数定义如下：设 x 为输入向量，z 为通过变换得到的特征空间向量，记为 $z=\phi(x)$，则核函数为 $k(x, y)=\phi(x) \cdot \phi(y)$。只要核函数 $k(x, y)$ 满足 Mercer 条件，就可以对应变换空间中的内积。

1.4 SVM 网络结构

本文中支持向量机方法的实现采用如图 2 所示的结构，其中 $\alpha_i-\alpha_i^*$ 为网络权重，x_1，x_2，$\cdots$，x_m 为输入矢量，y 为网络输出。

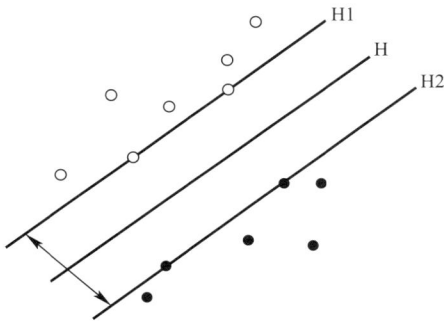

图 1　线性可分情况下的最优分类线　　　图 2　SVM 网络结构图

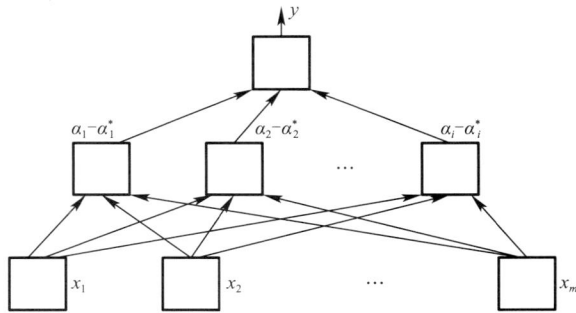

2　问　题　描　述

所谓列车的起动过程是指列车从静止加速到目标速度的过程，安全、舒适、平稳、快速、节能是其主要的评价指标[1]。在列车起动过程中应遵循下列操纵策略：

1）起动过程初期应缓慢增加牵引力，直至全部车辆起动；

2）全列车起动后，应根据舒适快速的要求适当控制加速度的变化率；

3）根据列车所处线路情况的不同（如有无道岔限速等），车钩的类型及牵引质量的不同采用不同的牵引手柄位。QDKZ 支持向量机-模糊预测控制过程如图 3 所示。

基于支持向量机建模可以描述为：给定训练集，通过样本训练，找出一个函数使得对于样本集之外的输入，也能精确地估计出相应的输出。

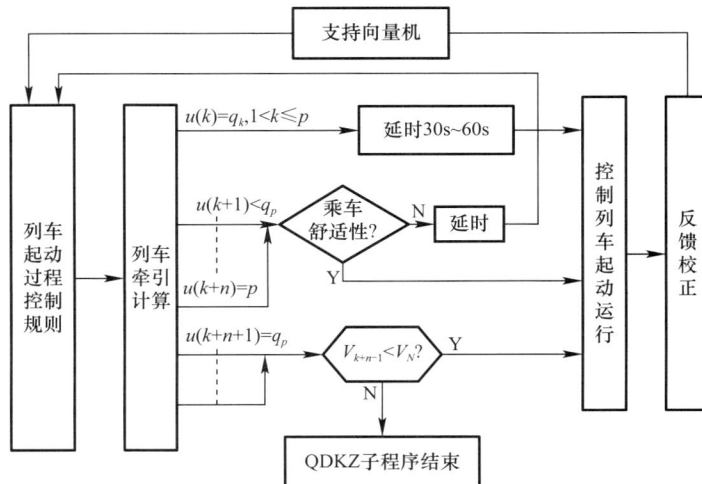

图 3　QDKZ 支持向量机-模糊预测控制的推理过程

3　实 验 研 究

支持向量机用于列车的起动控制过程的预测的最大优点在于可以非常方便而且全面的考虑对起动控制过程有重要影响的一些影响因素（如列车的速度、加速度变化率、牵引手柄位），而不需要对输入变量做相关假设，体现在网络模型上就是可以方便地将这些影响因素作为输入变量寻找其与起动控制过程之间的映射关系。建立基于支持向量机的模糊预测智能控制预测模型基本步骤如图 4 所示。

选择 SVM 的输入参数 $x(t)$ 为 $u(t)$，$v_k(t)$，w_{i-1}，输出为权值 w_i。其中，$u(t)$ 为上一次的手柄位，$v_k(t)$ 表示列车的速度，w_{i-1} 为上一次的权重。w_i 是预测的权重。核函数选用高斯函数，其非线性拟合能力比较强，而且容易实现。高斯核函数的宽度参数 σ 隐含的定义了从输入空间到高维特征空间的非线性映射，决定了特征空间的结构，因而控制了最终解的复杂性。ε 不敏感损失函数中 ε 的值越大，支撑向量的数目就越少，因而解的表达就越稀疏，然而大的 ε 会降低回归函数的逼近精度，也就是说，它被用来平衡解的稀疏程度和回归函数的逼近精度，本模型选择 0.0015。

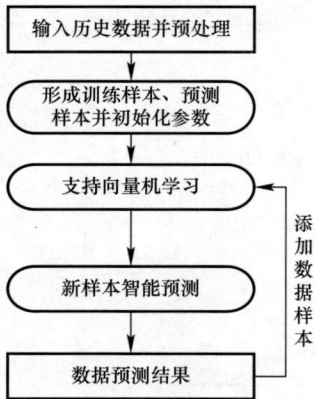

图 4　基于支持向量机的预测
模型预测过程

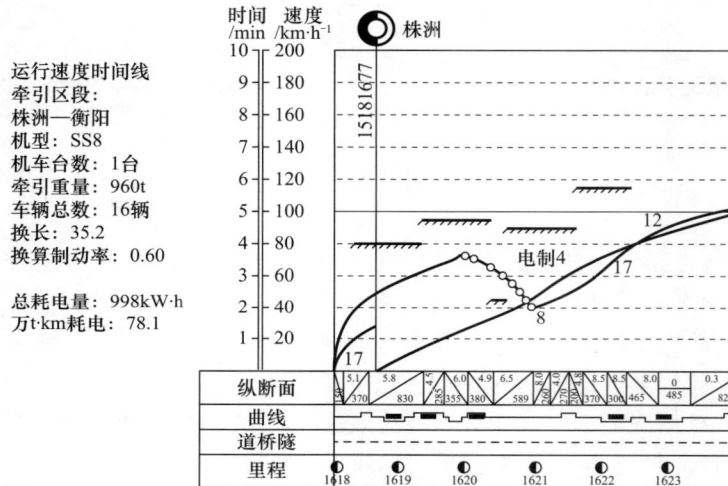

图 5　QDKZ 过程仿真数据图

4　结　　论

本文首先提出了传统的模糊预测控制在列车自动控制的局限。在此基础上，介绍了支持向量机的原理、网络结构和训练算法，最后，结合模糊预测控制方法，设计了基于支持向量机-模糊预测控制方法，并把该方法应用于列车的启动控制过程中，通过仿真实验验证了改进的有效性，使得列车的起动控制过程的平稳性更好。

参 考 文 献

[1]　贾利民. 列车运行过程的智能控制 [J]. 中国铁道科学，1992，13（1）：65-78.

[2]　Vapnik V N. The nature of statistical learning theory [M]. New York：Springer，1995.

[3]　阎辉，张学工，李衍达，等. 支持向量机与最小二乘法的关系研究 [J]. 清华大学学报（自然科学版），2001，41（9）：77-80.

[4]　Vapnik V N. The nature of statistical learning theory [A]. Jordan M，Lauritzen S L，Lawless J F，et al. Statistics for Engineering and Information Science [C]. New York：Springer，1999.

铁路公路平交道口微机监控系统[*]

邵华平

深圳平盐铁路有限公司 （518081）

摘　要：阐明了在我国众多的铁路与公路的平交道口设立微机监控系统的重要性、必要性和可行性。提出一种适合我国国情的道口微机监控系统，并对系统方案进行了优选设计、对系统的信息流程及其各组成单元的电路原理进行了分析。

关键词：铁路安全；闭环控制；单片机；微机监控系统

1　设立交道口微机监控系统的必要性

我国在引进消化国外技术的基础上，研制出了 DX1～DX3 道口防护设备并装备了一些特繁忙道口，对铁路运输和安全起到了一定的有效作用。但是由于该设备未组成一个有效的闭环信息和控制系统，使其安全防护性能没有充分发挥，设立该设备的道口时常发生交通事故。

在平交道口发生事故的原因，主要有两条：一是列车接近道口前，对无人看守道口，不给通知。在有人看守道口，虽给通知信号，但对道口是否收到通知信号而没有反馈给机车，即信息的交换和控制属"开环"方式，而不是"闭环"方式；二是道口发生诸如机动车熄火、车辆抢道等情况时，因无法发送信号通知列车，使列车失去紧急刹车的宝贵时机而发生相撞事故。由此看出在平交道口光设立人员看守是不够的，还应设立"闭环"方式的微机监控系统（设备），以达到平交道口的真正安全。

2　平交道口微机监控系统

平交道口微机监控系统是一种闭环信息传递和控制系统。它可以在列车接近道口时，自动通知道口信息接受设备向道口公路声光报警，同时启动激光探测器来探测道口铁路有无障碍物（如机动车、畜力车和人力车等）并返回确认信息，当确认道口有障碍物时，自动通知列车司机或启动列车制动闸制动，该系统还要自动检测道口和列车上的接受和发射设备的运行状态并对其进行故障诊断。

设计原则：该系统作为道口安全辅助设施，当它功能完好时，有助于列车行车和道口安全；当它功能完全失效时，不能给道口和列车行车完全带来任何副作用；当它功能部分失效（故障）时，能发出失效（故障）信号，提醒列车以瞭望为主，作好停车的准备或控速行驶。总之，要安全可靠，经济实用，便于全国推广普及。

方案一：在铁路繁忙干线上，已有利用钢轨作闭塞分区，可在上面开设多路载波以传送包括信号在内的多种信息。但此方案实现起来比较复杂，尚有许多理论问题和技术难题需要解决。

方案二：现在铁路有 DX3 型道口信号设备，它已被证明有一定的安全可靠性。但该设备价格昂贵，约 15 万元，再加上设备维护和看守人员费用，每处每套的费用将达 20 多万元，目前只能少量用于特繁忙的有人看守道口，而不能在所有道口采用。除此之外，其信息管理和控制属开环方式，即当列车接近道口时，通知道口 DX3 设备工作并声光报警，但道口是否接收到该通知信号、道口设备是否工作正常、道口铁路上是否有障碍物（如熄火机动车等），司机无法知道。由此，这种开环信息交换和控制方式使列车和道口潜伏着巨大的事故危机。

　＊　本文发表于《电子技术应用》1996 年第 9 期。

方案三，铁道钢轨是一个可无偿借用的信息通道，可用它作为微机监控系统的信息线路。若该区段不是自动闭塞区段，钢轨上未传送信号，可用直流开路式轨道电路；若该区段是自动闭塞区段，则宜用无绝缘谐振轨道电路。目前已有把信号发送到钢轨并从钢轨接受信号的装置，而且价格不昂贵。这样通过钢轨就可以把列车和道口设备联系起来，构成一个闭环系统。本设计选用此方案。该微机监控系统的主要组成见图1。

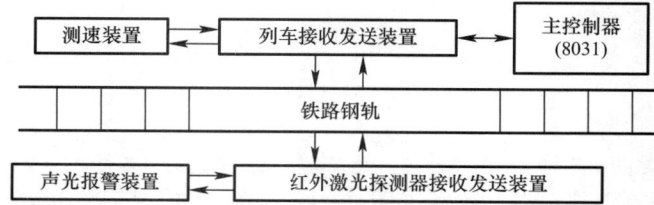

图1　平交道口微机监控系统组成及信息流程图

（1）主控制器：该装置安装在列车上，负责整个系统的指令控制和信息管理。它基于8031单片机，其原理结构图见图2。

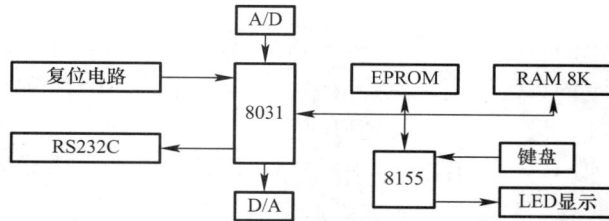

图2　控制器结构原理图

（2）列车接收发送装置：安装在列车上，负责接收道口设备的反馈信号到主控制器，发送主控制器的指令和信号到钢轨上。由集成电路等构成。

（3）探测器接收发送装置：安装在道口，负责接收钢轨上的信号到道口设备，发送道口探测器探测信号到钢轨上，探测道口铁路上是否有障碍物并把确认信号传到列车接收发送装置。该装置由2个红激光传感器（接收和发送），二次电路；运算放大器，滤波器等组成。

图3和图4分别是发送电路原理和接收电路原理。

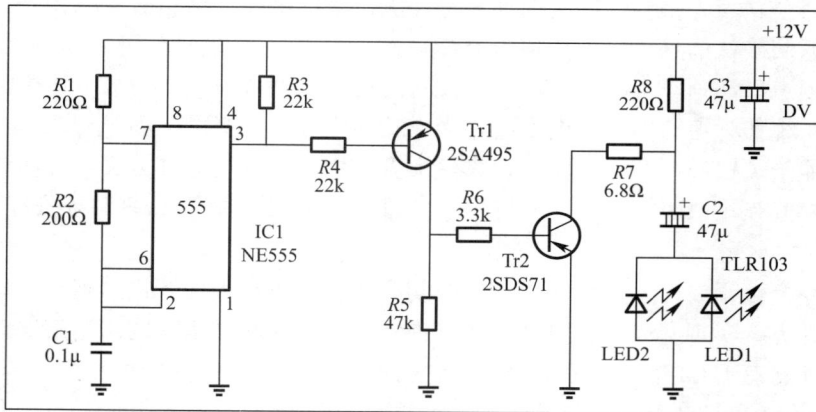

图3　探测器发送电路

555振荡器产生38kHz矩形波，经Tr1和Tr2两级放大后驱动激光二极管，发出载波为38kHz窄脉冲串近红外激光，平均功率达200mw以上，有效探测距离达30m，由于激光单色性好，方向性强，抗干扰能力强。接收电路采用单片IC，使电路简化。工作原理：以电流形式取出硅光敏二极管接收的近红外光，由于信号很弱，大约需放大60dB，用L1和C3组成谐振回路取载波，在高增益放大器中进行放大，再对该信号作峰值检波、波形整修，电路输出是集电极开路式。电阻 $R2$ 和谐振电路 Q 值越大，增益越大。

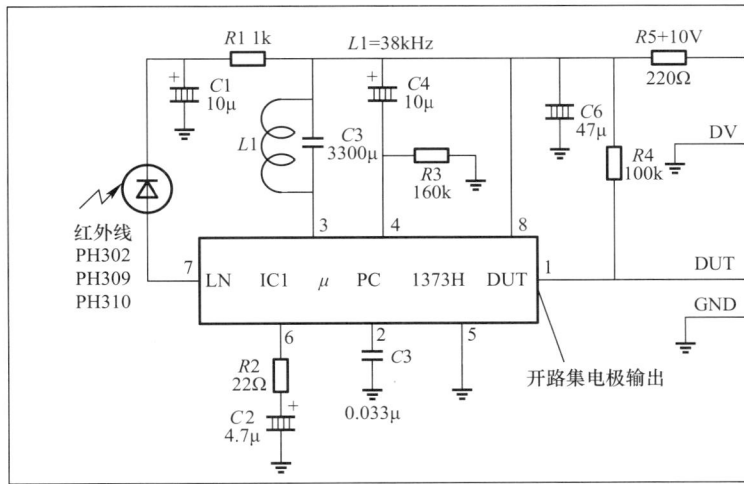

图 4　探测接收电路图

人、畜、机动车等实体物，一旦进入该探测器的工作范围，即可遮挡激光束，当接收器收不到激光时，视为有障碍物在道口，这种检测方法符合故障倒向安全原则。激光器故障、接收器故障都将产生报警。列车一进入 1YG，激光器开始工作，并预告列车接近，单片机中计数器工作。图 5 是该设备（系统）的平面布置示意图。

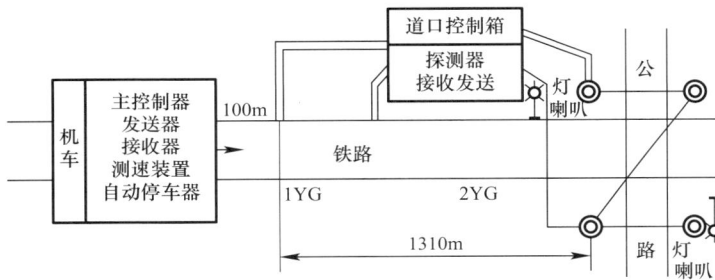

图 5　道口微机监控系统平面布置示意图

• 声光报警装置：安装在道口处，负责在列车接近该道口时向公路上的行人、机动车等发出声光信号，提醒注意列车过来，不要通行。

• 测速装置：安装在列车上，负责测量列车距前方道口的距离和列车的行车速度，为紧急制动提供信息。

以上装置都要考虑防电气干扰，防日光、雷电干扰等问题。整个系统要采用物理余度（PHSICAL REDUNDANCY）和分析余度（ANALYTICAL REDUNDANCY）等冗余技术，并遵循设备故障自动倒向安全原则，以保障自动监控系统的可靠性。该系统的地面道口设备（装置）只在列车接近道口一定距离时才启动并工作，平时停机或待机。用蓄电池供电。

图 6 和图 7 分别是该微机监控系统的信息管理流程图和软件设计模块图。

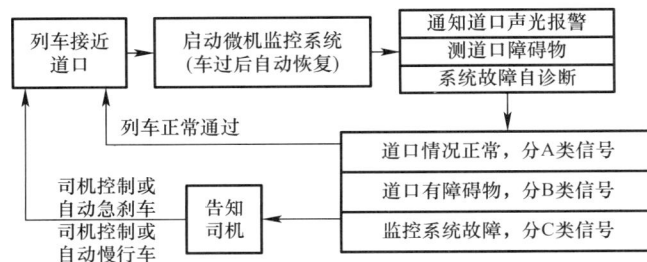

图 6　微机监控系统的信号管理流程图

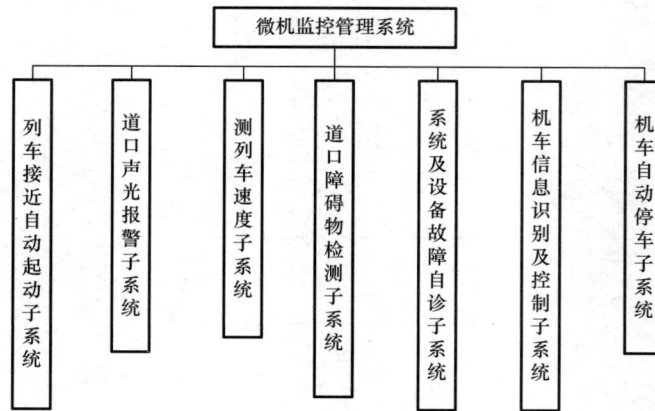

图 7　道口微机监控系统软件设计模块图

初步预算该系统成本不超过 4 万元。因此适宜推广普及。

基于 LH0041 的伺服电流放大器电路设计[*]

邵华平　深圳平盐铁路有限公司（518081）

董选明　裴丽华　北京航空航天大学自动控制系（100083）

摘　要：阐述了伺服电流放大器电路的功能、类型和性能需求。提出了基于功率运算放大器 LH0041 的电流负反馈型伺服放大器电路的组成和设计方法，给出了伺服电流、增益计算公式和动态频率特性。该电路已应用了某实例舵机及其性能测试计算机系统中。

关键词：伺服电流放大器；LH0041 功率运算放大器；电流负反馈

1　伺服电流放大器的功能

伺服电流放大器是机电液伺服控制系统的重要组成部分，它与电-机械转换器相匹配，以改善电液控制元件或系统的稳态和动态性能。伺服电流放大器的负载通常是伺服电机、力矩马达、动圈式力矩马达或直流比例电磁铁。伺服放大器的作用是将输入（电压）信号与反馈信号比较后的偏差信号加以放大和运算，输出一个与偏差信号电压成一定函数关系的控制电流，输入到伺服电机电枢或伺服阀力矩马达线圈中去驱动伺服电机或伺服阀。

2　伺服电流放大器的性能需求

对伺服电流放大器的基本要求是：

（1）具有所需要的线性增益以及方便的零点和增益调整方式。

（2）具有足够的输出功率，且输出特性应具有饱和（限幅）特性，以便在出现偶然的大偏差信号时，将输出给伺服电机或伺服阀的电流限制在允许的范围内，起保护伺服电机或伺服阀的作用。

（3）较小的零漂和噪声。

（4）与伺服电机和伺服阀的线圈匹配良好。要求输入阻抗低，输出阻抗高。

（5）具有所需的频率特性。

（6）具有必要的电压和电流指示仪表，以便调整。

3　伺服电流放大器的类型

根据伺服系统的偏差电压信号是直流还是交流，伺服电流放大器分直流和交流两大类。例如从自整角机偏差检测器输出的偏差信号是交流电压信号，可用交流放大器直接加以放大，然后再由解调器变换为直流信号，输入到伺服阀的线圈中去。在伺服控制系统中，常用的是直流放大器。直流放大器可分为直接耦合式直流放大器和调制式直流放大器。调制式直流伺服放大器是由调制器、交流放大器和解调器以及震荡器构成的，其中震荡器用来驱动调制器和解调器，完成信号变换任务。直接耦合式直流放大器的功率放大级和前置电压放大级之间的耦合器目前都趋向于无输出变压器的直流偶合方式，而其功率输出级则采用由一对射级跟随器组成的互补型放大器。根据不同的电-机械转换器的控制要求，功率放大器级又可分为电压反馈型和电流反馈型。直流伺服电机的转速控制是通过对电枢绕组的电压控制来实现

* 本文发表于《电子技术应用》1998 年第 7 期。

的，因此配用电压反馈型的功率放大器，由于电压负反馈的存在，该功率放大器的输出电阻可以减小到无反馈时的 $[1/(+AK)]$（其中，A 为放大器的开环增益，K 为反馈增益）。一般来说，放大器的输出电阻越小，直流伺服电机的快速性越好。而对动圈和动铁式电-机械转换器，由于控制线圈的电感一般较大，如采用电压反馈方式，其电气时间常数变得不可忽略，这个时间常数比力矩马达机械可动部分的固有周期大，从而限制了伺服阀的响应速度，故采用电流负反馈，提高放大器的输出电阻来减小这个时间常数，使功率放大器只有很小的电气时间常数，因此配用电流反馈型。

4　功率运算放大器 LH0041

目前，伺服电流放大器电路大都是基于晶体管或运算放大器等分立元件组成的。对航空航天飞行器来说，应尽可能的采用集成块来降低重量和尺寸，同时提高可靠性，因此采用分立元件组成电路的方法是不可取的。美国国家半导体公司生产的 LH0021(1.0A)/LH0041(0.2A) 功率运算放大器，是一集成块，LH0041 特征性能参数如下：

- 输出电流：0.2A(LH0041)
- 输出电压漂移：$\pm 14V/100\Omega$
- 频带：15kHz
- 低输入失调，电压和电流失调：1mV/20nA
- 低备用电源：100mW（在 $\pm 15V$）
- 高变速率：$3.0V/\mu s$
- 高开环电压增益：在常温（25℃）和电源 $\pm 15V$ 时，电压增益 $A=100dB$
- 封装形成：8 脚直插（DIP）和 12 脚 O 型（TO-8）

由于其优越的输入和输出性能，因此 LH0041 特别适合应用于伺服控制系统的电流放大器。

5　伺服电流放大器电路

5.1　基于 LH0041 的伺服电流放大器电路组成

下面给出我们设计的用于某航天液压舵机（位置伺服控制系统）性能测试计算机系统（CAT）中的伺服电流放大器电路，如图 1 所示。

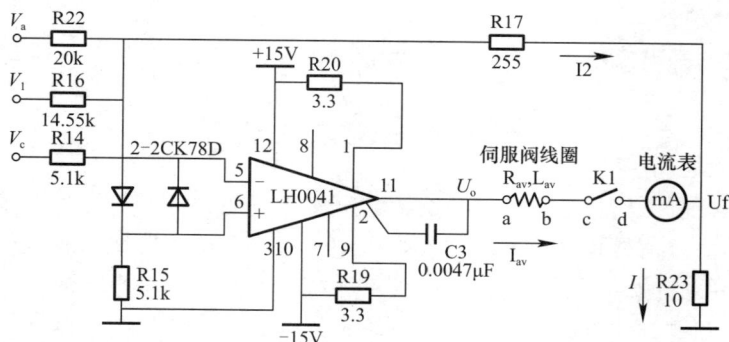

图 1　基于 LH0041 的电流负反馈方式的伺服电流放大器电路

从图 1 可看出，伺服阀线圈是伺服放大器的负载，由于伺服阀线圈具有电感而非纯电阻阻抗，所以流过线圈的电流将不与加在其上的电压（即放大器的输出电压）成正比，即控制电流将不与系统偏差电压（$V_c+V_f+V_x$）成正比。为了使控制电流正比于输入电压，采用了电阻 R23 与控制线圈串联，并将其上电压经过电阻 R17 反馈到放大器的输入端。因为反馈电压是由电流产生的，故称电流负反馈放大器。引入电流负反馈以后，放大器力求维持输出电流不随负载阻抗而变化，换言之，相对负载变动，它趋向于一个恒流源，也即输出电阻增大了。此时的功率损失为 $I^2 R_{23}$，由于 $R_{23} \ll R_{sv}$，因此 $I^2 R_{23}$ 很小，可忽略。

5.2 伺服电流和放大增益计算公式

下面求电流放大器的增益和流经伺服阀的电流计算公式。

$$\because \qquad\qquad\qquad V_+ = V_- \text{（虚地）} \qquad\qquad\qquad (1)$$

$$\therefore \qquad I_c = \frac{V_c}{R_{14}}, \quad I_f = \frac{V_f}{R_{16}}, \quad I_x = \frac{V_x}{R_{22}}, \quad I_2 = \frac{-U_f}{R_{17}}, \quad I_{sv} = \frac{-U_f}{R_{sv}},$$

$$I = \frac{U_f}{R_{23}} \qquad\qquad\qquad (2)$$

$$\text{又} \because \qquad\qquad \begin{cases} I_c + I_f + I_x = I_2 \\ I_{sv} + I_2 = I \end{cases} \qquad\qquad\qquad (3)$$

$$\therefore \qquad\qquad I_2 = \frac{V_c}{R_{14}} + \frac{V_f}{R_{16}} + \frac{V_x}{R_{22}}, \qquad\qquad\qquad (4)$$

$$U_f = R_{17} I_2 = \left(\frac{R_{17}}{R_{14}} \circ V_c + \frac{R_{17}}{R_{16}} \circ V_f + \frac{R_{17}}{R_{22}} V_x \right)(V) \qquad\qquad (5)$$

$$I = \frac{U_f}{R_{23}} = \frac{R_{17}}{R_{23}} \left(\frac{V_c}{R_{14}} + \frac{V_f}{R_{16}} + \frac{V_x}{R_{22}} \right)(mA) \qquad\qquad (6)$$

$$I_{sv} = I - I_2 = \left(\frac{R_{17}}{R_{23}} - 1 \right) \circ \left(\frac{V_c}{R_{14}} + \frac{V_f}{R_{16}} + \frac{V_x}{R_{22}} \right)(mA) \qquad (7)$$

$$K_{svzh} = \frac{R_{17}}{R_{23}} - 1 \qquad\qquad\qquad (8)$$

$$K_{svc} = \left(\frac{R_{17}}{R_{23}} - 1 \right) \circ \frac{1}{R_{14}}(mA/V) \qquad\qquad\qquad (9)$$

$$K_{svf} = \left(\frac{R_{17}}{R_{23}} - 1 \right) \circ \frac{1}{R_{16}}(mA/V) \qquad\qquad\qquad (10)$$

$$K_{svx} = \left(\frac{R_{17}}{R_{23}} - 1 \right) \circ \frac{1}{R_{22}}(mA/V) \qquad\qquad\qquad (11)$$

其中，I_{sv}，I_2，I，U_f，分别表示流经伺服阀线圈，反馈电阻 R_{17} 和电流反馈电阻 R_{23} 的电流。R_{sv}，L_{sv} 分别代表伺服阀线圈电阻（包括放大器内阻）和线圈的电感。K_{svzh}，K_{svc}，K_{svf}，K_{svx}，分别代表放大器综合系数，对控制信号电压的电流增益，对测量电位计反馈信号电压的电流增益和限位器电压的电流增益。电阻 R_{23} 是电流取样电阻，因此要求其具有较高的精度和较大的功率（一般大于 0.5W）。

从上面公式（7）可看出，流经伺服阀线圈的电流 I_{sv} 是正比于控制信号电压 V_c，测量电位计反馈电压 V_f 和限位电压 V_x 的综合值，即三者的差值。通常反馈电压 V_f 和限位电压 V_x 是与控制信号电压 V_c 反向的。根据公式（7）可计算出伺服阀电流 I_{sv}，如果电阻 R_{23} 是可调电位计，可调节放大器的电流增益。由于 $R_{17}/R_{23} \gg 1$，即流经电阻 R_{17} 的电流 I_2 很小可忽略，因此通常以电流 I 代替流经伺服阀线圈的电流 I_{sv}。根据图 1 上的具体参数值，可计算出：

$$I = 25.5 \times (0.2 V_c + 0.07 V_f + 0.05 V_x), \quad (mA)$$

$$I_{sv} = 24.5 \times (0.2 V_c + 0.07 V_f + 0.05 V_x), \quad (mA)$$

$K_{svc} = 4.9 \ (mA/V)$，$K_{svf} = 1.715(mA/V)$，$K_{svx} = 1.225(mA/V)$

伺服放大器的额定输出是用最大输出电流表示，它相当与偏差信号电压 U_e 与输出电流 I_{sv} 特性的最大饱和电流值 I_r，其值由限幅电路决定。饱和电流随伺服阀线圈电阻值的大小而变化。图 2 示电流负反馈方式伺服电流放大器电路特性。最大饱和电流为 $I_r = 24.5mA$。伺服电流的实际测量值与理论值之间误差很小，且线性度很好。

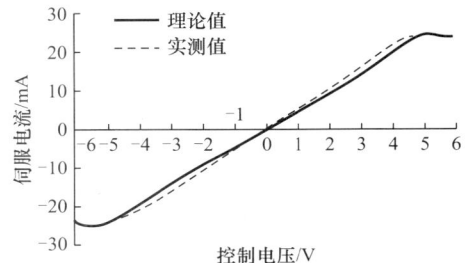

图 2 伺服放大器电压-电流特性图

5.3　限幅和保护电路

为了保护伺服电机或伺服阀不被过流烧坏，伺服放大器电路输出特性应具有饱和（限幅）特性，以便在出现偶然的大偏差信号时，将输出给伺服电机或伺服阀的电流限制在允许的范围内。本伺服放大器电路设计了三个保护电路。一是采用两个 2CK78D 二极管来作为限幅器，二是采用机械限位器产生限位电压 V_x 来实现保护，三是采用过流保护报警电路（在限幅器失效时）。过流保护报警电路的输入端从图 1 上的 b 点相连接，继电器的触点与 c 和 d 两点相连接（这时开关 K1 必须断开）。

5.4　动态频率特性

由于线圈本身的固有频率（$R_{sv}/2L_{sv}$）通常是比较低的，采用减小 L_{sv} 和加大 R_{sv} 的方法来提高频率有困难：因为减小 L_{sv} 会削弱电磁力矩，而加大 R_{sv} 会降低伺服电流和放大功率。下面推导电流负反馈方式的伺服电流放大器电路的输入电压至控制（伺服）电流的传递函数。为了有效地提高伺服阀线圈的固有频率，要采用电流负反馈方式的伺服放大器电路。为了不失一般性，仅以控制信号电压 V_c 作为输入电压。根据图 1 可得到，

$$\frac{V_c - U_-}{R_{14}} = \frac{U_f - U_-}{R_{17}} \tag{12}$$

$$U_0 = A \circ U_-, U_f \approx I_{sv} R_{23} \tag{13}$$

$$U_0 - U_f = I_{sv}(L_{sv} \circ s + R_{sv}) \tag{14}$$

根据公式（12），（13），（14）可得出传递函数：

$$G(s) = \frac{I_{sv}(S)}{V_c(S)} \approx \frac{R_{17}/R_{14}R_{23}}{T \circ s + 1} \tag{15}$$

其中，时间常数为：

$$T = \frac{L_{sv}/(R_{sv} + R_{23})}{1 + \dfrac{AR_{14}R_{23}}{R_{17}(R_{sv} + R_{23})}} \approx \frac{R_{17}(R_{sv} + R_{23})}{AR_{14}R_{23}} \circ \frac{L_{sv}}{R_{sv}} \tag{16}$$

由于放大器的开环电压增益很大，可见采用电流反馈方式的放大器的电气时间常数很小，比电压反馈方式的放大器的时间常数（L_{sv}/R_{sv}）小得多，因此具有较好的动态特性。在力矩马达控制线圈的连接方式为双线圈差动连接时，即 $R_{sv} = 550$K，$L_{sz} = 1.5$K $\cdot$ s，根据具体的参数值，可求出传递函数为：

$$G(s) = \frac{5}{6.95 \times 10^{-5} \circ s + 1}(\text{mA/V}) \tag{17}$$

可看出电流反馈方式的放大器的电气时间常数很小，比电压反馈方式的时间常数降低 300 多倍，因此大大改善了放大器的动态特性。另外，如果没有电流负反馈输出电路，由于伺服阀线圈电感的影响，对于振荡输入其阻抗值将增高，那么频率特性将随负载增加而迅速降低。

5.5　其他性能

直接耦合直流放大器通常存在不同程度的零点漂移和不灵敏区（死区），因此一个良好的伺服电流放大器电路还需调零电路和颤振电路。为了提高灵敏度，通过颤振参照电路在控制电流上叠加一高频颤振电流，一般颤振电流值为伺服阀额定电流的 10%～20%，其频率为 200～600Hz。

参 考 文 献

[1]　路甬祥，胡大. 电液比例控制技术. 北京：机械工业出版社，1988.

[2]　董选明. K37A 液压舵机性能计算机辅助测试系统硬件设计使用说明书. 北京航空航天大学报告，1997，7.

[3]　National Semiconductor User's Manuals. 1994.

伺服控制系统的过流报警保护电路设计[*]

董选明　裘丽华　北京航空航天大学自动控制系（100083）
邵华平　深圳平盐铁路有限公司（518081）

摘　要： 提出了一种新颖实用的过流报警和保护电路，给出了其组成部分和电路图及其工作原理。该电路已成功地应用于机电液伺服控制系统的过流报警和保护系统中。

关键词： 伺服控制；过流报警保护；电压绝对值；LM393 比较器；555 触发电路

过流报警保护电路的功能是防止伺服控制系统的控制电流超过伺服阀线圈所允许的最大电流而烧坏伺服阀。伺服阀是机电液伺服控制系统的关键部件，它的性能好坏直接影响整个伺服控制系统的工作。电液流量伺服阀由三个主要部件组成：力矩马达、衔铁和液压放大器（滑阀）。力矩马达和衔铁是将伺服电流放大器产生的电流信号转换为机械运动来驱动液压阀芯运动。阀芯的运动改变滑阀开口大小来调节进入液压驱动器（油缸）的负载流量，从而驱动负载按控制信号规律运动。伺服阀的输出流量是与伺服控制电流成正比的。伺服电流放大器是给伺服阀线圈提供控制电流的，它是把输入控制电压信号与反馈电位计的电压信号之间的误差信号转换为电流信号。放大器的输出电流是与误差电压信号成正比的，当该误差电压突然很大时（由于各种原因），相应地输出电流就很大。因此要限制进入伺服阀线圈的电流大小，就要在伺服电流放大器电路上采取措施。通常的过流保护措施有两种：一是在放大器电路上设置电压限幅电路来防止进入放大器的电压差过大；二是采用具有机械限位的电位计防止反馈电压过大。这两种保护措施都是有效的且电路简单，但对航空航天飞行器控制系统来说，还不够可靠和安全。因为限幅电路中的二极管易烧坏而失去保护作用，机械限位只能限制反馈电压大小而不能限制控制电压，即不能限制电压差的大小，因此这两种方法的保护作用是有限的。为了更可靠和安全地保护伺服控制系统，本文设计了第三种伺服电流过流报警保护电路，该电路由五个部分组成：隔离电路，电压绝对值电路，电压比较电路，过流报警电路和保护电路。该电路已应用于某实例舵机伺服控制系统性能的计算机测试系统的电流伺服放大器电路中。在该放大器电路中，采用了上面三种保护电路，这使保护实现三余度，提高了保护可靠性。该过流报警保护电路也可应用于其他领域。

1　伺服电流放大器电路

电路由功率运算放大器 LH0041 构成。其功能是将控制电压 V_c 与反馈电压 V_f 比较（综合）后的偏差电压加以放大和运算，输出一个与偏差电压成一定函数关系的控制电流 I_{sv}，输入到伺服阀的控制线圈中去驱动伺服阀工作。该放大器电路是一电流负反馈方式，引入电流负反馈后，力求使输出电流不随负载阻抗而变化，即恒流源，同时大大提高了伺服阀力矩马达的固有频率特性。两个二极管 2CK78D 组成限幅电路，防止进入放大器的偏差电压过大而引起伺服控制系统过流。电压信号 V_x 是反馈电位计机械限位器的限位电压。电阻 R_3 是电流取样电阻，要求高精度阻值，大功率（0.5W）。伺服电流放大器的输出电流计算公式为：

$$I_{sv} = \left(\frac{R_2}{R_3} - 1\right) \cdot \left(\frac{V_c}{R_c} + \frac{V_f}{R_f} + \frac{V_x}{R_x}\right) \tag{1}$$

代入电路图上的具体数据可得：

* 本文发表于《电子技术应用》1999 年第 8 期。

$$I_{sv} = 24.5(0.2V_c + 0.07V_f + 0.05V_x)\,\mathrm{mA} \tag{2}$$

通常反馈电压 V_f 和限位电压 V_x 是与控制电压 V_c 反向的。该电流放大器电路如图 1 所示。

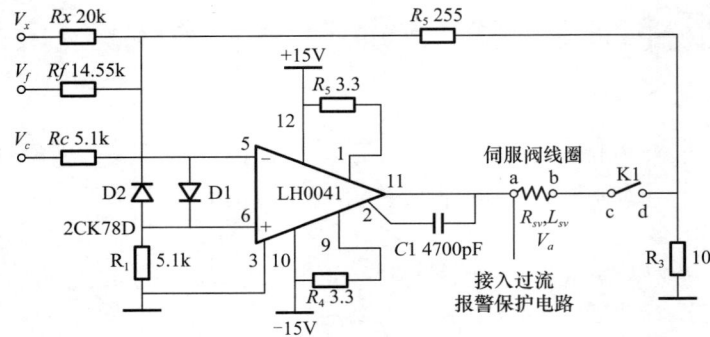

图 1　基于 LH0041 的伺服电流放大器电路

2　隔 离 电 路

隔离电路是由高阻运算放大器 OP-05 构成的一电压跟随器（缓冲器）电路，电路如图 2 所示。其功能是使过流报警保护电路不影响前面的伺服电流放大器电路。

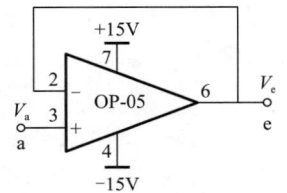

图 2　隔离电路

3　电压绝对值电路

电压绝对值电路由两个 OP-07 运算放大器组成，其功能是对采样电压 $V_e(V_e)$ 取绝对值，把正负电压信号转换为正值电压信号。从电路图 3 可看出，其工作原理为：当输入电压 V_e 为正值时，两个运算放大器相当于一电压跟随器，即第二个运算放大器 OP-07 输入端 6 的电压 V_g 等于第一个运算放大器输入端 3 的电压 V_e，即 $V_g = V_e$。当输入电压 V_e 为负值时，两个放大器具有同相电压放大器的功能，且输出电压计算公式为：

$$\begin{cases} I = -\left[V_e\left(1 + \dfrac{R_9}{R_7}\right) - V_e\right]/R_{10} \\ V_g = R_{11} \cdot I + V_e \end{cases} \tag{3}$$

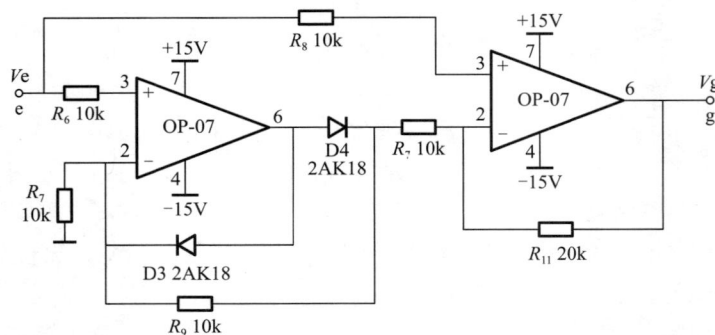

图 3　电压绝对值电路

根据图上的具体数据可得：$V_g = -V_e$。

二极管 D3 和 D4 要选用反向漏电电流较小的者开关二极管 2AK10。该电路输出精度高且不受负载影响。

4 电压比较电路

电压比较电路如图 4 所示。

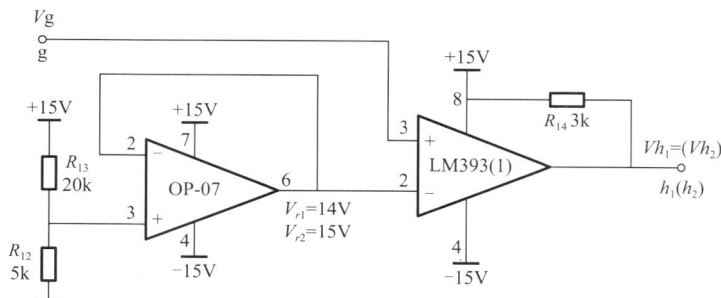

图 4 电压比较电路

该电路由基准电压电路（OP-07）和电压比较器 LM393 构成，OP-07 放大器接成电压跟随器型，给电压比较器 LM393 提供参考基准电压 V_r，基准电压的大小可由可调电阻 $R13$ 调整。电压比较电路的功能是比较采样电压 Vg（与伺服电流有关）与参考基准电压 V_r 的大小，当伺服电流过载时，即采样电压 Vg 超过设定的参考基准电压 V_r 时，比较电路反转，输出高电平（即＋15V），驱动后面的报警电路和保护电路。基准电压电路有两个，分别设定两个不同的参考基准电压，分别为＋14V（报警电压限）和＋15V（保护电压限），相应的电压比较器也有两个，由一个 LM393 的双端构成。电压比较电路的工作原理为：当进入伺服阀线圈的电压，即伺服电路放大器电路（图 1）上的 a 点电压 Va 的绝对值大于 14V 时，电压比较器 LM393 的输出脚 1 输出高电平（＋15V），而其另一输出脚 6 仍然为低电平（－15V）。当 a 点电压 Va 的绝对值大于 15V 时，电压比较器 LM393 的输出脚 1 和 6 同时输出高电平（＋15V）。

5 过流报警电路

过流报警电路（图 5）由一 NE555 触发电路和喇叭及发光二极管构成。其功能是当伺服电流超过允许值时，即图 1 上 a 点的电压 Va 的绝对值大于 14V 时，以音频报警提醒注意，但不切断电路，这属一级报警。工作原理为：当电压比较电路输出高电平（＋15V）时，这时 NE555 触发电路 4 脚为高电平，使其置位，于是其 3 脚输出振荡电平，驱动喇叭发音和发光二极管发光来报警。改变电容 C2，C3 和电阻 R_{17}，R_{18} 的值大小可改变振荡信号的频率。

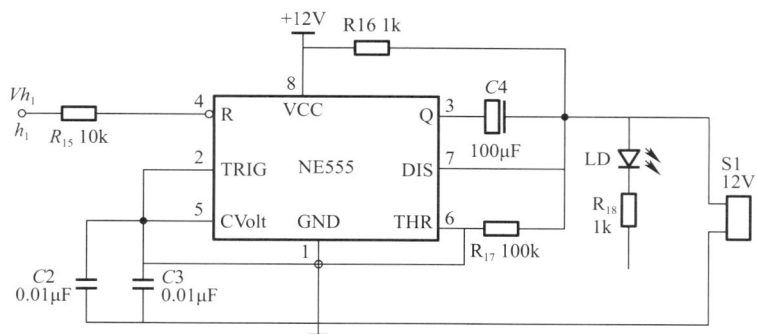

图 5 报警电路

本电路上的振荡频率为 1000Hz。

6　过流保护电路

　　过流保护电路是由 NE555 触发电路，三级管 BG（8050）和继电器 JRC 构成（图 6）。其功能是当伺服电流超过允许值时，即图 1 上 a 点的电压 Va 的绝对值大于 15V 时，驱动常闭继电器 JRC 断开 a 和 b 两点，以切断电路而断开流经伺服阀线圈的电流，防止过流烧坏伺服阀，这属二级保护。其工作原理：当伺服电流超过允许值时，电压比较电路（图 2）输出高电平，即 $Vh_2 = 15V$。由于 $Vh_2 > 0.7V$，三级管 BG 导通，NE555 触发电路的 2 脚低电平，NE555 置位，3 脚高电平，驱动闭合继电器 JRC 的 c 和 d 两点断开，即切断了流经伺服阀线圈的电流，同时继电器的 m 和 n 两点吸合，给二级管 D5 和 NE555 的 3 脚提供 +12V 的高电平，防止由于切断电路而使 NE555 电路反转和继电器的频繁"吸合断开"。在伺服电流降到允许值以下时，按复位开关 K2（常闭），使继电器重新吸合，即 a 和 b 两点接通，m 和 n 两点断开，整个电路恢复正常工作。这里电解电容 C5 的值（4.7μF）要选择得当，才能保证电路正常。

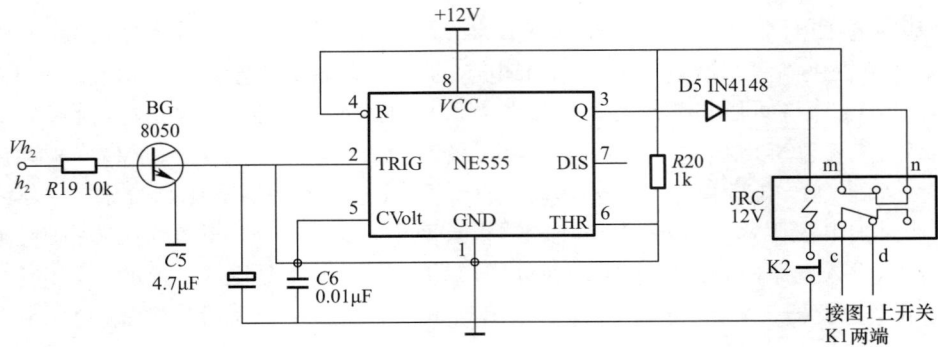

图 6　过流保护电路

参 考 文 献

[1]　路甬祥，胡大纮. 电液比例控制技术，北京：机械工业出版社，1988.
[2]　董选明. K37A 液压舵机性能计算机辅助测试系统硬件设计使用说明书. 北京：北京航空航天大学学报，1997.7.
[3]　施良驹. 集成电路应用集锦. 北京：电子工业出版社，1991.

机车周转信息管理系统的开发与应用[*]

刘应军¹　余　健²　邵华平¹

（1　广州铁路集团公司机务处，广东 广州　510088；
2　怀化铁路总公司怀化机务段，湖南 怀化　418000）

摘　要：阐述了如何引入计算机和网络技术，基于机车车号识别系统信息，开发机车周转信息管理系统，实时收集和处理库内机车周转信息，实现机车周转动态信息的远程传输与复示，适应长交路轮乘制发展，达到机车调度远程监控，革新机车库内作业管理模式，提高机车调度信息化管理手段。

关键词：机车周转；机车车号；信息技术；数据库

1　前　言

如何适应机务牵引作业长交路轮乘制的发展，实现机车库内作业管理的现代化，确保库内作业标准化，完善机车调度远程监控的实时性，提高长交路轮乘制机车运用效率，已成为关系铁路运输全局的重要环节。随着经济的快速发展，计算机和网络技术的不断进步，利用现代信息技术革新传统的机车库内作业管理模式，提高机车调度信息化管理水平，也成为机务部门的必然选择。

2001 年 7 月 1 日铁道部投巨资建设的车号自动识别系统正式投入使用。车号识别系统实现了实时记录机车进出库信息，提供了丰富的基础数据源，充分利用资源，采用网络分布式技术，用计算机程序来控制作业流程，规范作业过程，并将获取的信息数据通过网络远程传输和复示，提供实时信息，改进管理手段，具有相当的价值，进行此方面的研究和实施具有深远意义。

2　系统功能分析

系统采用计算机解析机车进出库情况，通过网络传送信息，实现机车进出库信息、股道占用信息数据化，网络共享，既减轻信号楼和外勤工作人员的劳动强度，又在一定程度上改善了劳动环境，从根本上改变了目前机车库内作业指挥的小黑板加电话方式，信号楼、外勤等值班人员通过电话传递信息，劳动强度大，中间过程无法记录，信息无法共享的弊病。

系统根据监控所当班人员必须准确预知进库机车的时间，立岗接车，及时获知机车电子标签的状况，并对每台进出库机车的黑匣子进行检查和文件转储，充分利用网络手段，将机车进出库信息和标签的设备质量通知监控所，在技术上保证了监控所当班人员立岗接车和电子标签故障的及时排除。

计划值班员是机务段机车运用指挥的中枢。接到上级的列车运行计划后，要按照阶段开车计划，长时间打电话布置其他相关部门的值班人员，而当需要获取库内机车停留信息时，又需长时间电话询问外勤的值班人员。没有直观性，极易出现差错，影响机车正常供应。系统采用网络和数据库手段，确保计划值班员能在本地联网计算机上清楚查看库内机车摆放，极大地降低劳动强度和提高工作精度及效率。

结合机车走行公里，对机车故障报活进行科学分析检索是评价机车状态、提高检修质量的重要依据。系统的地勤、行修工作站，可以实现司机报活信息录入的实时化，提高机统六的科学管理。同时依据机车进出库担当车次自动累计走行公里，实时给出机车修程提示信息。

＊　本文发表于《铁道机车车辆》2003 年 12 月第 23 卷第 6 期。

系统因为能够实时收集和处理机车进出库信息，上级机车调度部门工作站可以通过网络连接，定时刷新或即时查询下属机务单位库内机车摆放信息，调阅库内机车详尽情况，并形成机车周转库内信息速报，极大的便利了机车调度指挥，确保机车调度远程监控的科学性。

综上所述，机车周转信息管理系统应包括如下主要功能：

（1）具有对库内作业所涉及的主要信息如库内机车状态表、出入库日志、机车使用计划等的检索、管理、维护等功能。

（2）具有局域网功能，能够利用客户/服务器方式进行操作。

（3）具有实时通信功能，能够实时网络发布上述信息，各工作站能动态更新。

（4）具有多媒体功能，工作站能及时使用多媒体手段如语音提示工作人员。

（5）数据共享功能，安装客户端软件的网络用户，均可方便的获得上述数据。

3　系统的可行性论证

3.1　系统的技术可行性

3.1.1　网络支持

近年来，网络通信发展迅速。特别是以太网组网技术已经非常成熟。主流产品 100M 以太网相关设备如交换机、网卡、双绞线已经相当稳定，完全可以满足应用要求。我们铁路各级部门近年高度重视信息化建设，目前已建成了以光纤为骨干的、覆盖各机务单位的广域网，具备了各级机务管理部门和机务段进行信息传输的网络通道。网络协议方面，TCP/IP 协议作为 internet/intranet 的骨干协议，已经嵌入到 WIN98/2000 等操作系统之中，并得到各种开发软件如 Delphi，SQLSERVER 的广泛支持。我们采用该协议开发系统，不仅可以满足基层机务段部门之间通信的需要，还能使总公司、集团等远程用户及时掌握所需信息。

3.1.2　数据平台

2001 年铁道部建立的车号识别装置，使用 FTP 方式实时发送车号信息。为库内机车作业管理提供了基础数据源。

服务器/客户方式已经成为开发数据库系统的首选。微软提供的 SQL SERVER 2000 具有的稳定性、可维护性和安全性，选择该数据库作为服务器端数据管理工具，可以完全满足局域网用户和远程用户对数据的需求。

3.1.3　开发工具

要建立一个稳定可靠的库内作业系统，Delphi 可以很方便地实现系统所需的实时监控、多线程、多媒体、TCP/IP 网络通信、动态 SQL 查询等技术。采取 Delphi 程序设计技术，完全可以设计出具有实时采集、动态更新、数据共享、多媒体界面等效果的机车库内作业与周转信息管理系统。

3.2　系统的经济可行性

3.2.1　系统建设投资

长期以来，广州铁路集团公司坚持不懈地对信息基础设施进行投资，现在已初步完善了三网建设，实现了段域之间，以及段内运转、监控所、信号楼、中心机房之间的宽带通道。因此在网络通信方面，不需要进行大规模投资。系统在硬件方面的要求不高，仅需要两台数据库服务器，机务段信号楼、运转调度室、监控所、外勤、微机中心和铁路局、铁路分局机务管理部门等工作站以及少量联网必须添置的设备及材料。系统在软件方面只需一套 SQL SERVER 2000 数据库系统、Delphi 开发工具软件和必须的研发经费。

3.2.2　系统社会效益

系统是以机车进出库信息为基础的多个子系统的总和，涉及机务段库内机车作业的多个方面和机车周转信息的远程复示查询，它的推广应用，将会革新机车库内作业管理模式，提高机车调度信息化管理手段。具体表现在：

（1）极大的减轻一线机务作业人员劳动强度，提高效率，杜绝人为错误。

（2）可以再现机务现场作业的完整操作记录，便于管理人员通过计算机追踪监察分析，对作业人员的操作过程进行管理。

（3）可以通过网络连接，实现机车调度部门远程查询下属机务单位库内机车摆放信息，调阅库内机车详尽情况，提高机车调度远程监控的精确性。

（4）系统保存的诸多数据将成为重要的基础数据源。在此基础上实现机车修程预报、停时统计等更广泛的功能。将成为机务信息化改造的基础平台。

3.2.3 系统经济效益

目前在国内铁路机务现场作业信息管理中，利用信息化技术改造传统的库内机车作业管理模式和提高机车调度远程监控手段，因而本系统具有较好的实用价值。将系统产品化，也能产生相当的经济效益。

4 系 统 方 案

4.1 系统组成

《机车周转信息管理系统》由信号楼作业系统、运转计划作业系统、外勤作业系统、地勤作业系统、监控所作业系统、四班分析文件系统、系统维护模块、监控文件整理分发系统和远程复示查询系统组成。

4.2 系统工作流程

系统工作流程如图 1 所示。

4.3 系统业务流程及数据处理流程

系统业务流程及数据处理流程如图 2 所示。

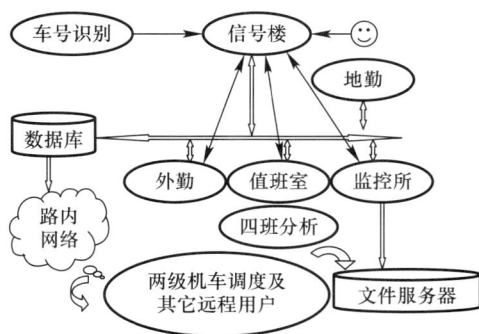

图 1 系统工作流程

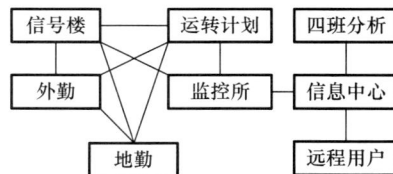

图 2 系统业务流程

4.4 系统网络拓扑

系统网络拓扑图如图 3 所示。

4.5 系统数据库流程

系统数据库流程如图 4 所示。

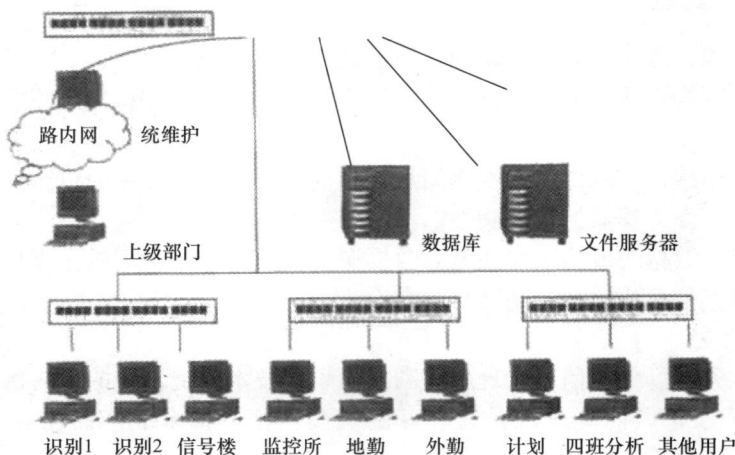

图 3　系统网络拓扑图

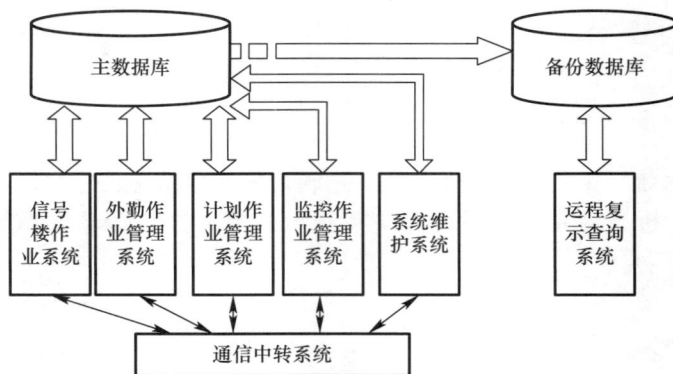

图 4　系统数据库流程

4.6　系统主要数据结构设计（表 1）

系统主要数据结构设计　　　　　　　　　　　　　　　　　　　　　　表 1

序号	表名	意义	主要应用子系统
1	aei error	电子标签错误日志	信号楼、监控所
2	Crkjl	出入库日志	各子系统
3	Down	文件下载日志	监控所、四班分析
4	Gdt	股道图	各子系统
5	Jcb	机车表	运转计划
6	Jclx	机车类型	各子系统
7	jh	制作新计划	运转计划
8	jt6	机统六	地勤
9	jwd	机务段	各子系统
10	knjcb	库内机车表	各子系统
11	name	姓名	各子系统
12	netinfo	网络运行日志	信号楼
13	oldjh	旧计划	运转计划
14	tdcc	图定车次	运转计划
15	up	文件上传日志	监控所、四班分析
16	xtcs	系统参数	系统维护、各子系统
17	zt	状态表	各子系统

4.7　系统主要逻辑框图

系统主要逻辑框图如图 5 所示。

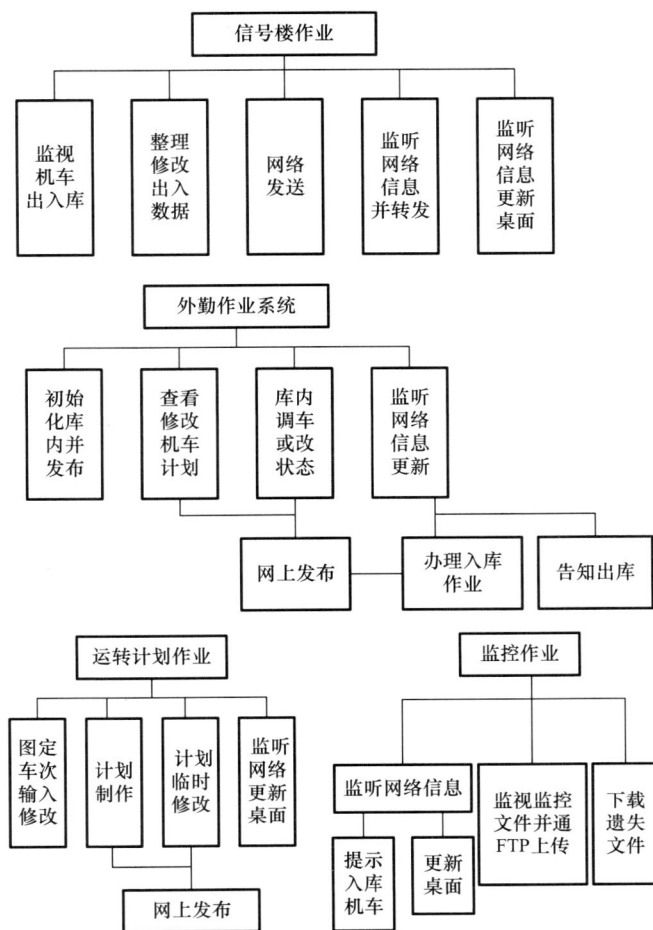

图 5　系统主要逻辑框图

4.8　系统主要性能要求

（1）系统容量要求

进出库日志应保存一年；电子标签故障保存一年；监控装置文件保存 3 个月。

（2）系统时间特性要求

库内机车表实时更新时间≤1s；远程复示每 30min 自动更新，并具有实时更新功能，实时更新时间≤10s；信号楼办理出入库作业，每次作业≤1s；各工作站间通信延迟时间≤1s；车号识别装置识别至信号楼读出时间延迟≤0.1s。

（3）系统适应性要求

当库内股道发生重大变化时，系统可以通过设置参数适应。当数据库主机及通信终端发生变化时，系统可以自适应。

（4）系统人—机交互友好性

当有操作发生时，均有语音提示；股道占用情况在库内股道图上实时显示，并用不同颜色标注不同状态的机车。

（5）系统的可靠性

系统在电源稳定、防雷、防静电、防病毒、网络通道、数据安全等方面均作特殊设计，以防止发生意外情况影响系统的正常运行。

（6）系统的可维修性

系统安装简便，参数设置明了，模块化设计，硬件网络维护方便。

4.9　系统运行环境

（1）系统采用体系结构和网络协议标准

Intranet/Internet 体系结构和有关规范；TCP/IP 网络协议。

（2）系统软件平台

软件平台符合 Intranet/Internet 体系结构。

其中服务器的网络操作系统为 Windows 2000 server。

客户端的操作系统为 Windows 2000 pro。

数据库管理系统为 MS SQL server 2000。

文件服务器为 Windows 2000 server。

开发工具为 Delphi 和 SQL 语言。

4.10　系统设备选型

服务器为 IBMNF 系列，服务器设置 3 台：其中 1 台数据库服务器，1 台文件服务器，1 台远程数据备份服务器。服务器均安装 SQL server 2000，担当数据库服务器的主机定时向担当文件服务器的备份服务器备份数据库。文件服务器安装 IIS，使其具有 FTP server 功能。

网络设备的交换机采用 3COM 系列交换机，提供 100M 交换速率。

通信介质是骨干网采用光纤，交换机至终端采用超 5 类双绞线。

工作站配置为 IBM 300GL 系列

4.11　系统建设目标

根据现场的具体需求和目前的人力和财力状况，将系统建设分为两个阶段，即一期工程阶段和二期工程阶段。

4.11.1　一期工程建设目标

建设完成依托于网络技术的，由库内作业范围内主要业务和信息组成的，具有库内基本业务操作功能的网络信息管理和服务系统。实现对库内作业的高效率、高质量及较全的服务，为本段和上级管理部门提供方便快捷的工具，为一线作业部门提供实时、完整、可靠的信息。一期工程的建设目标包括：

（1）实现机车进出库信息通过网络传输。

（2）实现机车股道位置通过网络安排及实时发布。

（3）实现机车使用计划的网上制作及发布。

（4）实现机车电子标签的网上报活。

4.11.2　二期工程建设目标

在一期工程的基础上进一步完善和扩充本系统，根据需要逐步扩充信息服务范围。二期工程的建设目标主要包括：

（1）机车故障网上报活，活票入数据库自动分类统计。

（2）机车走行公里汇总，修程预报。

（3）与铁路分局调度系统机调联网运行，使铁路局、铁路分局级机调能随时掌握各机务段库内机车动态信息。

（4）设计硬件接口，与 6502 自动道岔或微机联锁道岔设备兼容，实时显示信号机开关情况。

5　结　束　语

寻找一个有效的办法，解决长期困扰机务一线生产管理部门的关键问题，是我们一直探索的目标。基于车号识别系统信息，利用计算机和网络技术开发机车周转信息管理系统是我们的初步尝试，随着信息科技的发展和铁路信息基础设施的完善，建立机务各作业信息系统的软硬件平台已完全具备，这必将带来机务作业信息管理的一场革命，进一步推动机务作业管理规范化和科学化，提早实现铁路机务作业管理的跨越式发展。

支持向量机在列车自动控制中的应用[*]

邵华平[1]　覃　征[1]　游诚曦[2]

(1. 西安交通大学 电子与信息工程学院，陕西 西安　710049；2. 广州铁路（集团）公司 机务处，广东 广州　510600)

摘　要：提出支持向量机-模糊预测控制方法，介绍支持向量机在列车启动控制过程中的应用。通过仿真试验，验证了该方法的有效性，解决了列车启动过程中平稳性不高的问题。

关键词：支持向量机；模糊预测；自动控制；列车；启动

0　引　言

随着我国铁路运输向高速和重载方向的发展，许多技术难题有待解决，高速列车的自动控制问题就是其中之一。列车自动控制系统与行车信号、行车线路状况、天气条件、机车性能、列车编组以及司机自身的驾驶经验等多种因素密切相关，情况不同，列车的运行动态特性会发生很大的变化。这种控制系统是典型的大滞后、非线性、多目标、强实时、复杂的控制系统，难以用统一标准的精确数学模型描述。利用传统的基于模糊预测控制的方法来实现启动控制，平稳性还不是太好[1]。支持向量机（SVM）是一种建立在统计学习基础上的机器学习方法，它不需要明确的模型结构采用有限测量样本集，就能实现很高的估计精度，并且不存在局部极小问题，其计算复杂性与输入样本的维数无关。

因此将 SVM—模糊预测控制算法应用于列车自动控制，实现列车的启动控制的推理，是解决平稳控制问题的有效途径之一。

1　SVM 在列车启动控制中的推理过程

支持向量机（SVM）算法是一种专门研究有限样本预测的学习方法。与传统统计学相比，SVM 算法没有以传统的经验风险最小化原则作为基础，而是建立在结构风险最小化（Structural Risk Minimization，SRM）原理上，是一种新型的结构化学习方法。它能很好地解决有限数量样本的高维模型的构造问题，而且所构造的模型具有很好的预测性能[3]。

预测控制满意优化计算程序主要分为列车协调控制子模块、列车启动控制过程（QDKZ）、列车恒速运行过程（HSYX）、进入限速区前的加减速控制（XSQ）、减速制动控制（JSZD）、停车制动控制（TZZD）等 5 个相对独立的控制子模块。本文使用 SVM—模糊预测控制方法来实现对列车启动控制过程（QDKZ）的预测。

QDKZ 的控制规则主要用来完成安全、平稳、快速启动列车的全过程。根据前面给出的列车全过程的优化操纵原则及优化控制模型，用模糊语言表示的控制规则可以用下式确定：

$$\left. \begin{aligned} &\text{if}(v = v_0 = 0)\&u(0) = 0\,\text{then}\ u(1) = q_1; \\ &\text{if}v_k = 0\,\text{then}\ u(k+1) = q_{k+1}; \\ &\text{if}(0 < v_k < v_N)\&(u(k) < q_k)\,\text{then}\ u(k) = q_k; \\ &\cdots\cdots\cdots\cdots \\ &\text{if}v_k = v_N\,\text{then}\ \text{end} \end{aligned} \right\} \tag{1}$$

*　本文发表于《机车电传动》2005 年 7 月第 4 期。

式中：$u(k)$ 是控制输入；v 为速度；v_k 为当前速度；q_k 为控制策略（表示牵引、惰行、动力制动、空气制动时手柄级位的集合）。

QDKZ SVM-模糊预测控制的评价推理过程为

（1）逐渐增加牵引级位的同时计算列车速度；

（2）当列车速度等于"0"时，保持该牵引级位，同时计算列车速度；

（3）当列车速度大于"0"时，保持该牵引级位 $[u(k)=q_k, 1<k\leqslant p]$ 一定时间（经验值为 $30\sim60s$ 以内）；

（4）等列车安全平衡启动后，继续增加牵引级位。牵引级位的改变必须满足乘车舒适性的要求（a 是加速度），即

$$\frac{\Delta a}{\Delta t}\leqslant 0.8\mathrm{m/s^3}, \quad a\leqslant 1.2\mathrm{m/s^2} \tag{2}$$

当列车速度接近目标限制速度时，逐渐降低牵引级位；当列车速度达到目标速度时，启动子过程结束。QDKZ SVM-模糊预测控制过程如图 1 所示。

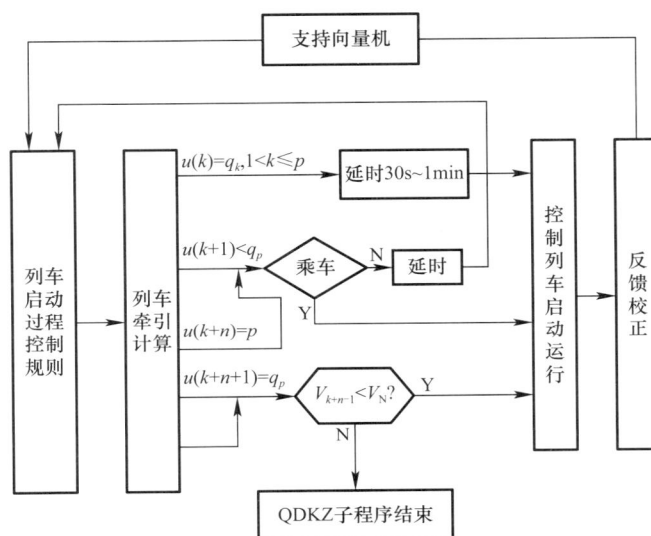

图 1　QDKZ SVM-模糊预测控制的推理过程

2　SVM 在列车启动控制过程（QDKZ）中的应用

列车的启动过程是指列车从静止加速到目标速度的过程，安全、舒适、平稳、快速、节能是其主要的评价指标。在列车启动过程中应遵循下列操纵策略：

（1）启动过程初期应缓慢增加牵引力，直至全部车辆启动；

（2）全列车启动后，应根据舒适快速的要求适当控制加速度的变化率；

（3）根据列车所处线路情况的不同（如有无道岔、限速等）、车钩的类型及牵引质量的不同，采用不同的牵引手柄位。

SVM 是建立在统计学习理论的 VC 维（Vapnik-Chervonenkis dimension）理论和结构风险最小原理基础上的，能较好地解决小样本、非线性、高维数和局部极小点等实际问题。

本文将 SVM 理论引入列车启动控制过程中。利用 SVM 算法来实现启动过程的预测，通过预测选择比较好的权重 w_i，进而对列车启动过程进行优化。算法的实现首先要确定权重 w_i 的主要影响因素；其次是选择历史样本的数据集，并对历史数据进行平滑预处理；然后利用 SVM 进行学习训练；最后根据训练后获得的参数进行预测。

选择 SVM 的输入参数 $x(t)$ 为 $\{u(t), v_k(t), w_{i-1}\}$，输出为权值 w_i。其中，$u(t)$ 为当前的手柄

位；$v_k(t)$ 为列车的速度；v_N 为目标速度，w_{i-1} 为上一次的权重；w_i 为预测的权重。

　　算法中的核函数的选择对负荷预测的精度影响很大。采用不同的核函数，SVM 方法将形成不同的算法，这些算法的精度受核函数本身的影响较大。本文采用 RBF（径向基函数）作为核函数。实际算例表明，将 RBF 作为核函数的 SVM 方法应用于列车启动控制过程中 w_i 的预测，能取得较为理想的预测结果[4]。

　　本文用工具软件 Matlab6.5 及算法语言 VC6.0 分别实现了 SVM 对列车启动控制过程中 w_i 的预测程序，并建立了完备的历史数据库，较好地实现了所提出方法的通用性及实用性。计算的过程由下面的公式给出。

　　车速适度的评价函数用隶属函数 $\mu_c(\alpha, \Delta\alpha) \in [0, 1]$ 来表征，由式（3）表示

$$\mu_c(\alpha, \Delta\alpha) = 0.5\mu_c(\alpha) + 0.5\mu_c(\Delta\alpha) \tag{3}$$

式中：

$$\mu_c(\alpha) = \begin{cases} 1 & 0 \leqslant |\alpha| \leqslant 1.2 \\ 3 - \dfrac{|\alpha|}{1.8 - 1.2} & 1.2 < |\alpha| < 1.8 \\ 0 & |\alpha| \geqslant 1.8 \end{cases}$$

$$\mu_c(\alpha) = \begin{cases} 1 & 0 \leqslant |\Delta\alpha| \leqslant 0.7 \\ \dfrac{2 - |\Delta\alpha|}{2 - 0.7} & 0.7 < |\Delta\alpha| < 2 \\ 0 & |\Delta\alpha| \geqslant 2 \end{cases}$$

　　节能评价函数由式（4）的目标函数表示。电力机车耗电量包括牵引运行耗电量、自用耗电量、出入段及途中调车作业耗电量三部分，性能主要取决于牵引运行时的耗电量的大小。

$$\min_j P = \min_j \sum_{i=1}^{N} U_{ij} \cdot I_{ij} \cdot \Delta T_{ij} \tag{4}$$

式中　P 为总能耗；j 为操纵控制序列；$\min P$ 为选择能耗最小的控制手柄操纵序列；i 为手柄位转换点；N 为列车启动到停车过程中手柄位改变的总次数；U_{ij} 为在第 j 种操纵控制序列第 i 个手柄位保持期间受电弓处网压；I_{ij} 为在第 j 种操纵控制序列第 i 个手柄位保持期间有功电流的平均值；ΔT_{ij} 为在第 j 种操纵控制序列第 i 个手柄位保持期间列车运行时间。

　　列车启动过程的模糊预测控制算法由式（5）表示：

$$\mu_{C0}(u_j) = \mu_M(\hat{y}(k+1)) = (\mu_{m_1}(u))^{w_1} + (\mu_{m_3}(u))^{w_3} \tag{5}$$

　　本文采用了株洲——三门段的原始数据，对列车的启动控制过程进行了仿真计算，得到了满意的结果（图 2）。

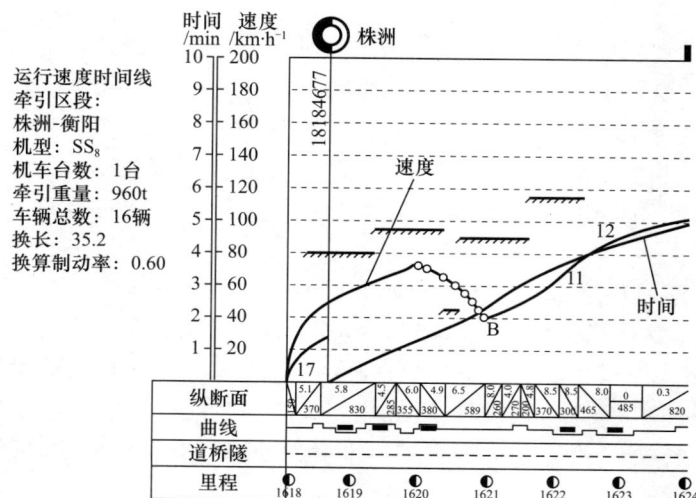

图 2　QDKZ 过程仿真数据图

3 结 论

本文中所采用的 SVM—模糊预测控制方法的使用前提是把列车当作一个质点，故而在客车自动控制的模拟仿真中取得了良好的效果，与优秀司机的实际操作曲线差别不大。但是对于货运列车，其长度远远长于客车，且车钩间隙较大，同时空重混编对算法的影响也非常严重。若将货物列车也当作一个质点来进行模拟，会造成制动曲线的非线性变化。因此本文所述的 SVM—模糊预测控制方法对于货物列车是不适用的。

参 考 文 献

［1］ 冯晓云，何鸿云，朱金陵. 列车优化操纵原则及其优化操纵策略的数学描述［J］. 机车电传动，2001（4）：13-16.

［2］ 贾利民. 列车运行过程的智能控制［J］. 中国铁道科学，1992，13（1）：65-78.

［3］ 阎辉，张学工，李衍达. 支持向量机与最小二乘法的关系研究［J］. 清华大学学报（自然科学版），2001，41（9）：77-80.

［4］ 睢刚，陈九来. 一种新的预测控制算法：模糊预测控制算法［J］. 控制理论与应用，1998，15（1）：143-147.

第三部分
信息处理

10kV 铁路输电线路故障信息综合处理系统研究*

邵华平[1]　何正友[2]　钱清泉[2]　覃　征[1]

（1. 西安交通大学电子与信息工程学院，710049，西安；2. 西南交通大学电气化自动化研究所，610031，成都）

摘　要：通过对 10kV 铁路自闭、贯通输电线路特点的分析，研究了其相间短路、单相接地等不同故障的特性，并在此基础上设计了故障信息综合处理系统。该系统通过分析采集到的数据，由远方控制单元判定故障类型且将故障数据报文送往调度中心，该中心根据判据判定出故障区段；对于相间短路，调度中心会自动启动相应的程控卡片，快速切除故障区段；对于单相接地，在工作站上会自动报警。同时，为系统设计了换相算法、单相接地算法和故障检测判别流程等。换相算法以配电所为参考来拟订其物理相序，其余开关站或配电所的物理换相位置则通过矩阵与配电所参考物理相位置的乘积获得。试验和现场运行表明，该系统可以有效、及时、准确地判别故障位置和故障相以及故障类型等，大大缩短了故障查找的时间。

关键词：输电线路；故障信息；远程传输单元；调度中心。

铁路信号电源是列车指挥信号的供电系统，它需要自闭和贯通两路供电线路。铁路电力自闭、贯通线的负荷沿铁路线分布，点多、容量小且故障频繁。10kV 铁路自闭、贯通线属于小电流接地系统，目前在自闭线路上装有老式的保护装置，当线路发生故障，特别是发生单相接地故障时，难以判断故障发生位置，也难以及时排除故障。据此，本文通过分析相间短路、单相接地等不同故障的特性，建立了由各开关站的远程传输单元（RTU）、通信通道、调度主站三大部分的故障综合处理系统。

1　10kV 自闭、贯通线路的特点

目前的自闭、贯通电网具有如下特点：

（1）为中性点不接地的小电流系统，正常运行时系统无零序电压和电流。当发生单相接地时，对负荷供电没有影响，一般情况下允许再继续运行 1～2h。

（2）输电线路较长。根据 TB 10008—99《铁路电力设计规范》的要求，供电臂长宜为 40～60km，但有的地方可长达 70～80km[1,2]。

（3）供电的点多、负荷小。10kV 自闭、贯通电网专为自动闭塞装置供电，其经过的车站都有接入点，且负荷较小。

（4）运行环境差，维护困难。部分线路采用电缆传输，电缆一般埋设在地下，所以它受地质、气候的影响较大，日常维护也很困难。

在现有的保护装置下，当发生相间短路时，母线侧断路器跳闸，这会引发大面积停电，扩大故障影响范围。因此，有必要研究和开发新的 10kV 自闭、贯通线路故障的综合分析处理系统，以实现故障区段的自动准确判断和迅速隔离，减小故障影响范围，缩短故障查找时间。

2　自闭、贯通线路故障分析

线路故障一般可分为三大类，即单相接地故障、相间过流故障和断线。在各开关站、变电所及配电所能提供相电压、零序电压、相电流及零序电流互感器的条件下，可判定三相短路（三相接地短路）、

*　本文发表于《西安交通大学学报》2004 年 8 月第 38 卷第 8 期。

两相短路、两相接地短路、单相接地、断线等故障。下面分别讨论其故障特征。

2.1　相间短路

相间短路包括两相相间短路、两相接地短路、三相相间短路、三相接地短路，如图 1 所示。设故障发生在第 J 与第 $J+1$ 个站之间，则其故障特征可归纳为表 1。

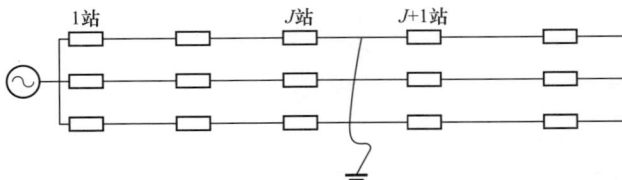

图 1　自闭、贯通线路的故障分析示意图

自闭、贯通线路的短路故障特征　　　　　　　　　　　　　　　　　　　　　　　　　表 1

	故障特征	描述
两相相间短路	$I_1^{(p)}$，$I_2^{(p)}$，…，$I_J^{(p)} \geqslant I_{DZ}$ $I_{J+1}^{(p)}$，$I_{J+2}^{(p)}$，…$<I_{DZ}$，p 为故障相 I_{01}，I_{02}，…$=0$；V_{01}，V_{02}，…$=0$	故障相电压降低，第 J 站（包括 J 站）之前的所有站的故障相有故障电流，之后的站无故障电流
两相接地短路	$I_1^{(p)}$，$I_2^{(p)}$，…，$I_J^{(p)} \geqslant I_{DZ}$ $I_{J+1}^{(p)}$，$I_{J+2}^{(p)}$，…$<I_{DZ}$，p 为故障相 I_{01}，I_{02}，…>0；V_{01}，V_{02}，…$\geqslant U_{DZ}$	故障相电压降低，第 J 站（包括 J 站）之前的所有站的故障相有故障电流，之后的站无故障电流．系统有零序电流 I_{DZ} 和零序电压 U_{DZ}
三相相间短路 三相接地短路	$I_1^{(p)}$，$I_2^{(p)}$，…，$I_J^{(p)} \geqslant I_{DZ}$ $I_{J+1}^{(p)}$，$I_{J+2}^{(p)}$，…$<I_{DZ}$，p 为故障相 I_{01}，I_{02}，…$=0$；V_{01}，V_{02}，…$=0$	故障相电压降低，第 J 站（包括 J 站）之前的所有站的故障相有故障电流，之后的站无故障电流

2.2　单相接地

当无电抗器补偿的系统发生单点直接接地、经过渡电阻的单点接地以及两点异地接地等情况时，可以利用故障点前后零序电流和零序电压呈现相位差相反等特性进行区段判断。系统有电抗器补偿时，故障区段判断必须利用故障点两侧的零序 5 次谐波电压与电流相位差相反的特性。此特性详见表 2。

自闭、贯通线路单相接地故障特征　　　　　　　　　　　　　　　　　　　　　　　　表 2

	故障特征
单相单点直接接地	(1) 故障点后端线路零序电流的大小等于本线路的接地电容电流，故障点前端线路零序电流的大小等于同一母线上所有非故障线路零序电流之和，也是所有非故障线路的对地电容电流之和。 (2) 故障点前端线路零序电流的相位滞后零序电压 $90°$，故障点后端线路零序电流的相位超前零序电压 $90°$
单相单点经过渡电阻接地	(1) 故障点前端线路零序电流的相位滞后零序电压 $90°$，故障点后端线路零序电流的相位超前零序电压 $90°$。 (2) 接地电阻不影响零序电流与零序电压的相位关系，只影响幅值和初始相位角
单相两点（或多点）异地接地	(1) 第 1 个故障点前端线路零序电流的相位滞后零序电压 $90°$，第 2 个或最后一个故障点后端线路零序电流的相位超前零序电压 $90°$。 (2) 两接地点间的零序电流与零序电压的相位差与接地电阻、线路对地电容等有关
中性点经消弧线圈接地 系统单相单点直接接地	中性点经电抗补偿的系统发生单相接地时，网络中零序电流和零序电压的 5 次谐波与不加电抗补偿的系统零序电流和零序电压相位具有相同的特性

3　故障综合处理系统设计

3.1　故障区段检测

各个子站通过对采集到的电流、电压测量值进行分析、计算、比较，由如图 2 所示的 RTU 判定出故障类型，并将故障类型标志与加有时标的故障数据报文一同送往调度中心。调度中心收到故障数据报文后，根据故障的类型选择相应的判据，判定出故障区段。单相接地可根据当时配电系统的工况，选择最优故障区段的判别方案来判断单相接地故障区段。

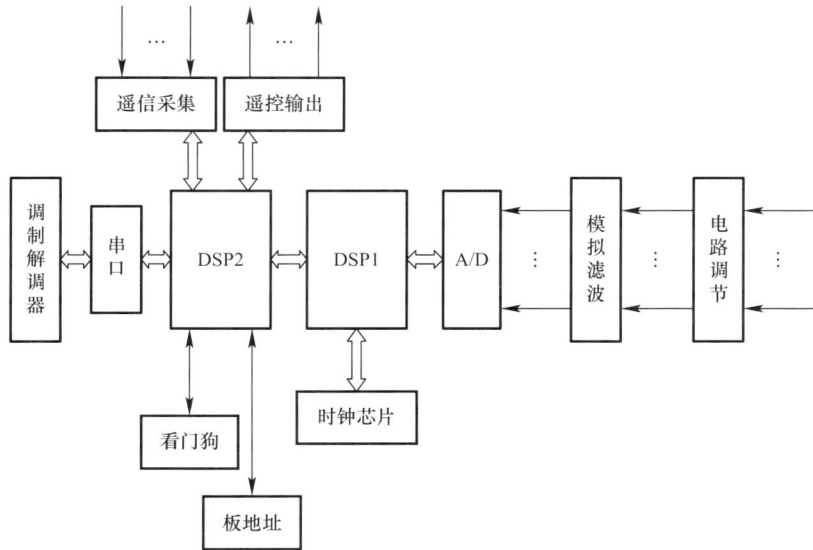

图 2　RTU 体系结构

3.2　故障切除与隔离

对于各种相间（含接地）短路，调度中心根据判断出的故障区段，自动启动相应的程控卡片，操作相应的开关站开关，快速切除故障区段，以保证其他电站正常工作。对于单相接地，在调度中心的调度员工作站上会自动弹出报警窗，对单相接地故障、故障相和故障区段给予声音提示，供调度员选择。

基于以上原理和分析，10kV 自闭贯通线路故障综合处理系统应由调度中心、通信系统和分布于各配电所的 RTU 子站 3 部分组成，整个系统沿用原 SCADA 系统的体系结构。调度中心的典型系统配置如图 3 所示，它可以是环型接线或 T 型接线。

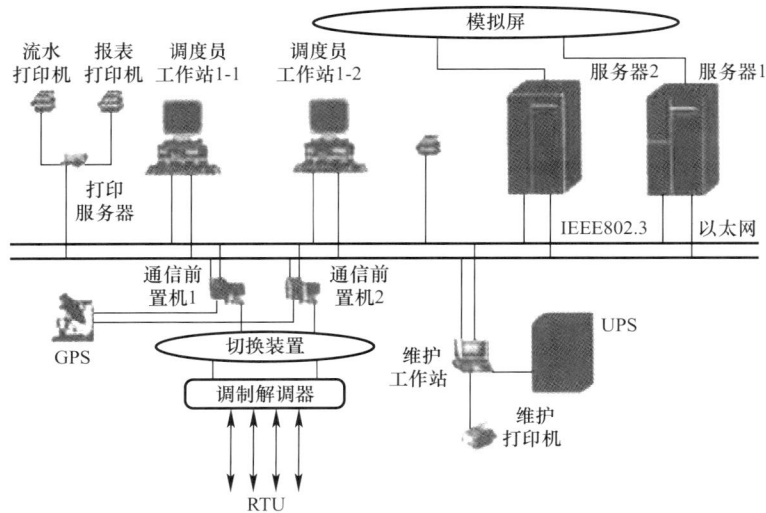

图 3　调度中心的典型系统配置

4　技 术 关 键

4.1　换相算法

由于 10kV 自闭、贯通线路通常为架空传输线，每隔一定距离存在换相操作，这将导致各开关站、配电所的物理相存在不对应问题（见图 4），因此必须建立物理相和参考相的对应关系。为此，特设计如下换相算法。

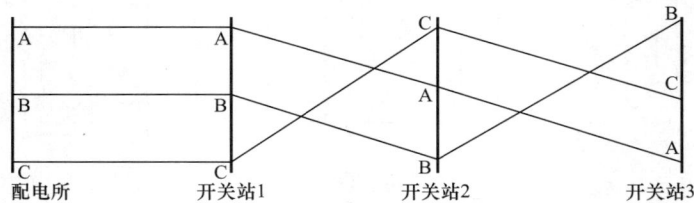

图 4　换相示意图

（1）以配电所为参考，拟订其物理相序（A∖B∖C），其余开关站或配电所的物理换相位置用一矩阵 D 与配电所参考物理相位置值相乘得到，如开关站 1、开关站 2、开关站 3 分别表示为

$$\begin{bmatrix} A(1) \\ B(2) \\ C(3) \end{bmatrix} = \begin{bmatrix} 1 & 0 & 0 \\ 0 & 1 & 0 \\ 0 & 0 & 1 \end{bmatrix} \begin{bmatrix} A(1) \\ B(2) \\ C(3) \end{bmatrix}$$

$$\begin{bmatrix} C(3) \\ A(1) \\ B(2) \end{bmatrix} = \begin{bmatrix} 0 & 0 & 1 \\ 1 & 0 & 0 \\ 0 & 1 & 0 \end{bmatrix} \begin{bmatrix} A(1) \\ B(2) \\ C(3) \end{bmatrix}$$

$$\begin{bmatrix} B(2) \\ C(3) \\ A(1) \end{bmatrix} = \begin{bmatrix} 0 & 1 & 0 \\ 0 & 0 & 1 \\ 1 & 0 & 0 \end{bmatrix} \begin{bmatrix} A(1) \\ B(2) \\ C(3) \end{bmatrix}$$

（2）矩阵 D 可以由单相接地实验或单相故障信息获得，即

$$D = \{d_{ij}\} = \begin{cases} d_{ij} = 1, i = n, j = m \\ d_{ij} = 1, i = \mathrm{mod}[n+1], j = \mathrm{mod}[m+1] \\ d_{ij} = 1, i = \mathrm{mod}[n+2], j = \mathrm{mod}[m+2] \\ d_{ij} = 0, 其他 \end{cases}$$

式中　m 为基准配电所测得的接地相；n 为对应开关站测得的故障相；mod［°］表示对值取模，若该值大于 3 则对 3 取余数。

实测的基准站（示意图中的配电所为 B 相接地或用数字表示为第 2 相接地，$m=2$，$A=1$，$B=2$，$C=3$）为某一开关站 2，测得其第 3 相接地（$n=3$），按算法则有

$$D = \begin{bmatrix} 0 & 0 & 1 \\ 1 & 0 & 0 \\ 0 & 1 & 0 \end{bmatrix}$$

由 D［1　2　3］$^\mathrm{T}$ 可得实际相序［3　1　2］$^\mathrm{T}$，即实际为 B 相接地。

4.2　故障区段判别流程

在系统运行中，由于通道的原因，可能有 RTU 的故障检测信息不能及时准确地传送到调度中心，

为提高系统的容错性和检测能力，特别设计了检测流程，如图5所示。

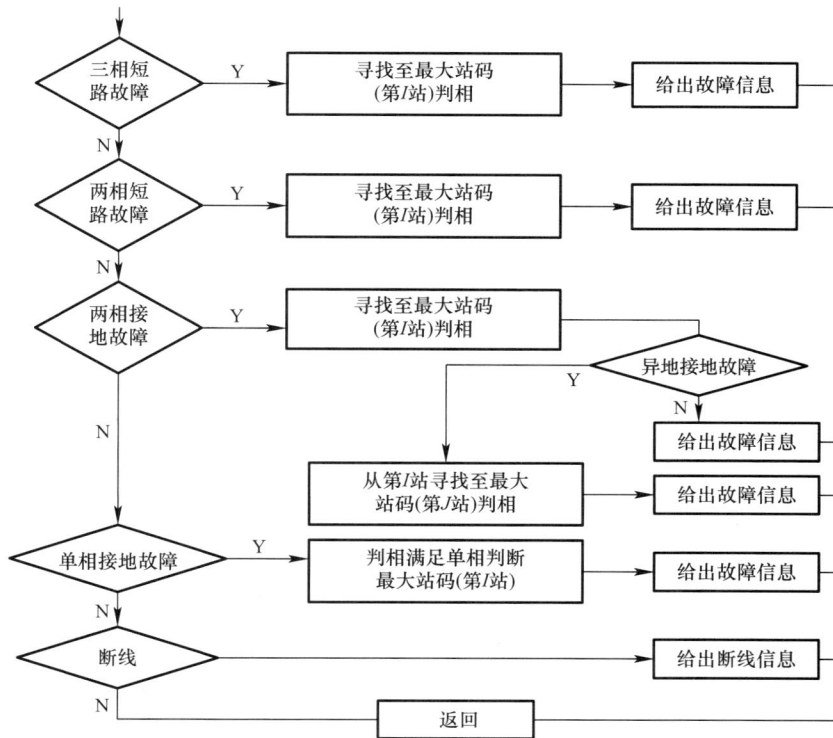

图5　故障位置判断流程

4.3　单相接地

我国现有的小电流接地系统故障选线大多采用基于稳态分量的分析方法，其中：幅值比较法的精度和准确度较低；相位比较法由于时针效应，很可能引起误选；基于零序电流高次谐波（以5次谐波为主）的原理实现故障选线，也因零序电流谐波分量的成分小、易于受干扰等原因，使得选线在实际运行中易发生误判[3,4]。实际的自闭、贯通线路的单相接地故障表明，接地的电容电流的暂态成分往往比稳态分量大几倍或者更多，提取这一突变的暂态特征分量将有助于故障区段的检测。本系统设计的RTU测量单元采用具有高速数字信号处理能力的DSP作为主CPU，它具有强有力的电流电压特征提取能力。除了常规的基于稳态零序电流特征幅值和相位计算检测外，本系统还增加了基于小波分析的暂态特征提取功能。该功能主要利用故障点前一个站和后一个站测得的微弱零序电流、零序电压中的暂态相位部分特征，应用递归小波变换提取不同频段微弱零序暂态电流与电压的相位关系，再将这种关系转换成故障特征量，所有的特征量经通信通道送往调度中心，调度中心用开关站RTU上送的特征信息，结合多种判别方法，给出故障特征。

5　结　　论

铁路10kV自闭、贯通线路是为铁路信号供电的重要电网，对该线路的监视控制、故障检测、故障定位是至关重要的。本文通过对相间短路、单相接地故障等特性的分析，建立了基于各开关站RTU、通信通道、调度主站3部分组成的故障综合处理系统；应用小波分析、信号处理、智能判别等技术，可对故障位置、故障相以及故障类型作出有效、及时、准确的判别。现场运行表明，该系统可大大缩短故障查找时间，显著提高了供电可靠性。

参 考 文 献

[1]　李瑞生，王玉国，熊章学，等. 适用于铁路自动闭塞及电力贯通线路的微机保护的研究 [J]. 继电器，2001，29 (2)：39-41.

[2]　TB 10008—99，铁路电力设计规范 [S].

[3]　肖白，束洪春，高峰. 小电流接地系统单相接地故障选线方法综述 [J]. 继电器，2001，29 (4)：16-20.

[4]　林功平. 配电网馈线自动化解决方案的技术策略 [J]. 电力系统自动化，2001，25 (7)：52-55.

电气化铁路瞬时无功信息检测及动态无功补偿系统[*]

邵华平[1]　　袁佳歆[2]　　陈柏超[2]

（1. 西安交通大学电子与信息工程学院，陕西 西安　710048；2. 武汉大学电气工程学院，湖北 武汉　430072）

摘　要：介绍了采用瞬时无功理论实时检测电气化铁路的无功信息，用快速响应的磁阀式可控电抗器配合并联电容器组快速调节系统的无功功率，可以减小系统无功潮流。该动态无功补偿系统还具有平滑调节无功功率、造价低、可靠性高等优点。

关键词：瞬时无功理论；磁阀式可控电抗器；无功补偿

电气化铁路供电系统的无功补偿，直接关系到运输生产的经济效益。从 1993 年 4 月起，电力部门对电气化铁路牵引用电开始增收功率因数调整电费，并将功率因数考核标准定为 0.9。牵引变电所现有的并联固定电容补偿方式难以使系统达到功率因数 0.9 的标准。以北京铁路局为例，自 1993 年以来，每年交纳功率因数调整电费约 2100 万元，功率因数调整电费已严重影响了企业的经济效益。为此，有必要采用有效的装置和方法实时调节电气化铁路的无功功率，解决功率因数低的问题。

现在比较常用的无功补偿装置是并联固定电容器，而这种方法会向系统倒送无功，而电力部门对无功补偿装置实行"反转正计"，功率因数达不到 0.9。目前动态无功补偿有以下两种：一是开关投切固定电容器组，可是会产生涌流和电磁暂态，造成过电压；二是使用晶闸管控制电抗器，但价格贵，占地面积大，谐波含量大。

本文提出采用瞬时无功理论实时检测无功信息，用快速响应的磁阀式可控电抗器配合并联电容器组的一种全新的动态无功补偿系统，可以满足电力机车运行方式多变、负荷变化快的特点。并且该动态无功补偿系统具有平滑调节无功功率、造价低、可靠性高、产生谐波小等优点。

1　动态无功补偿系统介绍

本动态无功补偿系统由两大部分组成：（1）采用瞬时无功理论可以实时地、快速地检测出系统所需的无功功率；（2）采用改进的可控电抗器配合并联电容器组，能根据检测系统所发出的指令快速地吸收或发出无功功率。

1.1　瞬时无功理论[1]

由于在电气化铁路中都是单相系统，所以在应用瞬时无功理论时要进行一定的变换。本文的思路是由单相系统构造出三相系统。a 相构造方法为电流 i_a 移 60°的方式得到 $-i_c$，$i_b = -i_c - i_a$ 然后经 32 变换后得到 i_a，i_β 的电流。由公式：

$$\begin{bmatrix} p \\ q \end{bmatrix} = \begin{bmatrix} e_a & e_\beta \\ e_\beta & -e_a \end{bmatrix}\begin{bmatrix} i_a \\ i_\beta \end{bmatrix}$$

可得出瞬时有功和无功功率。p，q 又可分为直流分量和交流分量如下公式表示：

$$\begin{bmatrix} p \\ q \end{bmatrix} = \begin{bmatrix} \bar{p} \\ \bar{q} \end{bmatrix} + \begin{bmatrix} \tilde{p} \\ \tilde{q} \end{bmatrix}$$

＊　本文发表于《武汉大学学报（工学版）》2003 年 12 月第 36 卷第 6 期。

在电压波形无畸变情况下，$\bar{p}$，$\bar{q}$ 为基波无功电流与电压作用产生。

$$\begin{bmatrix} \bar{p} \\ \bar{q} \end{bmatrix} = \begin{bmatrix} 3 & EI_1\cos\varphi_1 \\ 3 & EI_1\sin\varphi_1 \end{bmatrix}$$

依据 $\bar{q}$ 和触发角的关系，发出合适的触发脉冲。可控电抗器是由控制晶闸管的导通角来控制电抗器电流的大小，从而控制电抗器的容量，来满足要求。

1.2　磁阀式可控电抗器及特性[2]

磁阀式可控电抗器的铁芯磁路由大面积段和小面积段串联而成。在可控电抗器整个容量调节范围内，大面积段铁芯始终处于磁铁性的未饱和线性区，磁阻相对于小截面段可忽略；小面积段的磁饱和度可设计得接近极限值。此时，可控电抗器所产生的谐波很小，大约为晶闸管控制电抗器所产生谐波的一半。此时容量已达到极限值，所以磁阀式可控电抗器过负荷能力较差，但其特别适合于高压配电网中调压和无功补偿。

图 1 为电气化铁道供电系统和动态无功补偿器接线方式。电力机车进入牵引变电所所辖范围时，固定电容器组充分补偿机车感性无功，可控电抗器的容量调到最小（空载），当电力机车驶出所辖电网以外时，电容向系统倒送无功，此时，迅速调节磁阀式可控电抗器的容量到最大值，以吸收容性无功；在电力机车负荷变化的过程中，可控电抗器快速跟踪补偿剩余容性无功，从而保证了高功率因数。电容器组同时还起着 3 次、5 次以及高次谐波滤波器的作用。

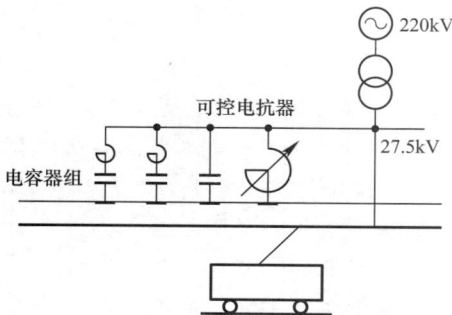

图 1　动态无功补偿器接线方式

1.2.1　伏安特性

图 2 中横坐标为电流基波分量幅值标幺值，基准值为额定电流幅值；纵坐标为电压幅值标幺值，带星号的点为试验值。由图 2 可看出，磁阀式可控电抗器的伏安特性近似为线性，所以能有效地消除其运行时可能产生的参数振荡现象。

1.2.2　谐波特性

由于小截面磁阀饱和，电抗器将产生谐波，磁饱和水平定义为一个电气周期内磁阀所饱和的时间。谐波分析的方法如下：将计算或实测的可控电抗器稳态电流波形采样后，用快速傅立叶变换进行分析，可得到不同触发角时的电流各次谐波含量情况。

图 3 为磁阀式可控电抗器谐波实测情况，横坐标为导通角，纵坐标为 3、5 次谐波电流占基波电流幅值的百分比。可控硅控制电抗器（TCR）所产生的 3 次谐波为 13.78%，5 次谐波为 5.05%。与 TCR 相比，磁阀式可控电抗器产生的谐波较小，大约仅为 TCR 的一半。

图 2　磁阀式可控电抗器伏安特性

1.2.3　控制特性

在额定正弦电源电压下，磁阀式可控电抗器电流幅值（基波）随导通角变化的关系为控制特性。对实验可控电抗器的控制特性进行实测得到如图 6 所示。其中，横坐标为导通角，纵坐标为基波电流幅值的标幺值。由图 4 可得，可控电抗器电流幅值与导通角具有明显的非线性，成近似正弦关系。

1.2.4　响应特性

由于本文所针对的是电气化铁路，负荷变化很快，现有的磁饱和电抗器响应速度大概在秒级。本文所研制的可控饱和电抗器通过强励的方式（改变可控硅的触发导通角）达到以下几个作用：（1）改变控

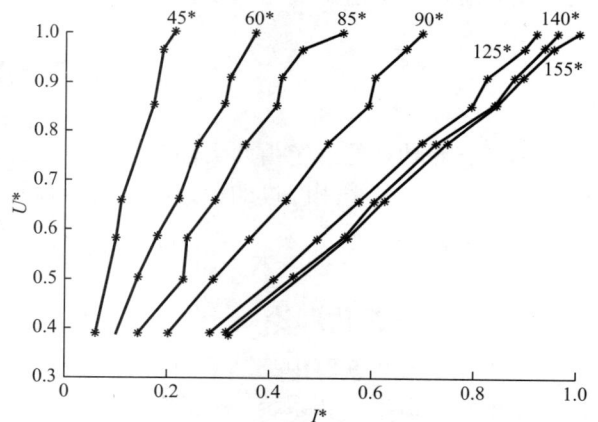

制电流的大小，从而改变铁芯的磁饱和度来平滑地调节可控电抗器的容量。（2）增大控制电压，让铁芯迅速饱和（使装置的响应速度提高到 0.04s），然后改变减小控制电压，使控制电流到额定值。

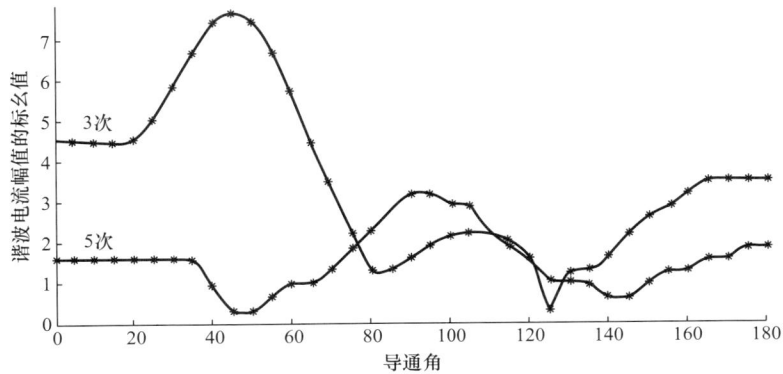

图 3 磁阀式可控电抗器电流谐波实测图

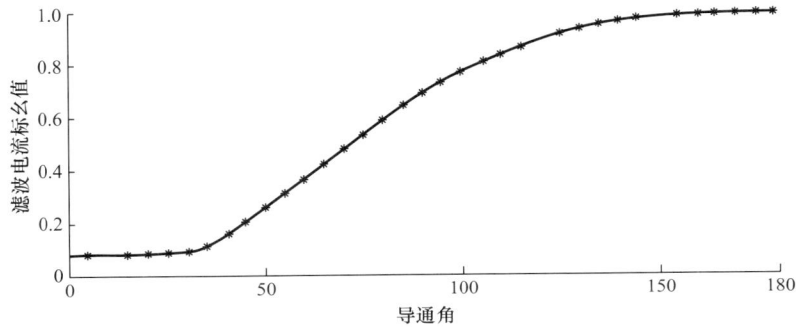

图 4 磁阀式可控电抗器控制特性

由图 5 可知，控制信号从 0 开始在 0.04s 的时间内使可控电抗器迅速饱和。然后改变减小控制电压，根据指令信号平滑地调节可控电抗器的容量。

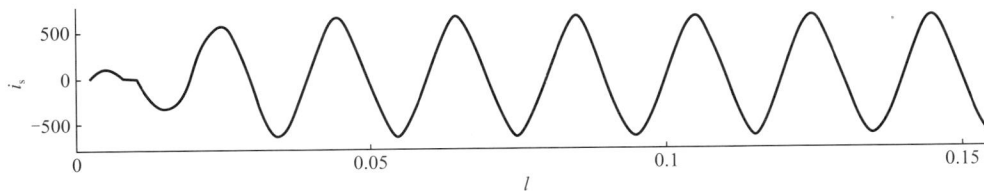

图 5 控制电压与系统电流

2 控 制 回 路

2.1 取信号部分

通过分压器、电流/电压转换电路把电压电流信号取进来，此时信号包含各种干扰，所以在其后加了低通滤波电路。

2.2 采样部分

利用 CPU（80C196KC）的片内 A/D。由于其 A/D 为单极性，所以要用 2.5V 的电压基准 LM385，把峰值为 5V 的交流信号提高为最大值为 5V、最小值为 0V 的直流信号。

2.3　信号输出部分

可控饱和电抗器是通过改变可控硅的触发导通角来改变控制电流的大小，从而改变铁芯的磁饱和度，来平滑地调节可控电抗器的容量。在每个工频周期，都必须发出触发可控硅的脉冲。此时必须准确确定时间基准，我们取电压同步信号，利用过零比较器 LM311，把电压信号变为方波。把方波信号接至 CPU 的 HSI0 脚，采用 HSI0 中断，可在任何希望的时刻触发晶闸管。为了保证强电和弱电的分离，输出信号经过 4N25 光电隔离，再把信号接入晶闸管。

2.4　外部接口

采用 8279 键盘显示接口。通过键盘，可手动调节可控硅的触发角，也可显示无功功率、功率因数、电流、有功功率等值。不使用键盘时，可自动调节可控硅的触发角。

3　仿真试验[3]

依照前面所述的利用瞬时无功检测方法，应用 MATLAB 中 SIMULINK 搭建模块进行仿真。见图 6（a）是系统电压波形峰值为 380V，图 6（b）是未补偿时的系统电流波形，由图可知系统电流滞后系统电压 45°，功率因素为 0.7，图 6（c）是投入本文所研制的可控饱和电抗器后的电流波形，投入动态无功补偿系统后功率因素接近 1，说明本装置能有效地补偿系统中的无功功率。

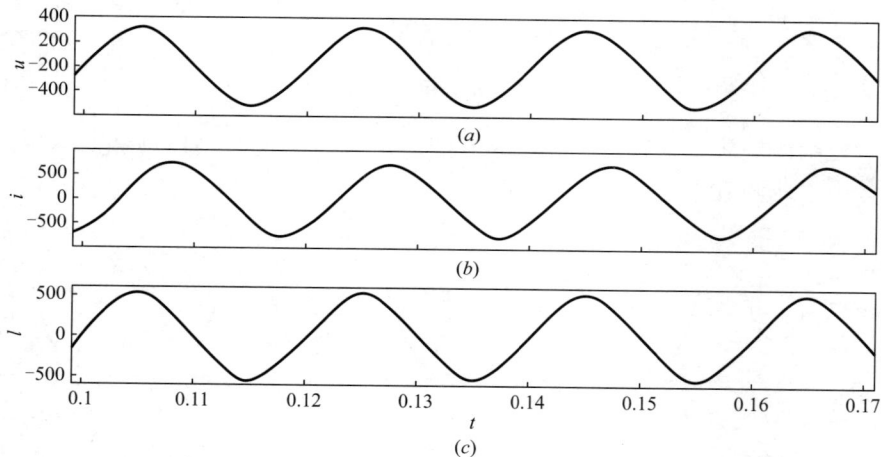

图 6　电压电流波形

以研制出 27.5kV，2400kV·A 可控电抗器的补偿装置样机，并联电容器组为 3000kV·A，将其投入运行取得了十分满意的效果。现场测量表明：无任何补偿时的自然功率因数为 0.75，加固定电容器组补偿后提高到 0.85 左右；加入所研制的可控电抗器补偿装置使功率因数保持在 0.95 的高水平。

4　结　　论

以电抗器为补偿元件，晶闸管为执行元件，用以 80C196KC 为核心的单片机进行控制，并结合瞬时无功理论快速准确的检测出所需的无功，以保证了补偿的快速性、准确性、合理性。实验和样机试运行均表明，该动态无功补偿系统能快速补偿系统无功，使功率因数保持在较高水平，很好地改善了供电质量，提高了供电系统的经济效益。

参 考 文 献

［1］ 王兆安，杨君，刘进军. 谐波抑制及无功功率补偿［M］. 北京：机械工业出版社，1998.

［2］ 陈柏超. 新型可控饱和电抗器理论及应用［M］. 武汉：武汉水利电力大学出版社，1999.

［3］ 朱学军，赖惠鸽，王品. 电气化铁路瞬时无功理论及检测研究［J］，兰州铁道学院学报（自然科学版），2001，21（4）：67-70.

First Anniversary of the Completion of the 250 km/h Contact Network on the Guangzhou-Shenzhen Railway Line[*]

Shao Huaping Huang Chaohua

Shao Huaping and Huang Chaohua, District Deputy Chief and Engineer, Shenzhen Power Supply District, Guangzhou-Shenzhen Railway Co., Ltd.

Abstract: This article reviews the performance of the 250km/h contact network on the Guangzhou-Shenzhen Line over the past year and more.

Key words: Guangzhou-Shenzhen Railway; High-speed railways; contact network

The contact network embodies a key technology which makes high-speed electric train operation possible. Catenary suspension and pantograph compose a complicated vibration system in which the pantograph can be fed properly with high-speed current only when both components meet the specifications. Theoretical studies and actual experience show that the best contact network is one that is low and uniform in elasticity while not sacrificing stability and safety. The contact network on the Guangzhou-Shenzhen line (hereafter referred to as the Guangshen line) is designed for 250km/h operation. The highest speed in actual operation is 200km/h. In August 1999, an electric powered train designed to normally run at 200km/h with 1locomotive and 6 cars reached 223km/h on the Guangshen line in a trial run, the highest speed to date on a Chinese electric railway.

1　Electricity is supplied through a direct supply line plus a return line

The major advantages of using direct supply plus return wire are that this method is simple in structure, requires low investment and is easy to build and maintain. It has great technical and economic advantages compared with other modes.

2　High tension tramway type catenary system

The TJ127+Ris120(20kN+15kN) tramway type autotension catenary suspension system is used in the high-speed section of the Guangshen Line with no mast hangers. The tension is adjusted through large-diameter aluminum pulleys.

Light and strong wire is critical in order for the high-speed pantograph to properly pick up the current. The index which is used to measure this is the velocity of wire fluctuation.

$$Vc = 3.6\sqrt{\frac{T}{P}}(\text{km/h})$$

Where　T——tension of contact wire, N;

　　　　P——Density of contact wire, kg/m.

* 本文发表于《中国铁路》（英文版）2000 年第 1 期。

The ratio between the operation speed V and the fluctuation transmission velocity $Vc\beta = V/Vc$ is normally kept less than 0.7 to attain dynamic current for a high-speed pantograph. As the transmission velocity of wire fluctuation limits the operation speed, a high-speed contact network must be made of light and strong tensile materials. The contact wire used in the Guangshen Line is made of silver-copper alloy with a sectional diameter of 120mm^2, Ris120, tension15kN, fluctuation transmission velocity 426km/h. silver-copper alloy wire is resistant to heat and softening. It is quite suitable for the Guangshen Line, which uses both diesel and electric locomotives in a high temperature zone.

It is important to keep the tension length of the current-carrying catenary and contact wires in a uniform and constant state in high-speed sections. Therefore, light aluminum, large-diameter tension pulleys are used which have high transmission efficiency. The line and the copper current-carrying wires and silver alloy contact wires have the same coefficient of linear expansion so that the hangers will not be deformed when temperatures vary, ensuring that the tension of the catenary and contact wires are uniform and constant throughout the tension length.

Due to poor elasticity at the registration point of the contact line, the pantograph can be knocked off the wire. This is the major defect of the tramway type catenary system. In the Guangshen Line, various measures have been adopted to resolve this problem, such as better arrangement of the mid-point hangers, doing away with mast hangers and contact wire pre-sag. Results so far, however, have not been ideal.

Guangzhou-Shenzhen Electrification Railway

3 Stable supporting structure to withstand strong winds

Because the Guangshen Line is located in an area which is frequently hit by typhoons, the contact network is designed to withstand strong winds. Suspended insulators, pull bars and pressure tubes have been replaced by stiff rod insulators in arm installations and (60 tube horizontal arms (in some sections on overlap transition masts (76extra-strong arms were used), capable of tolerating the tension and pressure. Two additional supporting tubes, added to better withstand winds. together with the horizontal arm, skew arm and locating tube, form 2triangles, improving greatly the stability of the whole arm supporting structure.

In addition, the widely used hard cross beam-hanger posts, reinforced concrete round masts and new type of foundation are all playing an important roll in improving the stability of the catenary suspension.

4 Long bow-shaped steadying arm with great upward range

Bow-shaped steadying arm and long, column-shaped locating device are used in high-speed sections. The specially designed bow-shaped steadying arm enables the high-speed pantograph to have a large lateral range of swing and a large upward range (allowable△h of 400mm, as shown in Fig 1). Moreover, the concentration of the load of the contact wire is reduced by using a light aluminum alloy, which allows the pantograph to pass the points smoothly. In addition, the long steadying arm permits a small amount of error in the contact point of the contact wire (a 200mm is allowed on the Guangshen Line), assuring safe pantograph operation.

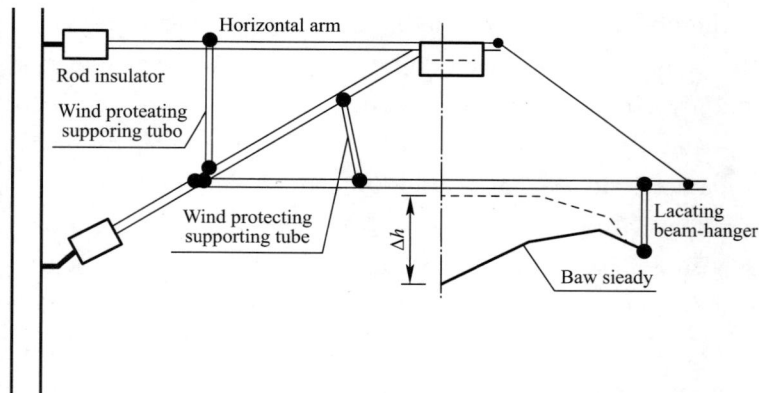

Fig 1　Sketch of arm supporting structure used on the Guangshen line

5　Phase splitting accomplished automatically by motion of train as it passes joints between insulating sections

The phase is split into 2 insulated section joints with a neutral section between them. The no-current area is about 120-160m long. In this area, a ground magnet sets off a signal and the phase splitting is accomplished automatically throught the motion of the train. This greatly reduces the amount of equipment needed for ground facilities and the contact network, thus reducing the amount of required investment. However, the disadvantages are that the distance the train travels without electricity is too long and the pantograph arcs twice when sliding across the live wire section then no-current section and then the other live wire section. Though the arc is a capacitive current which is small in value, it may cause the pantograph plate and the contact wire to suffer burns and serious erosion if arcs occur repeatedly at a fixed location over a long period of time. The impact on the contact wire in the long term needs further observation.

6　No scissors in overhead crossing

The Guangshen line is the first railway line in China to eliminate scissors in overhead crossings. An appropriate amount of stagger between the main track and the side track and a proper height for the contact wire on the side track ensure that the pantograph can pass over from the main track without touching the contact wire on the side track. At the same time, the angle guide enables the pantograph to pass smoothly from the main track to the side track or from the side track to the main track. The no-scissor arrangement overcomes the problem of poor elasticity of the scissors in overhead crossings. It permits the pantograph to pass over from the main track at a high speed without touching the contact wire on the side track, thus preventing pantograph accidents. The adjustment of the amount of stagger and the height of overhead crossings must be very precise.

7　Solid hangers with light and non-screw clips

Some new technologies and new materials have been applied in the Guangshen Line, including pressure welded solid hangers, light, non-screw clips and stainless steel check screws, nuts and washers on arms. These have greatly simplified daily maintenance work, making it possible reduce or even eliminate maintenance, and also helps promote repair of the contact network only as needed. Experience has shown that the application of these new technologies, new materials and new methods has been a success.

The "New Speed" train, which reaches speeds as high as 200km/h, was put into operation on August 20, 1998 on the Guangshen Line and has been running safely for over a year now. The contact network was tested in June and August of 1999 using the contact network test train of the China Academy of Railway Sciences of the Ministry of Railways of China. The outcomes of these tests showed that the height guides, the amount of stagger, the hard points and the off line rate met the Ministry's standards. Moreover, when it was hit by the strong winds of typhoon no. 9908, there was no breakdown of the pantograph. This was sure proof of the high quality of the track and the pantographs used for the electric locomotives.

The contact network was also tested with the Chinese-made 200km/h electric train. Naturally, since only 7electric locomotives were run in both directions initially, the pantographs were not adequately tested and the power supplied only amounted to 1. 6 million kWh/mon. There are still some problems in terms of protection against voltage surges and atmospheric voltage effects. Although some technical improvements have been made, the trip rate per section is still much higher than the set limit for safety as stipulated by the Ministry of Railways of China. This is also related closely to the special natural conditions along the southeastern coast of China which is often subject to lightning storms.

多小波的构造与应用[*]

邵华平¹　覃　征¹　钱清泉²

（1. 西安交通大学电子与信息工程学院，中国 西安　710049；2. 西南交通大学电子与信息工程学院，中国 成都　610031）

摘　要： 介绍了多小波的产生过程；接着分别从多小波的多分辨分析、性质、分解与重构三个方面介绍了多小波的基本理论；然后介绍了几种多小波的构造方法和多小波的应用。

关键词： 多小波；多小波构造；预/后滤波器

1　多小波的产生

多小波（Multiwavelet）理论是近几年来在小波理论基础之上发展起来的一种新的小波构造理论。为了与多小波相区别，原来传统意义上的小波被称为单小波（uniwavelet）或标量小波（scalar wavelet）。我们知道，对称性、正交性、短支撑性、高阶消失矩是信号处理中十分重要的性质，Daubechies 中证明实系数单小波不能同时具有这些性质，这限制了小波的应用，而多小波可以同时具有这些性质，这是单小波所无法比拟的。正是多小波这些独特优势引起了许多科研人员的极大关注，使多小波理论在近几年迅速发展起来并得到了广泛应用。

对于多小波的较早研究是由 Goodman，Lee 和 Tang 在 1993 年开始的[1]。1993 年 Alpert 构造出了最早的多小波，它是用来作为某些多项式表达式的基底的多项式小波。Goodman 和 Lee 在［2］中建立了尺度函数和小波函数的属性，构造了具有多节点的样条小波。Goodman 在［3］中构造了满足一定插值条件的多小波。1994 年，Geronimo 等人应用分形插值方法构造出了具有短支撑、正交性、对称性和二阶消失矩的多小波中两尺度函数[4]。1996 年，Geronimo 等人再次应用分形插值方法构造出了多小波中两多小波函数[5]。我们一般把［5］中构造的多小波称为 GHM 多小波。Chui 和 Lian 利用多小波的正交性、紧支撑性、对称性和插值性构造出了二重多尺度函数和多小波函数[6]。Mariantonia Cotronei 等人利用 Hurwitz 块矩阵和 Gram 矩阵构造出了半正交多小波[7]。Jiang 利用视频分析中的窗函数的性质，构造出了具有最优时频分辨率的二重多小波[8,9]。为了解决多小波处理中的预滤波问题，Lebrun 和 Vetterli 提出了平衡多小波（Balanced multiwavelet）这一新的概念，并与非平衡多小波进行了比较，给出了较好的结果[10]。Lebrun 和 Vetterli 在［11］提出了高阶平衡多小波理论、因式分解和设计方案。对于平衡多小波的研究，Selesnich 也作了大量研究工作[12]。国内目前对多小波的研究主要是程正兴教授等人所做的工作[13~15]。

2　多小波的基本理论

2.1　多小波的多分辨分析

在小波分析中，一个多分辨分析是由一个尺度函数生成，由一个小波函数平移与伸缩构成 $L^2(LR)$ 空间的基。多分辨分析在单小波变换中起着重要作用，类似地，多小波分析中也存在多分辨分析[1,2]，

＊　本文发表于《湖南师范大学自然科学学报》2005 年 3 月第 28 卷第 1 期。

它对于多小波变换也非常重要。若一个多分辨分析是由多个尺度函数生成，相应的由多个小波函数平移与伸缩构成 $L^2(IR)$ 空间的基，这些小波函数被称作多小波。

令 $\Phi(t) = [\varphi_1(t), \varphi_2(t), \cdots, \varphi_r(t)]^T$，$\varphi_1 \in L^2(IR)$，$l = 1, 2, \cdots, r$，$r \in N$ 是多分辨分析空间 $\{V_k\}_{k \in z}$ 的正交多尺度函数，与其对应的正交多小波函数 $\Psi(t) = [\psi_1(t), \psi_2(t), \cdots, \psi_r(t)]^T (r \in N)$，满足其平移和伸缩 $\Psi_{j,k} = \{\psi_1(2^{-j}x - k), \cdots, \psi_r(2^{-j}x - k)\}^T$，$(j, k \in Z)$ 形成正交补子空间的正交基，即 V_j 在 V_{j+1} 中的补子 W_j 空间。多尺度函数 $\Phi(t)$ 满足如下两尺度矩阵方程

$$\Phi(t) = \sum_{k=0}^{M} P_k \Phi(2t - k) \tag{1}$$

其中 $\{P_k\}$，$(k = 0, 1, \cdots, M)$ 是 $r \times r$ 维矩阵，两尺度矩阵方程的频域表示为

$$\Phi'(\omega) = P(\omega/2)\Phi'(\omega/2) \tag{2}$$

其中 Φ'_ω 表示多尺度函数中对每个分量 Fourier 变换后的矩阵函数，$P(\omega) = \dfrac{1}{2}\sum_{k \in Z} P_k e^{-j\omega k}$ 称为两尺度矩阵符号。

同理，多小波函数也满足相应的两尺度矩阵方程

$$\Psi(t) = \sum_{k=0}^{M} Q_k \Phi(2t - k) \tag{3}$$

$$\Psi'(\omega) = Q(\omega/2)\Phi'(\omega/2) \tag{4}$$

根据（2），可知

$$\Psi'(\omega) = P_\infty(\omega)\Phi'(0) = \prod_{i=1}^{\infty} P[e^{j(\omega/2^i)}]\Phi'(0) \tag{5}$$

若 $P(0)$ 满足条件 E，上式收敛，则可以得到相应的多尺度函数 $\Phi(t)$。

2.2 多小波的性质

1）对称性/反对称性。若 $r = 2$，多尺度函数 Φ 构成多分辨分析的空间，$\mathrm{supp}\varphi_i = [a_i, b_i] \subseteq [0, N]$，$P(\omega)$ 为对应的两尺度符号。当且仅当满足 $P_{ij} = (-1)^{i-j} Z^{2(a_i+b_i)-(a_j+b_j)} P_{ij}(z^{-1})$ 时，φ_0 是对称的，φ_1 是反对称的，即 $\varphi_i(t) = (-1)^i \varphi_i(a_i + b_i - t)$，$i = 0, 1$。

对称性/反对称性可以使滤波器具有线性相位或广义线性相位[12]，从而避免在小波分解和重构时产生的失真。

2）正交性。由多小波的正交性可知[2]

$$\begin{aligned} P(\omega)P^*(\omega) + P(\omega+\pi)P^*(\omega+\pi) &= I_r \\ P(\omega)Q^*(\omega) + P(\omega+\pi)Q^*(\omega+\pi) &= O_r \\ Q(\omega)Q^*(\omega) + Q(\omega+\pi)Q^*(\omega+\pi) &= I_r \end{aligned} \tag{6}$$

其中，符号 $*$ 表示复共轭转置。上式的第一项保证多尺度函数之间的正交，第二项保证多尺度函数与多小波函数之间的正交，第三项则保证多小波函数之间的正交。多小波的正交性可以保持能量恒定，其构成的基在实际应用中无冗余，减少了计算量。

3）短支撑性。若 φ_i 的支撑为 $[0, i]$，则意味在区间 $[0, i]$ 之外，φ_i 的值为零，在处理边界问题时，这非常有用。而且如果多小波中尺度函数具有短支撑时，可以避免因截断产生的误差。另外，短支撑的小波对应的滤波器是有限脉冲响应的滤波器，使得相应的快速小波变换的和是有限的。

4）高阶消失矩。我们知道，定义 $L_r \int_R t^r \psi(t) \mathrm{d}t$ 为基本小波 $\psi(t)$ 的第 r 阶小波矩，如果对所有的 $0 \leqslant m \leqslant M$，有 $L_m = 0$，则称基本小波 $\psi(t)$ 具有 M 阶消失矩。消失矩越高，频域的局部化能力越强，光滑性越好。所有小波都具有一阶消失矩，为了更好地对线性函数进行重构，要求多小波至少具有二阶消失矩。

2.3 多小波的分解与重构

令 $f \in V_J$，V_J 是由 $\varphi_{l,j,k} = 2^{j/2} \varphi_l(2^j t - k)$，$l = 1, 2, \cdots, r$，$r \in N$，$k, j \in Z$ 线性张成的闭集，根据正交多分辨分析，则有

$$f(t) = \sum_{l-1}^{r} \sum_{k \in Z} c_{l,J,k} \varphi_{l,J,k}(t) = \sum_{l-1}^{r} \sum_{k \in Z} C_{l,J_0,k} \varphi_{l,J_0,k}(t) + \sum_{l-1}^{r} \sum_{J_0 \leqslant j < J} \sum_{k \in Z} d_{l,j,k} \psi_{l,j,k}(t) \quad (7)$$

这里，$J_0 < J$，$c_{l,j,k} = \int f(t) \varphi_{l,j,k}(t) \, \mathrm{d}t$，$d_{l,j,k} = \int f(t) \psi_{l,j,k}(t) \, \mathrm{d}t$，令 $c_{j,k} = (c_{l,j,k}, \cdots, c_{r,j,k})^T$，$d_{j,k} = (d_{l,j,k}, \cdots, d_{r,j,k})^T$，则有

$$c_{j-1,k} = \sqrt{2} \sum_n P_n c_{j,2k+n}, d_{j-1,k} = \sqrt{2} \sum_n Q_n c_{j,2k+n} \quad (8)$$

$$c_{j,n} = \sqrt{2} \sum_k (P_k^* c_{j-1,2k+n} + Q_k^* d_{j-1,2k+n}) \quad (9)$$

那么，对于所有系数的决定仅需要有系数 $C_{l,0,k}$ 即可。

3 多小波的构造

多小波的构造主要是指对其中多尺度函数和多小波函数的构造，正如前面所介绍的，多小波的构造方法比较多，一般可以利用多小波的正交性、对称性、短支撑性和逼近阶次来构造相应的多尺度函数和多小波函数。下面简单介绍几种常见多小波的构造方法。

3.1 GHM 多小波的构造

GHM 多小波的两尺度函数是由 Geronimo 等人应用分形插值方法在 1994 年构造的[4]，1996 年他们再次应用分形插值方法构造出了多小波中两多小波函数[5]。我们这里介绍一种不采用分形插值方法由 GHM 两尺度函数构造两多小波函数的方法。

我们知道，尺度函数和正交小波可以通过一低通和高通滤波器的系数构造，对于多滤波器，这些系数为矩阵。在时域中，一个滤波器可以由一具有常对角（Toeplitz 矩阵）无限矩阵表示，令 L 表示该矩阵的上半部分，即低通部分

$$L = \frac{1}{\sqrt{2}} \begin{bmatrix} \circ & \circ & \circ & & & \\ & c_0 & c_1 & c_2 & c_3 & \\ & & & c_0 & c_1 & c_2 & c_3 \\ & & \circ & & \circ & \circ & \circ \end{bmatrix}. \quad (10)$$

根据 GHM 多小波的性质，可知 $LL^T = I$，利用系数 c, d，滤波器可以完全重构，定义如下有限正交矩阵

$$\begin{bmatrix} L \\ B \end{bmatrix} = \frac{1}{\sqrt{2}} \begin{bmatrix} c_0 & c_1 & c_2 & c_3 & & \\ & & c_0 & c_1 & c_2 & c_3 \\ \circ & \circ & \circ & \circ & \circ & \circ \\ d_0 & d_1 & d_2 & d_3 & & \\ & & d_0 & d_1 & d_2 & d_3 \end{bmatrix}. \quad (11)$$

为了使整个系统正交，必须 $LB^T = 0$，$BB^T = I$

接着在频域中考虑，一直接的方法是交替 c, d（这对正交性无影响），产生块 Toeplitz 矩阵 T

$$T = \frac{1}{\sqrt{2}} \begin{bmatrix} c_0 & c_1 & c_2 & c_3 & & \\ d_0 & d_1 & d_2 & d_3 & & \\ & & c_0 & c_1 & c_2 & c_3 \\ & & d_0 & d_1 & d_2 & d_3 \end{bmatrix} \quad (12)$$

这些块自动具有多相形式

$$h(0) = \begin{bmatrix} c_0 & c_1 \\ d_0 & d_1 \end{bmatrix}, h(1) = \begin{bmatrix} c_2 & c_3 \\ d_2 & d_3 \end{bmatrix}$$

当 $h(0)h(0)^T + h(1)h(1)^T = 2I$，$h(0)h(1)^T = 0$ 时，该 Toeplitz 矩阵 T 正交。在 Z 域中，根据 Vaidyanathan 的分解方法

$$H(z) = \begin{bmatrix} L(z) \\ B(z) \end{bmatrix} = \begin{bmatrix} L(1) \\ B(1) \end{bmatrix} [U(z)] \tag{13}$$

其中 $U(z)$ 为一仿酉矩阵，在特定的例子中，从 $L(z)$ 可以计算 $H(z)$，多小波函数的系数可以由 $B(z)$ 中获得。

GHM 多小波的两尺度函数的支撑分别为 $[0，1]$，$[0，2]$；两小波函数 ψ_1，ψ_2 的支撑均为 $[0，2]$，4 个函数的波形分别如图 1 所示。

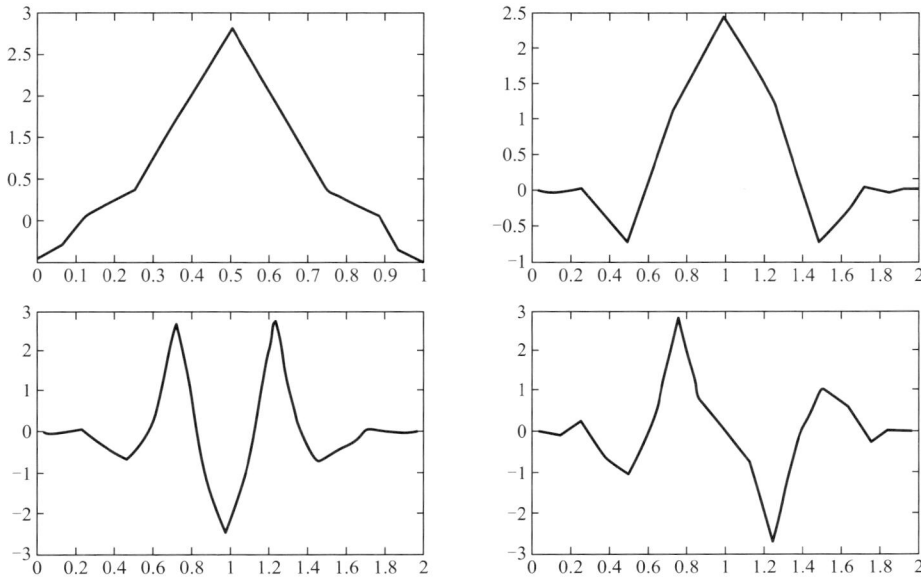

图 1　GHM 多小波

3.2　Chui 多小波的构造

Chui 和 Lian 在 1996 年利用多小波的正交性、紧支撑性、对称性和插值性构造出了二重多小波。其基本构造原理如下[6]：

首先，要求 r 重多尺度函数满足 Hermite 插值条件：

$$\varphi^{(j-1)}(k + k_0) = \varphi_j^{(j-1)}(k_0)\delta_{k,0e_j} \tag{14}$$
$$\varphi_j^{j-1}(k_0) \neq 0, 1 \leqslant j \leqslant r$$

这里，$e_1 = (1，0，\cdots，0)^T$，$\cdots$，$e_r = (0，0，\cdots，1)^T$，k_0 为满足 $1 \leqslant k_0 \leqslant M-1$ 的某个正整数，则有

$$P_{2k+k_0} = \delta_{k,0}P_{k_0}, k \in Z \tag{15}$$

这里，$P_{k_0} = \mathrm{diag}(1，1/2，\cdots，1/2^{r-1})$

接着，根据系统的正交性，有

$$\sum_{i \in Z} P_i P_{i+2k}^T = 2\delta_{k,0}I_r, \sum_{i \in Z} P_i Q_{i+2k}^T = 0, \sum_{i \in Z} Q_i Q_{i+2k}^T = 2\delta_{k,0}I_r \tag{16}$$

若 r 重多尺度函数满足 $k_0 = 1$ 时的 Hermite 插值条件和两尺度关系 $\varphi(t) = P_0\varphi(2t) + P_1\varphi(2t-1) + P_2\varphi(2t-2)$，那么根据（12）求出 P_1，而且 $P_2 = S_r P_0 S_r$，$S_r = \mathrm{diag}(1，-1，\cdots，(-1)^{i-1})$，则可以得到

$$P_0 P_2^T = 0, P_0 P_0^T + P_2 P_2^T = \mathrm{diag}(1, 2-1/4, \cdots, 2-1/4^{r-1}) \tag{17}$$

最后，若 $\{P_0，P_1，P_2\}$ 满足上述条件，则多小波函数 $\psi(x)=Q_0\varphi(2x)+Q_1\varphi(2x-1)+Q_2\varphi(2x-2)$ 可以通过 $Q_0=DP_0$，$Q_1=-D^{-1}P_1$，$Q_2=DP_2$，$D=\mathrm{diag}(1/\sqrt{2^l-1}\cdots，1/\sqrt{2^r-1})$ 获得。

在区间 $[0，2]$ 上的 Chui 正交多小波中，φ_1，φ_2 的支撑均为 $[0，2]$；ψ_1，ψ_2 的支撑均为 $[0，2]$，4 个函数的波形分别如图 2 所示。

在区间 $[0，3]$ 上的 Chui 正交多小波中，φ_1，φ_2 的支撑均为 $[0，3]$；ψ_1，ψ_2 的支撑均为 $[0，3]$，4 个函数的波形分别如图 3 所示。

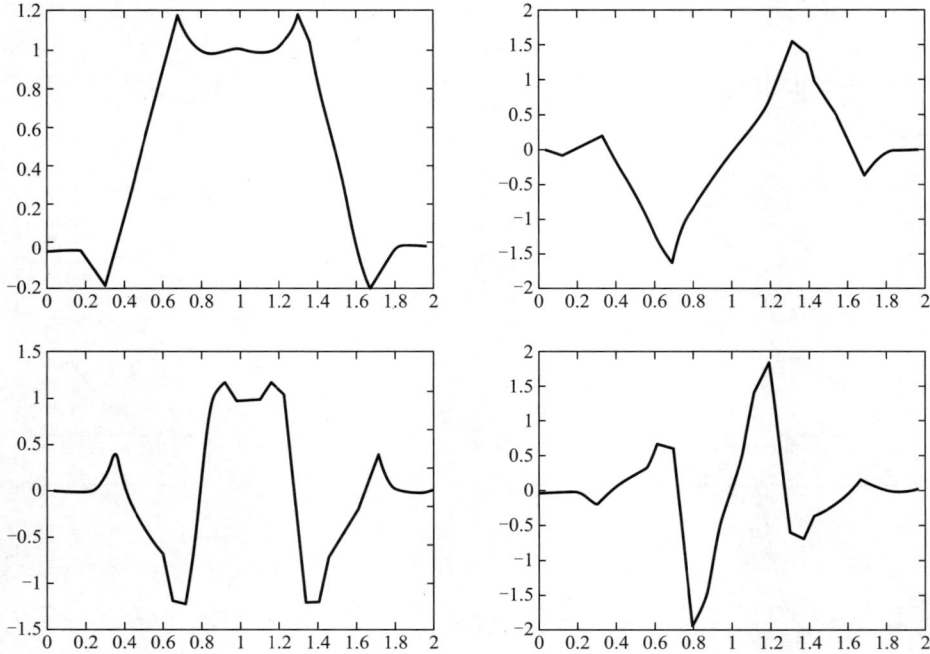

图 2　Chui 多小波 $[0，2]$

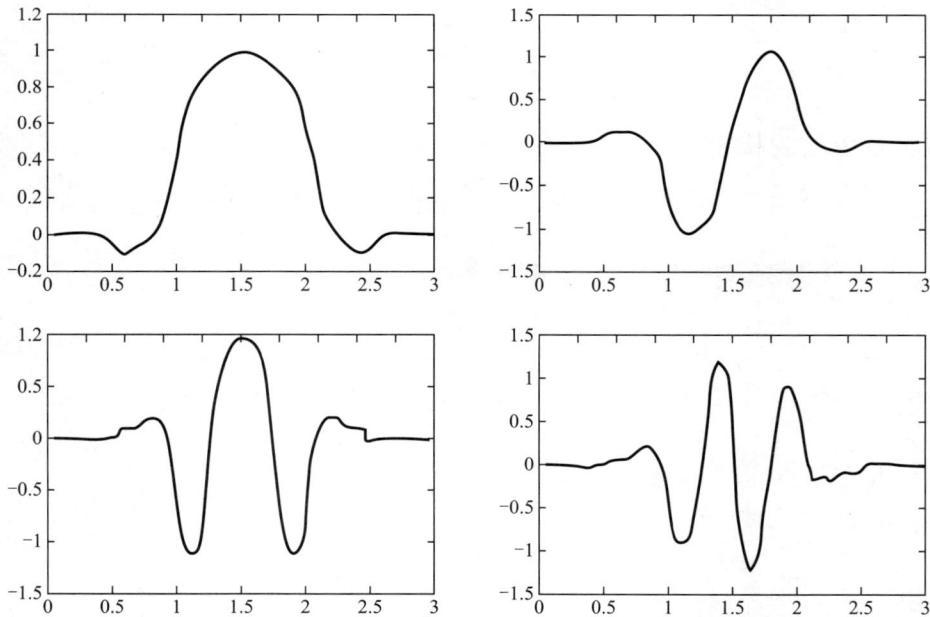

图 3　Chui 多小波 $[0，3]$

3.3 Hermite 三次 B 样条多小波的构造

1998 年，Mariantonia Cotronei 等人利用 Hurwitz 块矩阵和 Gram 矩阵构造出了半正交多小波（semi-orthogonal multiwavelets），其基本构造原理如下[7]。

首先，给定 Hermite 三次 B 样条多尺度函数的两尺度系数。引入多尺度函数 Hurwitz 块矩阵和 Gram 矩阵，令 $P(z) = \frac{1}{2} \sum_{k \in Z} P_k z^k$ 为 Φ 的两尺度符号，$P = [P_{j-2i}]_{i,j \in Z}$ 为一双无限 Hurwitz 块矩阵，两尺度关系可以写为：$\Phi(t) = P\Phi(2t)$，这里 P 被称为与 Φ 相关的两尺度矩阵。Gram 矩阵 $F = \langle \Phi(°), \Phi(°) \rangle = [\langle \Phi(°-i), \Phi(°-j) \rangle]_{i,j \in Z}$，为一 Toeplitz 块矩阵。再引入多小波函数 Hurwitz 块矩阵和 Gram 矩阵。令 $Q(z) = \frac{1}{2} \sum_{k \in Z} Q_k Z^k$ 为 Ψ 的两尺度符号，$Q = [Q_{j-2i}]_{i,j \in Z}$ 为两尺度矩阵，相应的 Gram 矩阵为 G。

接着，根据多尺度函数 Φ 和多小波函数 Ψ 的关系，有下面分解公式

$$\varphi(2t-1) = \sum_{k,l \in Z} [A_{l-2k}^T \varphi(t-k) + B_{l-2k}^T \psi(t-k)] \tag{18}$$

记 $A = [A_{j-2i}]_{j,i \in Z}$，$B = [B_{j-2i}]_{j,i \in Z}$，则可得到

$$\Phi(2t) = A^T \Phi(t) + B^T \Psi(t) = A^T P \Phi(2t) + B^T Q \Phi(2t) \tag{19}$$

最后，根据 Mariantonia Cotronei 提出的定理，当 $r=2$ 时，尺度函数的两尺度系数 $\{P_k\}$ 和 Gram 矩阵 $\{F_k\}$ 已知，令 $E_j = \sum_{i=0}^{2} P_i F_{j-i}$，$j = -1, 0, \cdots, 3$，则可以通过下式求出对应多小波的两尺度系数 $\{Q_k\}$，$k = 0, 1, \cdots, 4$。

$$\begin{bmatrix} E_3 & E_2 & 0 & 0 & 0 \\ E_0 & E_1 & E_2 & E_3 & 0 \\ 0 & 0 & I & 0 & 0 \\ & E_{-1} & E_0 & E_1 & E_2 \\ & & & E_{-1} & E_0 \end{bmatrix} \begin{bmatrix} Q_0^T \\ Q_1^T \\ Q_2^T \\ Q_3^T \\ Q_4^T \end{bmatrix} = \begin{bmatrix} 0 \\ 0 \\ I \\ 0 \\ 0 \end{bmatrix} \tag{20}$$

Hermite 三次 B 样条多小波中，φ，φ_2 的支撑均为 $[0, 2]$；ψ_1，ψ_2 的支撑均为 $[0, 3]$，4 个函数的波形分别如图 4 所示。

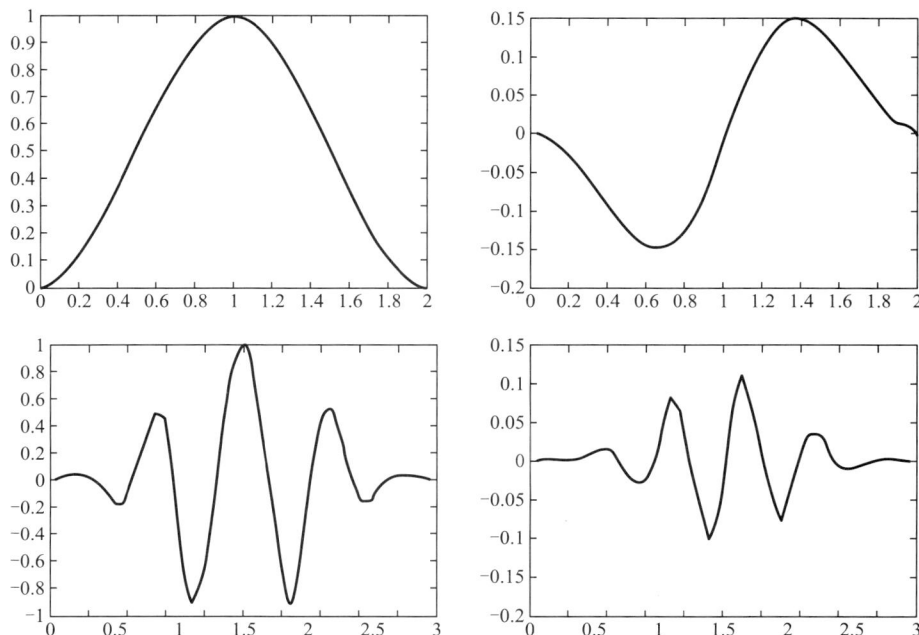

图 4 Hermite 三次 B 样条多小波

4　多小波的应用

自从多小波理论出现以来，其在理论上所表现出来的独特优势，不仅迅速成为新的研究热点，而且它的应用得到了人们的广泛重视．目前多小波理论的应用领域主要集中在信号处理方面，包括一维信号处理和二维信号处理（图像处理）。但是多小波理论在实际应用中面临一个现实问题：多小波与单小波不同，多小波系统实际上是一个多输入多输出系统（MIMO）。为了解决该问题，一般采用的方法是对信号的预/后处理技术，即在处理信号前，矢量化初始数据，使其进入塔式算法的输入变为 r 维数据，在信号重构时把 r 维数据合成原维数的数据。

多小波在一维信号处理中的应用，包括一维信号的去噪和压缩等[7,11]。多小波在图像处理中应用，包括图像的去噪和压缩等。

另外，多小波与神经网络结合也被人们所研究，Licheng Jiao 等人在多小波分析的基础上提出了多小波网络，通过理论分析和数字仿真证明该网络具有更好的逼近性能[15]。

参 考 文 献

[1] GOODMAN T N T，LEE S L，TANG W S. Wavelets in wandering subspaces [J]. Trans Amer Math Soc，1993，338：639-654.

[2] GOODMAN，T N T，LEE S L. Wavelets of multiplicity r [J]. Trans Amer Math Soc，1994，342：307-324.

[3] GOODMAN T N T. Interpolatory Hermite spline wavelets [J]. J Approx Theory，1994，78：174-189.

[4] GERONIMO J S，HARDIN D P，MASSOPUST P R. Fractal functions and wavelet expansion based on several scaling functions [J]. J Approx Theory，1994，78：373-401.

[5] GERONIMO J S，HARDIN D P，MASSOPUST P R. Construction of orthogonal wavelets using fractal interpolation functions [J]. SIAM J Math Anal，1996，27，1158-1192.

[6] CHUI C K，LIAN J A. A study of orthonormal multi-wavelets [J]. Appl Numer Math，1996，20（3）：273-298.

[7] MARIANTONIA COTRONEI，LAURA B，MONTEFUSCO. Multiwavelet analysis and signal processing [J]. IEEE Trans：on Circuits and Systems-Ⅱ：Analog and Digital Signal Processing，1998，45（8）：970-987.

[8] QINGTANG JIANG. Orthogonal multiwavelet with optimum time-frequency resolution [J]. IEEE Trans，on Signal Processing，1998，46（4）：830-844.

[9] QINGTANG JIANG. On the design of multifilter banks and orthogonal multiwavelet bases [J]. IEEE Trans，on Signal Processing，1998，46（12）：3292-3303.

[10] JEROME LEBRUN，MARTIN VETTERLI. Balanced multiwavelet theory and design [J]. IEEE Trans，on Signal Processing，1998，46（4）：1119-1124.

[11] JEROME LEBRUN，MARTIN VETTERLI. High-order balanced multiwavelet：theory，factorization and design [J]. IEEE Trans，on Signal Processing，2001，49（9）：1918-1930.

[12] IVAN W，SELESNICH. Multiwavelet bases with extra approximation properties [J]. IEEE Trans，on Signal Processing，1998，46（11）：2898-2908.

[13] LICHENG JIAO，JIN PAN，YANGWANG FANG. Multiwavelet neural networks and its approximation properties [J]. IEEE Trans，on Neural Network，2001，12：1060-1066.

[14] 程正兴，张玲玲. 多小波分析与应用 [J]. 工程数学学报，2001，18（1）：99-107.

[15] 程正兴，杨守志，张玲玲. 多小波理论发展与研究 [J]. 工程数学学报，2001，18（3）：1-16.

分布式数据库技术在铁路局供电管理中的应用[*]

邵华平[1]　覃　征[1]　游诚曦[2]

（1. 西安交通大学 电子与信息工程学院，陕西 西安　710049；2. 广深铁路股份有限公司，广东 广州　510000）

摘　要： 郑州铁路局在电气化铁道的供电系统中应用"铁路牵引供电管理信息系统"（EMIS）实现了联网管理、信息共享。对于这种异地数据的应用处理面临着数据同步、数据共享、并行处理、数据传输等 4 个主要问题，为此 EMIS 采用了适合于现有网络条件的分布式数据库技术。在分析分布式数据库面临的安全问题的基础上，介绍了 EMIS 采用的安全保密措施，并针对其不足提出了有关建议措施。

关键词： 分布式数据库；铁路局；供电系统；信息系统；管理

　　铁路电气化是实现铁路运输高速、重载的必由之路，也是铁路现代化的重要标志。电气化铁道的牵引供电系统是保障供电设备正常运转和铁路运输安全的重要部门。信息时代计算机网络技术的飞速崛起冲击了人们习以为常的旧有观念，快速、可靠、高效业已成为现代化管理的关键词。用信息化、现代化的管理方法，"向技术要安全，向管理要安全"成为供电系统工作的必由之路。

　　郑州铁路局于 1998 年底立项，历经 4 个春秋，初步完成了"铁路牵引供电管理信息系统"（简称EMIS）的统一规划、统一设计和试用推广工作，使郑州铁路局牵引供电系统实现信息共享、联网管理。EMIS 对铁路牵引供电系统的管理方法作了一个新的诠释，充分体现了及时、高效的概念。

1　EMIS 简介

　　由于供电系统运行的不可中断性，每日都会产生大量与系统运行紧密相关的各种数据，以及许多数据分析处理工作，如各种报表的填写、数据的汇总与计算、工程图纸的绘制、运行设备的管理等，这里有许多是事务性、重复性的繁琐工作。由于供电工作的连续性，要随时掌握各种设备的运行状态，一旦出现系统运行故障，需要立刻知道在何时、何处、出现何问题，并立即加以解决。在纯人工操作的条件下，不仅繁琐的工作占用大量的人力、物力加大运营成本，同时，由于人的情绪化、发散式思维方式使得人为的操作失误在所难免，从而使铁路运输安全难以得到保证。

　　所谓 EMIS 即是指铁路牵引供电部门使用的基于工区—领工区—供电段—铁路分局—铁路局五级计算机联网的报表、履历、图纸、复示、公文、状态修方面的处理系统。EMIS 内建的基础管理数据库，通过网络实现了数据共享，包括设备图纸、设备履历、地形地貌等。EMIS 通过其强大的网络功能，实现了部分生产管理和指挥的网络化，包括各种公文、机电报表、接触网运行检修、电调交班日志原材料库存、抢修列车的配置、抢修队伍的能力和位置、事故速报等。

　　EMIS 的推广应用大大加强了牵引供电设备的基础管理，通过网络这一迅捷的通信方式扩大了管理空间，增强了管理的透明度，提高了管理的时效性和效率。

2　EMIS 数据库设计技术

EMIS 的主要任务是获得供电管理所需的信息，这就必须存储和管理大量的基础数据。因此建立一

---

　* 本文发表于《铁路运输与经济》2003 年第 6 期。

个良好的数据组织结构和数据库，使整个系统都可以快速、方便、安全、准确地调用和管理各类所需数据，这也是衡量信息系统开发工作质量的主要指标。EMIS 在大量用户需求调查与分析的基础上进行了数据库的设计。其设计主要依据下述原则。

（1）采用面向对象的分析方法，做好实体关系模型（E-R 图）；

（2）满足关系数据库理论的第三范式（3NF），同时兼顾编程的方便性，适当保留数据冗余，提高数据处理效率；

（3）数据字典的设置应能充分反映事物实体的本质属性及其相互间的关系；

（4）数据库的设计应有利于代码体系发挥作用；

（5）数据库的设计应有利于用户端开发工具的编程实现；

（6）采用开放的多层分布式数据访问结构。

2.1　数据库管理系统的选择

EMIS 采用 MS SQL SERVER 作为数据库管理系统。在目前的商用网络数据库市场上，MS SQL SERVER、ORACLE 和 DB2 已呈三分天下之势。而 SQL SERVER 以其与 Windows 操作系统一脉相承的血缘关系（同为微软公司产品），对数据集市和数据仓库技术的良好支持，强劲的分布式事务处理能力获得了一致的好评。而其相对低廉的价格，也为 EMIS 数据库系统的高性价比提供了一个良好的解决方案。SQL SERVER 的缺陷是只能工作于 Windows 操作平台，相对的开放性和并行能力不足。但由于 EMIS 系统中所有的服务器、工作站均采用 Windows 系列操作系统，因此回避了 SQLSERVER 的这一缺憾。

2.2　分布式数据库技术

在 EMIS 所涉及的铁道部、铁路局、供电段等各级单位中，除了有共同的数据之外，还有各自的数据，而且大部分数据都源于各基层单位。这种异地数据的应用处理面临着数据同步、数据共享、并行处理、数据传输等 4 个主要问题，为此 EMIS 采用了适合于现有网络条件的分布式数据库技术。

所谓分布式数据库技术，是指在物理上分散于计算机网络各结点，而逻辑上属于同一个系统的数据集合，是为解决异地数据共享和异地事务处理而提出的一项技术。它具有数据的分布性和数据库间的协调性两大特点，系统强调结点的自治性而不强调系统的集中控制，且系统应保持数据的分布透明性，使应用程序编写时可完全不考虑数据的分布情况。

EMIS 的分布式数据管理方式见图 1。在具体的应用中，采用了 C/S 与 B/S 结构相结合的手段，来实现实时数据的更新与继承。

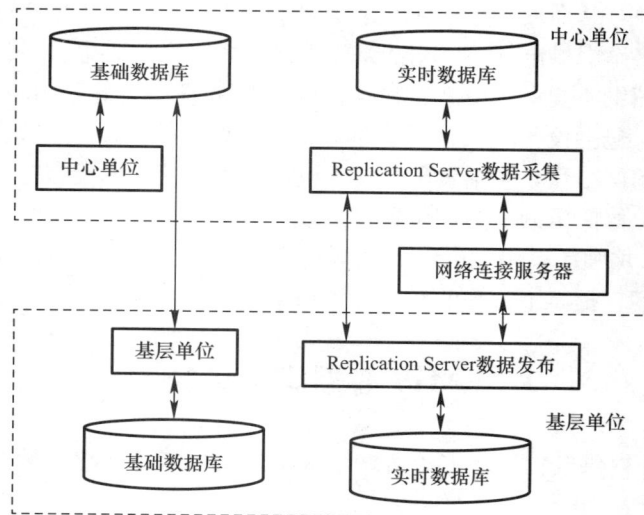

图 1　分布式数据管理方式示意图

3 EMIS 的标准名称库

所谓标准名称，就是在 EMIS 中不同的单位、不同的操作员，对于同一个管理机构或同一种设备，必须使用统一的名称，不允许同一种设备使用多个名称而致使计算机产生二义性，从而保证 EMIS 数据上报、数据汇总的正确性。例如："郑州铁路局"和"郑州局"，对铁路人员表示的意义是一样的，但对计算机系统则是不一样的。又如："郑州供电段"和"郑州段"对计算机来说也是不一样的。类似现象在设备名称中同样存在。解决此类问题，必须依靠管理和技术措施的有效结合。建立标准名称库，就是从管理角度提出的一项具体措施。

在 EMIS 的"标准名称库"中目前包含"管理机构标准名称"、"线别、区间、站场标准名称"和"设备标准名称"，可在最大限度上避免输入不规范造成的意外数据错误。

4 数据库系统安全与数据保密

数据库系统安全与数据保密是信息系统建设的重要内容。对于 EMIS 所采用的分布式数据库技术来说，Internet 的高速发展使分布式数据库得到了更充分的利用，但同时也增加了分布式数据库安全问题的复杂性。一般情况下，分布式数据库面临着 3 类安全问题：①由单站点故障、网络故障等自然因素引起，这类故障通常可利用网络提供的安全性来实现安全防护，也即网络安全是分布式数据库安全的基础；②来自本机或网络上的人为攻击，即黑客攻击，目前主要有窃听、重发攻击、假冒攻击、越权攻击、破译密文等；③是计算机病毒造成的数据丢失。针对这些隐患，EMIS 采用了以下安全保密措施。

（1）分布式数据冗余、数据容错设计；

（2）充分采用身份验证、授权检查、核查、敏感数据屏蔽技术；

（3）服务器采用在线式磁带机或磁盘镜像技术，做好实施备份，重要数据还可及时刻录成光盘保存；

（4）配备网络版的防病毒软件，防止病毒攻击；

（5）系统管理员对用户权限的管理要做到科学规范，严肃认真。

5 EMIS 数据库系统安全建议

EMIS 数据库系统目前已能完成数据的实时更新和共享传递，并具备了初步的安全防范手段。但是作为一个关系着行车安全和企业机密的数据库系统，初步的安全防范手段是远远不够的，尤其是防范黑客实时监听数据传递报文或者利用网络协议、操作系统的安全漏洞，绕过数据库的安全机制而直接访问数据库文件等攻击手段的能力较弱，这是一个非常危险的隐患，为此特考虑以下两条建议。

（1）数据通信保密。客户与服务器、服务器与服务器之间身份验证成功后，便可以进行数据传输，为了对抗报文窃听和报文重发攻击，可以在通信双方之间建立保密信道，对数据进行加密传输。在分布式数据库系统中，由于传输的数据量很大，所以加解密算法的速度对系统性能的影响很大。非对称密码体制运算复杂、速度慢，可以采用对称密码算法来进行加解密。其实建立保密信道的过程也就是约定会话密钥，用会话密钥来加解密数据，通常这一过程也可以和身份验证结合在一起。保密通信可以由分布式数据库系统实现，也可以采用底层网络协议提供的安全体制，如 SSL（Secure Socket Layer）。

（2）库文加密。为对抗黑客利用网络协议、操作系统安全漏洞，绕过数据库的安全机制而直接访问数据库文件，有必要对库文进行加密。库文加密方法主要有两种，一种为 ANSI（美国国家标准协会）颁布的数据加密标准 DES。DES 使用 64 位密码，算法实现在一小块集成电路芯片上，以 1Mb/s 的运算速度处理密文。另一种方法称为公钥制密系统，其思路是给每个用户两个码，一个加密码，一个解密码。用户的加密码是公开的，就像电话号码一样，但只有相应的解密码才能对报文解密，且不可能从加密码中推导出解密码，因为该制密系统为不对称加密，即加密过程不可逆（该算法不可逆目前尚未得到求证，但也没有办法证明其可逆）。

　　EMIS 为供电系统跟上信息时代的步伐做出了可贵的探索和积极的贡献，它的成功应用真正体现出了信息技术的强大。

变电站远程视频信息处理及监控系统设计[*]

邵华平¹　覃　征¹　王世龙²

（1. 西安交通大学，西安　710049；2. 广深铁路股份公司，广州　518000）

摘　要：文章讨论了用于变电站自动化系统中的远程视频信息处理及监控系统技术。针对电气化铁路的特点，选用自适应能力强的 H. 263 标准为视频信息压缩方法，以适应电铁系统恶劣的通信环境。变电站与调度中心的通信采用 DDN 方式（宽带）或音频 Modem（窄带）组网方式，并讨论了基于嵌入式 Web server 的远程视频监控方法。系统运行表明，该设计能满足变电站自动化系统对视频信息处理及监控系统可靠性和实时性的要求。

关键词：视频监控；信息处理；变电站；网络通信

1　引　言

变电站自动化的主要目的之一是实现无人值班，视频监控系统其是重要的组成部分。传统的远动"四遥"虽能提高变电站的自动化水平，但由于管理、技术等多方面的原因，目前还难于实现无人值班，不能彻底达到减员增效的目的。无人值班的实现必须考虑对变电站的重要设施和场所进行环境监控，如防火、防盗，变压器、开关、刀闸等重要设备的表而检查及表计监视，甚至检修人员是否走错间隔等，为调度中心 CC（Control Center）的操作人员提供现场图像，实现"遥视"功能。电铁牵引供电的一个 SCADA 系统一般管辖几十至几百公里，视频信息的处理，尤其是传输技术与当地监控有本质的区别[1]。因此，采用多媒体视频处理技术和现代网络通信技术组成的远程多媒体监控系统，不仅可作为常规"四遥"功能的重要补充，成为自动化系统的"第五遥"——"遥视"，同时可为变电站的安全运行、并最终实现变电站无人值班提供有效的技术手段。本文针对铁路变电所的特点，设计了一种基于多媒体的铁路远程视频监控系统方案，讨论了用于变电站自动化系统中的远程视频信息处理及监控系统技术，为适应电铁系统恶劣的通信环境，选用自适应能力强的 H. 263 标准为视频信息压缩方法，并讨论了先进的基于嵌入式 Web server 的远程视频监控方法。分析及系统运行表明，本文的设计能满足变电站自动化系统对视频信息处理及监控系统可靠性和实时性的要求。

2　视频信息的压缩

与其他视频监控系统不一样，由于牵引变电所是沿铁路线分布的，与其相关的通信信道也是沿线分布。一方面。电铁监控系统的通信受电气化干扰比较严重，另一方面，信道相对比较紧张，铁路的通信信道多采用总线型或环状引入，因此其通信环境比较恶劣且组网较复杂。对既有线路多以传统的音频通道为主，如音频实回线，能提供的带宽一般不超过 128kbps；考虑到经济因素，新建通道（如光纤）一般也只提供一个 E1 信道（2.048Mbps）。而由于视频数据量非常庞大，以 25 帧/秒的速度实时传输未经压缩的 640×480 的彩色图像，占用的带宽高达 23Mbps，因此采用高效率的压缩方法，以降低带宽要求，减少视频数据的存贮空间和传输时间就显得尤为必要。这就要求系统必须能适应铁路不同的通道带宽及不同的通道结构。

考虑到电气化铁路通信的特殊性，传统的视频压缩方法如 Motion JPEG，H. 261 和 MPEG-1 等都有一定的缺陷[2,3]Motion JPEG 软硬件实现较简单，它全部采用 I 帧压缩，各帧之间相关性小，在丢帧

　*　本文发表于《微电子与计算机》2003 年第 10 期。

严重时仍能获得较好的图像质量，但较低的压缩率增加了通信负担；MPEG-1 除 I、P 帧外，还有双向预测的 B 帧，使其压缩率较高，但正由于大量相关预测帧的存在，使得因干扰而丢掉参考帧时而不得不丢掉大量的预测帧，从而严重影响图像效果。而 H. 261 建议则定位于 ISDN 上的视频会议和可视电话业务，它只有 P 帧，没有双向时间预测的 B 帧，且运动估计的精度仅达到像素级，限制了压缩比的进一步提高，采用的 BCH（511，493）前向纠错法在通信线路受到较大的随机干扰下，突发误码率很高，尤其在动态图像显示时图像紊乱的现象较为明显。

　　ITU-T(CCITT) 在 H. 261 的基础上进行改进，于 1995 年 7 月提出了 H. 263 建议"甚低码率通信的视频编码"[2,3]。H. 263 比 H. 261 支持更多的原始图像分辨率，且没有限定帧频，因此可通过减少帧频来限制最大码率。另一方面，H. 263 也吸收了 MPEG 等其他一些国际标准中有效合理的部分，它采用 PB 帧预测和半像素精度的运动估计，其预测算法可在宏块级（16×16）和块级（8×8）运动估算之间采取自适应切换，平时变电站视频图像基本上是静止的，采用块级估算进行压缩，可大大减少传输信息量；而在动态图像，如有人员移动时，则自动变换成宏块级估算，以提高图像分辨率。H. 263 对信道带宽的要求很低（可低到 Modem 传输级的 15～20k），并且无论在低于或高于 64kbps 带宽的信道上，均能产生比 H. 261 分辨率更高的图像；同时它在线路干扰较大时，也能保证得到较好质量的图像。采用 H. 263 技术以纯软件进行图像编解码，即可达到较高的帧率（约 20 帧/秒）和较好的图像质量，无须专用的硬件设备，可大幅降低成本。

3　视频监控数据库及控制结构

　　视频监控数据库（Video Monitoring Database）相对于一般的多媒体数据库来说，结构比较简单[4]，如图 1 所示。由于考虑到是无人值班，变电站省掉了当地监控的视频回显模块。CCD 视频信号采集后经压缩，直接送视频发送缓冲区，当检测到 CC（监控中心）处于视频调看状态时立即上送，否则不发送到信道，以减轻网传负担；同时为了事故分析及 CC 的巡视方便，前端硬盘的历史库包括了报警录像和定时录像视频数据库，分别用于存储报警录像和定时录像。由于报警时必须记录报警前一段时间的情况，在内存开辟了 FIFO 堆栈区，视频信息在堆栈内不断刷新，有报警时自动记录。当有效硬盘空间少于预定值时，数据维护模块将自动删除历史库中时间最长的数据。由于视频数据量大，采用 CSMA/CD 的以太网容易出现数据拥塞，无法保证服务质量（QoS），将视频相关模块集中在同一台主机内，避免了以太网阻塞而影响实时性。

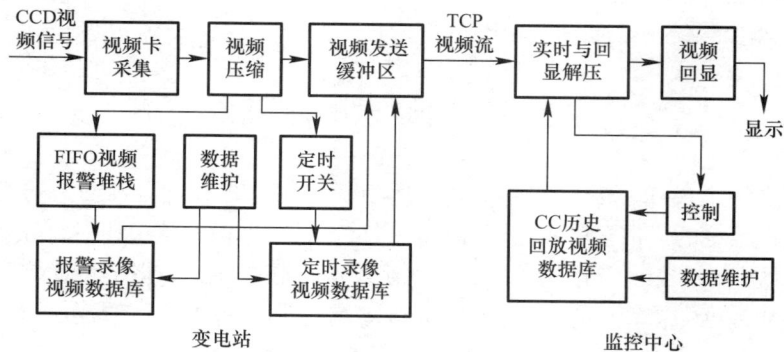

图 1　视频信息处理及监控系统结构

　　CC 在网络视频服务器上建立了历史回放视频数据库，由多个前端视频信息库组成，目的在于方便 CC 局域网的分控调用，其维护方式与前端类似。CC 的视频流经解压后直接送回显模块显示，为了减少与前端的数据冗余，一般不自动存贮信息。有两种情况例外，一是 CC 的控制模块发出存贮命令；二是前端一旦报警，CC 检测到上传的视频信息中附加了报警信息，则自动将视频信息存储到对应的回放视频库中。

4 网络监控系统模式

4.1 基于 PC 的多媒体监控系统

无人值班变电站端取消了当地监控单元，设计了相应的智能控制主机，它为整个监控环节的核心，结构如图 2 所示。执行的功能包括视频采集压缩、报警、信号转换、硬盘录像以及视频流远传等。站端一般应保留控制键盘，以方便调试与故障检修。通过 CC 的图像监控工作站的操作界面，可对前端摄像机云台、镜头及其他设备开关进行控制。

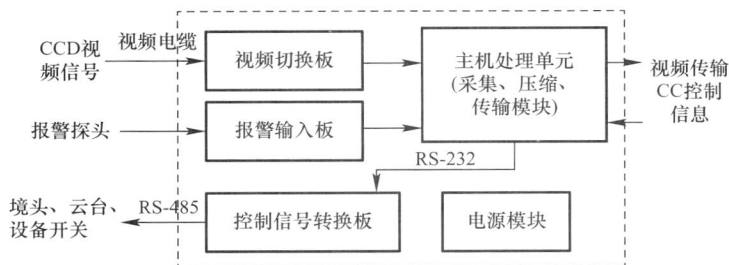

图 2　智能控制主机结构

针对铁路通信系统对专网的要求，在宽带信道（如光纤）下，可选用 DDN（Digital Data Networks）技术组网较好。DDN 是一个纯粹的数据传输网，可支持任何高层协议，支持数据、图像、声音的传输业务，其传输对用户是全透明的。DDN 具有高带宽和低延时的特点，支持 64kbps～2Mbps（E1）传输，甚至 T3（45Mbps）和 OC-3/STM-1（155Mbps），目前多以光纤或同轴电缆为传输介质。DDN 通信子网的高层协议均提交用户端设备实现，管理和监控十分简单。另一个潜在优点在于 DDN 是一个数字传输系统，因此完全可基于 DDN 的基础设施，只需在 DDN 结点安装帧中继模块，即可方便地升级到帧中继网，以弥补 DDN 处理突发性业务不足等缺点，使其具有更高的经济效益。系统如图 3 所示

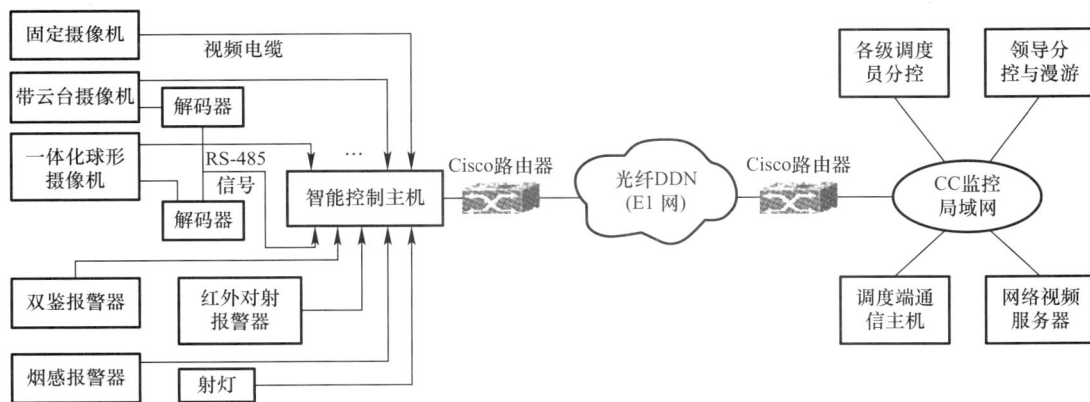

图 3　基于 PC 的变电站远程视频监控系统

电铁通信媒介的复杂性使得不可能采用单一的通信方式。对于窄带音频实回线，可利用 33.6kb/s 的基带 Modem 接 1～2 对电话线来传输图像，此时采用 H.263 标准的 Sub-QCIF 图像分辨率，帧频即可达到 10 帧/秒左右，能满足大多数监控要求。考虑到电铁强烈的电磁干扰，该方式下视频数据必须经沿途 RTU 中继转发，以提高抗干扰能力。

一般来说，为了减轻网传负担，视频数据宜采用无连接的高效 UDP 包进行传输。但针对电铁通信系统的实际情况，若采用电话线方式传输时，试验证明，UDP 包因电磁干扰而出现丢包或错误的情况

较严重，导致 CC 的画面质量很差，此时宜采用 TCP 协议建立可靠的流传输；而对于抗干扰能力强的光纤通道，因传输可靠性高，采用 UDP 包传输，不对数据到达的可靠性提供保证，可大大减轻了视频数据的网传负担。针对传输过程中的丢包现象，可利用实时传送协议 RTP（Real-time Transfer Protocol）对数据进行封装，以保证数据包的相对独立性，使得在某些包丢失的情况下，仍能对其他包进行解码。

CC 的通信主机将变电站广域网与 CC 局域网联系起来，所有视频及控制数据均由通信主机转发，有利于提高多个分控同时访问一个远端的通信速度。通信主机软件可与调度分控软件运行在同一台图像监控工作站上，为保证通信的可靠性，最好单独设立通信主机。分控的优先级和访问权限可由调度员在通信主机上设置。

基于 PC 的视频监控系统目前比较流行，但缺点也很明显。它一般采用昂贵的专线方式，且受网络带宽限制；CC 固定，不能实现移动分布式监控；图像压缩全部基于视频卡或软件，使得视频前端（如 CCD 视频信号的采集、压缩、通信）较为复杂，稳定性、可靠性难以保障。另外监控软件一般针对专用硬件，开放性与通用性较差。

4.2　基于嵌入式 Web server 的远程图像监控系统

Internet 的普及为基于 Web server 的远程视频监控提供了良好的条件。在监控前端设计一个网络视频服务器，内置嵌入式 Web server[5]。采用嵌入式实时操作系统，CCD 信号由高效压缩芯片压缩后，通过内部高速总线传到内置的 Web server，视频信息经 Internet 传输，如图 4 所示。它完全可摒弃传统的 CC 端的集中监控局域网模式，无需专用的软件，任何地点的一台 PC，只要采用 TCP/IP 协议，具有 IE 或 Netscape Navigator 等标准浏览器即可调看前端 Web server 上的图像，方便地实现分布式、随意性的视频监控。

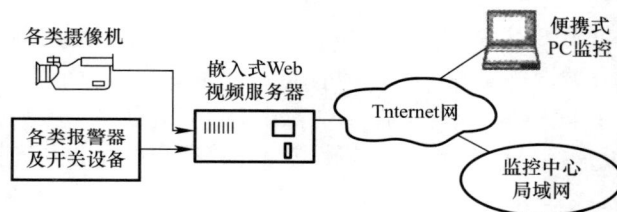

图 4　基于嵌入式 Web 服务器的网络视频监控

与基于 PC 的视频前端相比，由于集成了 Web 功能，安装非常方便（仅需设置一个 IP 地址），可即插即看。采用流行的 TCP/IP 协议，开放的嵌入式 Web 服务器设计，可实现变电站的视频信息网与 Internet 无缝集成，可保证视频信息在诸如 Windows，Mac，UNIX 及 OS/2 等异构网络中的透明性。另外它还可充分利用 Internet 的网络资源，使同时调看多个变电站图像成为可能。但正因为摒弃了专线方式，可靠性和安全性受到影响，一旦 Internet 严重阻塞，则监控系统将陷于瘫痪。采用日益成熟的 VPN（Virtual Private Networks）技术可弥补这方面的缺陷。可以预计，这种视频监控方式将会随 Internet 网水平的提高而逐渐占主导地位。

5　结　束　语

本文讨论了在变电站远程视频监控系统中采用的多媒体技术和网络通信技术。针对电铁通信系统的特点，选用能适应低带宽和低质量通信线路的 H.263 压缩标准；传输方式针对不同信道带宽采用光纤 DDN 和电话线 Modem 传输，同时还讨论了基于嵌入式 Web server 的视频监控系统在电铁中的应用方案。该系统经现场运行表明，本文设计方案技术先进、结构合理、性能可靠，与综合自动化系统配合，可为牵引变电站无人值班提供有效的技术手段和装备。

参 考 文 献

［1］　钱清泉. 电气化铁道微机监控技术. 北京：中国铁道出版社，2000.

［2］　余松煜，张文军，孙军. 现代图像信息压缩技术. 北京：科学出版社，1998.

［3］　Murat Tekalp. Digital Video Processing. 北京：清华大学出版社，1998.

［4］　W I Grosky. Managing multimedia information in database systems. Comm. of the ACM，December 1997：73-80.

［5］　袁毅. 基于嵌入式 Web 服务器的网络视频监控. 电网技术，2000，24（5）：71-73.

大网络环境下数据库技术及其在铁路信息处理中的应用[*]

邵华平[1]　覃　征[1]　游诚曦[2]

（1. 西安交通大学电子与信息工程学院 软件研究所，西安　710000；2. 广铁集团机务处，广州　510088）

摘　要： 数据库技术是近年来发展最为迅速的计算机软件技术之一，它代表着现代计算机一个特别重要的应用领域。铁路是开展计算机应用较早的行业之一，目前已经形成了覆盖全铁路各铁路局、铁路分局和主要站段的计算机网络系统。文中主要阐述数据库技术及其在铁路信息处理中的应用与分析。

关键词： 网络环境；数据库技术；信息处理

作为开展计算机应用较早的行业之一，早在 70 年代中期，铁路各运输生产信息管理系统就开始研制并陆续投入使用，经过数年努力，目前已经形成了覆盖全路各铁路局、铁路分局和主要站段的计算机网络系统。部分路内单位已向或正在向互联网应用和办公无纸化、自动化、智能化发展，考虑如何使自己已建立的网络发挥更好的作用。对这一目标的实现，开发数据库技术无疑是最佳选择之一。作为计算机软件的一个重要分支，数据库技术从 20 世纪 60 年代开始，从层次数据库、网状数据库、关系数据库而发展为数据库管理系统（DadaBase Management system，DBMS）。近年来数据库应用突现两个特点：一是随着数字化技术的多元化发展，数据库（Database）将逐步演变成信息库（inforbase），与多媒体技术结合起来，解决复杂的多媒体信息问题。因为数字音频、视频以及图形、图像非格式化的多媒体数据，是传统的关系数据模型难于处理的，其丰富的语义超过了关系模型的表示能力。二是随着计算机网络通信技术的发展和应用。数据存储的分布性需求日益迫切，对分布式数据管理和访问就成为数据库技术必须解决的问题。因此，多媒体数据库、面向对象数据库、分布式数据库、网络数据库、移动数据库应运而生。

对于数据库技术发展来说，其主要体现为：一是数据库横向方面能够支持越来越多的平台，扩展性越来越强，能互相移植，可以处理从小到大各种规模、各种形式的数据。二是纵向方面从单机版数据库、多用户数据库发展能够支持互联网开发应用、支持电子商务方面，分布式数据访问及处理，同时，体现智能化技术融入数据库的数据仓库产品日益增多，数据仓库由以往主要用在高端领域到同时适应小规模的数据库管理系统。

目前，国外数据库产品有代表性的厂商有 5 家：IBM、Informix、Sybase、Oracle、Microsoft。国产软件较著名的是：达梦数据库有限公司的 DM2 分布式多媒体数据库管理系统；国信贝斯公司的 iBASEInternet 非结构化数据库系列产品；国防科技大学的基于内容的多媒体数据库系统等。在众多的产品中，Sybase 在一定程度上反映了当今网络数据库的发展方向。它是一个单进程多线索的数据库系统。Sybase 还提供远程过程调用功能（RPC），通过网络远程调用其他服务器上的进程，从而达到分布式操作。InformixSoft ware 的核心产品 Informix Dynamic Server（IDS）也是一种强有力的多线索数据库服务器。它集成了最佳的对象/关系技术，具有良好的可伸缩性、易管理性和高效运行能力。它不仅适用于桌面系统和部门级系统，而且也适用于数据中心的各类应用，并提供将应用从传统环境移植到 Web 上的最佳登录点。该产品能方便地与其他数据库构建集成环境，并支持多种互操作标准，例如公共对象请求代理结构（CORBA）、可扩展标记语言（XML）、因特网 ORB 间协议（IIOP）等。Microsoft 公司在大型数据库领域的最新版本和旗舰产品是 SQL Server 2000，其建立在 6.5 和 7.0 版本技术的基础上，是公认的运行在 Windows NT 平台上的最佳数据库。它将数据库连接到 Internet，并通过 web 浏

＊ 本文发表于《湘潭大学自然科学学报》2003 年 9 月第 25 卷第 3 期。

览器显示数据操作,具有 Client/Server 结构,与 Microsoft 公司的其他产品具有良好的兼容性,实现无缝操作。此外,还提供了对分布式事务处理的支持和数据仓库支持,提供了英语查询工具和编程接口,能使用英语设计和管理、查询数据库。而 Informix 麾下的 Cloud scape 公司 2001 年亦向中国市场推出其移动解决方案旗舰产品的最新版本 Cloudscape3.0。它采用集中式 Web 体系结构,提供了伸缩性好、效率高和安全的平台,特别适合于高效的分布式 Internet 应用开发。这种分布式应用体系结构使得用户在离线时能够有效地工作并能共享中央数据库的信息。它是 100%纯 Java 的可嵌入的小型对象关系型 DBMS,实现对整个系统,包括从服务器到笔记本电脑,甚至到轻型信息设备,进行数据管理。它能够处理多种数据类型,支持 ODBC 和 JDBC(Java Database Connectivity)访问方式。Cloudscape 同步构件 Cloudsync 不仅实现了数据同步,而且还实现了应用和逻辑同步,这是其独特之处。IBM DB2 UDB 新版本中包含了移动和嵌入式数据库的 DB2 Satellite 和 DB2 Every where。而 Oracle 公司的 Oracle9i 在支持 Internet 的同时,使手持用户访问的数据同企业数据库保持同步,同时将对数据的修改复制到企业数据库中。

1 系统应用的选择

选择一个符合本单位实际情况且使用、维护和管理符合部门职工工作能力的数据库系统是比较理想的。选择时一般考虑应是数据库系统的标准化和开放性。铁路作为一个国家基础性工业设施管理企业,选择和构造数据库应用平台首先要考虑的两个原则是标准化和开放性,这样才能保证所构造系统的先进性、灵活性、可扩充性、继承性和准确的投资。具体表现在以下几个方面:采用数据库标准语言 SQL;采用开放数据库连接标准 ODBC;具有满足应用的相应数据管理能力,具有数据库客户机/服务器结构甚至采用浏览器/服务器结构;与其他 DBMS 异构数据易转换传输;开发和使用工具丰富且易学;数据和程序易于在不同平台之间移植;支持现有流行的网络协议;支持中文处理;产品具有良好的延续性和誉后服务。

数据库系统的选择不但要考虑其技术上的先进、功能上的齐全,而且更应注意它是否与你的应用系统相适应,具体考虑以下几点:

a. 所建数据库文件的大小、支持的网络类型、操作系统类型、硬件要求、处理速度、安全控制等因素,同时还要注意这些指标与应用系统要求相比是否有一定余地。

b. 在网络环境下,数据处理的并发控制、一致性、保密性、安全性等都是十分专门的技术,不同数据库产品的支持能力是不同的,应十分注意。如 Xbase 对网络处理的支持较弱,而 Sybase、Oracle 等数据库系统则提供比较完善的支持。

c. 不同数据库系统支持的网络规模是不同的,如 Xbase 类,由于其数据操作全在工作站上进行,在大规模的网络中可能会造成通信瘫痪,而 Oracle 产品在理论上其规模则是不受限制的。

d. 是否适应未来发展的需要。随着网络节点的增加及机器互连类型的改变及扩张,数据库系统能否适应。

e. 性价比。一般地,性能较好的数据库系统价格都不便宜。而实际应用中不一定就必须使用性能好的系统。但性能好的系统,因其良好的编程工具及管理工具,可以加快系统开发速度,减少开发人员,方便管理,并可从数据安全性、完整性以及其他间接的性能获得不少利益。

2 数据库技术在铁路部门中的应用

铁路信息化是世界铁路发展的必然趋势,也是中国铁路实现技术跨越式发展的主攻方向,对铁路产业升级意义重大。近些年来,铁路系统在数据库技术开发应用方面取得了长足的进步,这里仅列举一些实例:

中国铁路客票发售和预订系统从 1996 年开始推广实施,包括 1 个全路票务中心、27 个地区票务中心、1771 个车站售票系统和 82 个客运应用系统全国联网，实现票额、座席、计费、制票、结算、统计等工作的计算机管理，并逐步达到信息共享。在主要大型客站建立自动检票系统。建立售票系统的延伸服务和增值服务系统，实现旅游、饭店、银行、民航等系统的互联，具有与国外铁路售票等有关系统的互联功能。通过 3 年的实践运行，该系统凭借 Sybase 数据库产品 Adaptive Server Enterprise、复制服务器 Replication Server、数据仓库引擎 Adaptive Server IQ，中间件产品以及开发工具 PowerBuilder 和 PowerDesigner 等先进的技术、强大的功能，减少了管理难度、实现了客票管理和发售工作现代化，从而提高铁路客运整体经营水平和服务质量。中国铁路客票发售和预订系统因此获得 2000 年度美国计算机世界 Smithsonian（Computer world Smithsonian）金色奖牌。

铁路运输管理信息系统（即 TMIS）是 Oracle 数据库系统用于铁路的一个典型成功实例。TMIS 是铁路运营管理信息系统（OIS）的主要组成部分，其建设包括铁道部计算中心、14 个铁路局（集团公司）计算中心、53 个铁路分局（总公司）计算中心和信息源点 2200 个（力争 2700 个）联网，实时收集全路列车、机车、车辆、集装箱的节点式追踪管理，为全路各级运输生产人员。及时、准确、完整地提供信息和辅助决策方案，对列车动态信息、技术站信息、分界口信息、装卸车信息、现在车信息、货票信息、机车信息、车辆信息、集装箱信息、特种车信息、车流推算等动态状况及时掌握，从而提高铁路客货运输质量。

近年来，随着经济改革的深入，铁路运输市场面临着激烈的竞争。尽快建立一个信息灵、反应快、服务于各级领导决策的办公信息系统已经成为一项十分紧迫的任务。1998 年底开始，由铁道部统一投资和部署的铁道部、铁路局、铁路分局三级局域网网络建设工程正式拉开序幕。铁路办公管理信息系统 1.0 版首先在济南铁路局机关及所属的济南、徐州、青岛等分局机关和部分车站投入运行，全局的党、政、工、团、纪各部门文件、刊物、资料都可以通过网络进行无纸化传递，各级领导可以随时查询和分析运输生产办公管理、客货营销等信息，并且能对生产、经营趋势进行预测、判断，初步实现了辅助管理和决策，促进了企业管理现代化水平不断提高，取得了显著效益。自 1999 年 6 月已开始在铁道部和全国各铁路局推广，目前，铁路办公管理信息系统已在全路各铁路局投入运行。为铁路运输生产管理和经营提供及时、准确的信息服务。进一步增强了铁路行业的市场竞争能力，取得更大的经济效益。

3　数据库技术在铁路系统应用的建议

a. 通过升级保持现有数据库系统的先进性和实用性。先前开发使用的数据库系统随着管理业务的增加和应用系统面的扩大，或者数据库系统本身的更新换代而变得不适时宜，甚至淘汰，为保持系统的整体性能。使数据库系统符合技术发展方向，数据本身的安全，可选择更新数据库系统。

b. 利用一系列数据库基于互联网的开发应用功能，实现在 WWW 浏览器下，以超文本、超媒体方式来组织数据内容，开发应用资源，包括建立有自己优势的网站和开展电子商务。如 Oracle 公司的数据库产品 Oracle 8i 支撑着很多知名电子商务系统。Oracle 9i 适应 Internet 的智能化、协同式应用。Sybase 的数据库 ASE12 拥有支持电子商务应用的很多特性。它支持快速开发和全方位的 Internet 应用，可将实时的信息提交给最终用户，允许开发人员创建高性能、可伸缩的应用。Internet 接口的支持。IBM 的 DB2 通用数据库最新版本 UDB7.1 中。具有支持商业智能解决方案的数据仓库功能和分析功能；消除了对 Oracle、Sybase 和其他数据库管理系统进行移植的障碍。

c. 利用数据库系统拥有的数据仓库技术，实现铁路经营管理的智能管理。将各种管理系统（如安全监控网络、行政办公、业务管理、客货运输经营等）与行车信息集成一块，构建一体化的铁路综合信息系统，向知识管理、决策管理等高层面发展。如 IBM、Oracle、微软都在其新产品中都加入了在线分析处理（OLAP）、在线事务处理（OLTP）和数据挖掘等功能。

d. 数据库和多媒体技术结合起来，建立多媒体数据库。采用对象型数据库，把传统（结构化）事务数据与非传统（非结构化）数据类型如文档、图片、声音和影像集成起来。增加数据库系统的对象处理能力，使对非结构化多媒体数据类型和其他数据类型（如目前铁路系统内热门地理信息技术（Geographic Information System，GIS）系统数据）的访问更加方便有利于实现新的复杂操作。

4 结 束 语

大网络环境下数据库技术在铁路庞杂的生产、安全、经营、客、货运办公信息的大量存储中使用后，大大减轻劳动强度，高速传输，快捷处理，提高工作效率。难点在于铁路系统点多、线长、面广，而且必须保证系统安全、稳定、可靠，这在要求该数据库系统管理必须满足同步化、实时化、网络化、可视化的条件下，有必要对数据定义、数据操作、数据查询、数据的连续传送或输出等方面都提出与常规数据不同的要求，有必要从扩充现有的关系型数据库系统。构建相应对象型数据模型，制作基于内容和基于对象的检索引擎；构建基于宽带局域网、城域网的分布式数据库系统；扩充现有的数据库标准SQL语言；完善基于内容的图像、视频数据压缩标准等方面入手，促使多媒体数据库技术运用更加成熟，为铁路信息化展示更广阔的前景。

参 考 文 献

[1] 朱稼兴. 计算机网络概念、原理、技术及应用 [M]. 北京：北京航空航天大学出版社，2000.

[2] 江昭. 数据处理理论 [M]. 武汉：武汉大学出版社，1991.152.

[3] 汪日康. 计算机决策支持系统 [M]. 上海：上海科学普及出版社，1993.5.

[4] 周绪. SQI. Server2000 中文版入门与提高 [M]. 北京：清华大学出版社，2001.5.

基于消息中间件的三层分布式铁路牵引供电信息系统*

邵华平　覃　征　卫志刚

（西安交通大学 电子与信息工程学院，陕西 西安　710049）

摘　要：提出了采用基于客户/消息中间件/服务器的三层分布式网络结构，来开发铁路牵引供电调度信息系统。首先分析了这种三层结构的模型、特点和优越性；然后详细阐述其关键技术消息中间件的设计和实现；最后对实际系统实现和投运后的性能指标进行了总结。所提方法对于具有复杂网络结构和接口信息系统的集成具有一定实用价值。

关键词：三层分布式结构；消息中间件；消息队列机制；牵引供电系统

0　引　　言

铁路电气化是实现铁路运输高速、重载的必由之路，也是铁路现代化的重要标志。牵引供电系统作为电气化铁路的核心部分，它担负着指挥电气化铁路牵引供电系统安全运行，保证牵引供电设备维护检修的重要任务。供电调度信息系统既要收集牵引供电设备的各种运行数据，也要汇集牵引供电系统各方面的管理信息。其管理的供电设备一旦发生故障，就可能造成运输中断，严重时将造成人身伤亡，给国民经济和人民财产造成极大损失。随着信息时代的来临，计算机技术和网络技术不断发展使得铁路供电系统实现信息化、现代化管理成为可能和必然。因此，铁路牵引供电信息系统（EMIS）应运而生。

通过计算机技术、网络通讯技术、分布式数据库技术，EMIS 实现了整个铁路供电系统的信息集成和知识集成，并且通过人、技术、管理的结合使得整个系统成为具有内部柔性的高品质实体。铁路牵引供电系统有自身许多特点：涉及部门多，结构和任务繁杂，不可中断供电的高可靠性要求。在铁路牵引供电信息系统中主要需要完成实时监测，远程调度控制，事故处理以及历史数据记录、查询等几大功能。其中实时监测包括各种信号的状态变量，这些变量类型可分为：模拟量、数字量、开关量等。这些数据采样周期短，数据量大且实时性强，因而远程调度控制和事故处理等工作都要求网络通信能力异常强大。由于铁路电气化发展的历史原因，底层网络环境比较复杂，不仅存在多种物理通讯介质和接口，而且通讯协议也各不相同，这给信息的集成处理带来了相当大困难。根据项目调研情况统计：若沿用过去的集成方法，在其信息系统开发过程中，30％～40％的费用都将浪费在开发、维护与业务逻辑无关的各种接口上。随着底层网络节点或网络间应用数量的增加，各种应用之间的通信接口日益增多，不同平台、不同通讯协议与技术所带来的集成难度还将成倍增长，采用传统技术的集中或分散式信息系统均无法满足要求。针对这种情况，我们提出将分布式三层体系运用在铁路牵引供电调度信息系统中，并且利用消息中间件技术解决此问题。

1　分布式三层架构

消息中间件是专门处理通讯逻辑的中间件，向上为其他应用元素屏蔽通讯的复杂性。通过提供通用、一致、简单的应用接口（API），它为开发应用系统的编程人员隐藏通讯协议的异构性和复杂性，从而大大简化了分布式环境中的编程；向下解决各种网络问题，如网络资源的命名、事务管理、安全性、动态资源管理和查找定位等。

采用客户/消息中间件/服务器这样的三层网络结构，弥补了传统 C/S 模式的不足，体现出很高的优

* 本文发表于《昆明理工大学学报（理工版）》2004 年 4 月第 29 卷第 2 期。

越性。消息中间件在整个系统中起到了枢纽作用，完成消息转换。由于它是独立于硬件和应用程序的固定模块，因此能够不受软硬件变化的影响，这个特点为铁路牵引供电系统中发展迅速的自动化工程提供了很好的扩展能力。采用三层网络结构的优越性主要表现为以下几点：

1）提高了系统的性能和可伸缩性。数据库直接支持客户数总是有限的，然而由于一个应用服务器可以支持多个连接，因此可以通过增加系统中应用服务器的数量和在多个服务器间平衡负载来支持更多客户机，而又不会过分增加数据库的负担。应用与应用间传递的数据需要转换，传递需要按照优先级、实时地或批处理的方式进行。消息中间件提供与各种资源的接口、数据转换能力和消息处理能力，高效地实现应用之间的消息传递。

2）多个应用服务器分布在多个机器上避免了单点失败，连接到失败的服务对象上的客户可以被透明的重新连接到正常运行的服务对象上，从而提高了系统可靠性。

3）由于消息中间件如同一个软件的 HUB，连接需要交互的各个应用系统，减少了应用系统接口数量、降低技术上相互依赖性。因为不必为每个平台开发专门的客户程序，提高了灵活性和开发效率。

4）消息中间件构造了一个基于消息的代理，使得系统具有良好的兼容性和可扩展性，可以柔性的变换测量点数，服务器台数以及应用程序的内容和功能。

2　消息中间件的设计与实现

面向消息中间件的系统总体结构和工作原理见图 1。

本地应用程序发送一条消息到消息队列接口，消息队列接口添上一个包含消息路由信息的头部，然后将其置于本地传输队列。消息通道代理利用传输协议和物理连接将消息发送到远程系统。

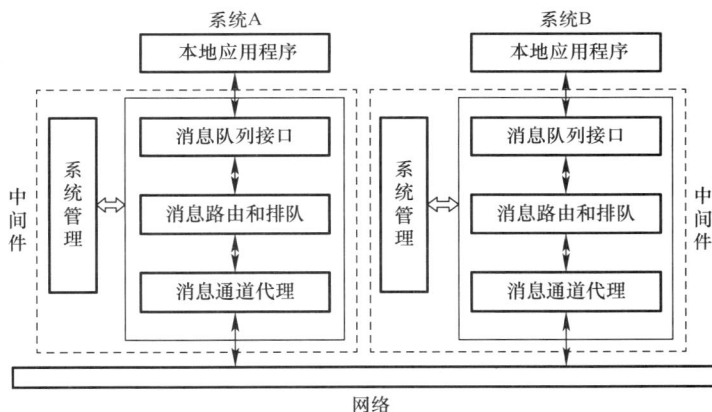

图 1　消息中间件的体系结构示意图

在另一端，消息逆行而上，远端的中间件读取消息路由信息，然后把消息置于相应的目的队列。远端的应用程序通过消息队列接口读取消息。

2.1　队列管理器基本原理

消息中间件的工作原理如图 2 所示。队列是面向消息中间件的基本数据结构。

从实质上说，队列是一片存储缓冲区，队列中可以存放一条或多条消息。队列有以下几种属性：消息发送的次序（先进先出）；消息访问方式（共享或独占）；队列的深度；队列的触发机制。队列的属性和行为由队列管理器进行管理。

队列管理器是消息中间件的核心部分，它负责创建和删除队列并控制队列的行为，队列管理器由消息路由模块、消息通道代理模块、系统管理模块组成。

每条消息有控制头信息和应用数据信息组成。控制头信息含有消息的属性及其他与消息相关的系统信息。

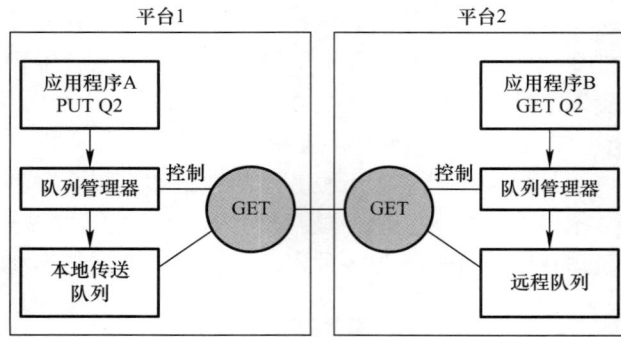

图 2　消息队列模型的工作原理

消息通道代理（MCA）利用网络提供的通信机制，负责将消息投递给分布式系统中底层的传输协议，多数情况下，接收方消息通道代理从目标消息队列读取消息后，再向发送方发送应答消息以确认消息已安全到达。探测网络通道故障并从故障中恢复也是 MCA 的工作，当一个在队列管理器之间通过通道发送消息的操作失败时，MCA 暂时代为存储此消息，当网络连接再次建立后，MCA 自动重发这条消息，无需应用程序的干涉。

系统管理模块使系统管理员能交互式地使用，维护和管理中间件，如建立和删除队列通道、生成和维护队列路由表、查询通道状态，以及处理各种异常情况。

2.2　触发机制

有些应用程序是连续运行的，可以立即读取任何到达的消息，但这样做只有当消息流动量大且稳定时才适用。多数情况下，应用程序在消息到达之前不是活动的。这时就需要设置消息队列的触发机制来激活处于休眠状态的应用程序。触发机制的工作过程如下所示：

1）一条消息到达被触发的应用队列；
2）队列管理参考环境信息决定这条消息的到达是否满足触发条件；
3）队列管理器创建一条触发消息，并将触发消息发送到启动队列；
4）触发监控器从启动队列中读出触发消息；
5）触发监控器发出一条激活与触发队列相关联的应用程序命令；
6）被启动应用程序从触发队列中取走消息并执行相应操作。

触发类型有三种：逐条消息触发，多条消息触发和特定优先级消息触发。

2.3　消息中间件接口函数

在设计消息中间件时，采用分布式对象技术，由接口把软件功能的实现封装起来形成软件组件。软件组件可以被不同的应用程序重复使用，极大地提高了开发效率和灵活性。消息中间件为应用程序提供了 6 个面向对象的可编程接口 API，各接口函数及其功能为：

PackRequest——将请求按一定格式打成消息包；

Unpack——对响应消息拆包；

SentRequest——将请求消息包放入消息队列；

ReceiveReply——从接受消息队列读取响应消息包；

SentReply——将应答消息发送到消息队列；

CloseQueue——关闭一个打开的队列。

2.4　消息中间件性能的优化

我们将主要从以下几个方面优化消息中间件的性能：

1）采用面向对象的系统结构。以应用服务为对象，对象分布在网络各节点上，对象行为由消息驱动；以对象名为标识，从而使得对象的位置对用户是透明的。

2）采用共享内存、消息队列、命名管道、环境变量和信号相结合的机制实现进程间通讯或参数传递。

3）消息中间件采用数据校验、超时重传、流量控制等机制保证数据的可靠传输。在中间件内部设置传输优先级，数据包分隔等方式，保证数据传输的实时性；同时，采用口令管理、数据加密等手段保证安全性。

4）将服务应用模块分为静态和动态两种。使用频繁的服务定义为静态服务；不经常使用的服务定义为动态服务。动态服务根据请求消息而启动，在服务结束后退出。静态服务在系统初始化时启动，并保持激活状态。这样做有利于节省系统资源，提高系统性能。

5）当数据量很大时，采用链表方式先将数据缓存，有效缓解对通信端口的压力。

3 基于消息中间件三层分布式 EMIS 实际系统

在铁路牵引供电信息系统中，采用了自行开发的小型消息中间件，其实际系统实现如图 3 所示。这种消息中间件能将消息准确传递给所定义的系统，从而实现信息集成。

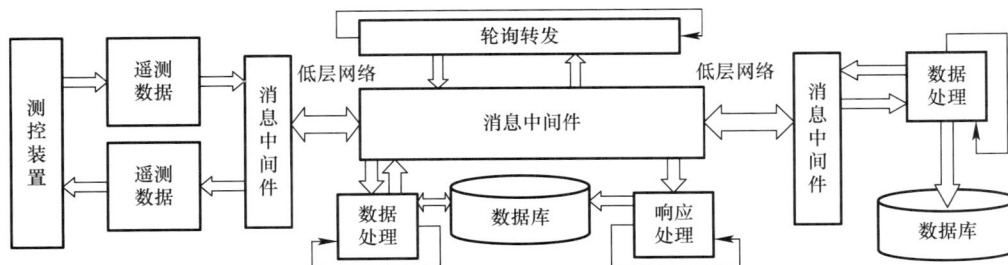

图 3 基于消息中间件三层分布式 EMIS 实际系统结构图

从系统实际运行的结果来看：消息中间件屏蔽了分布式环境中各种网络协议、硬件体系结构、操作系统等方面的差异，在异构的环境中实现了对象的互操作；跨平台实现了可靠、安全、实时的消息传递，满足了系统要求。

4 结 论

郑州铁路局辖豫、鄂、陕三省的铁路管理，其跨度大，EMIS 投运后，得到了用户良好的评价，该系统具有良好的性能：

1）数据交换量大且响应迅速。系统在业务数据处理，高频率的数据查询中性能反映良好。

2）安全性和可靠性。系统为多种不同身份的用户提供不同级别的访问权限。而且，应用层校验客户端的数据合法性、有效性，将不满足条件的数据回滚，大大提高了系统的可靠性。系统具有完备的异常处理机制，服务器具有监视用户网络操作的功能和操作日志。

3）可维护性和扩展性。具有很好的后续处理操作和发布更新能力，而且对将来的增容留有很大的余地。

参 考 文 献

［1］ 付强. 京广铁路武广段牵引供电远动系统［J］. 电力自动化设备，2002，6.

［2］ 张全寿. 网络管理操作系统的模型的设计与分析［J］. 铁道学报，1997，11.

［3］ TMIS 总体设计组. 铁路运输管理信息系统总体设计：上、下册［M］. 1992.

［4］ W. Richard Steven. Inix Network Programming：Networking Apls：Socket and XTI（Second Edition）［M］北京：清华大学出版社，1998.

［5］ 岳剑波. 信息管理基础［M］. 北京：清华大学出版社，1999.

第四部分
工程建设

超浅覆大断面暗挖隧道下穿富水河道
施工风险分析及控制研究[*]

石钰锋[1]　　阳军生[1]　　邵华平[2]　　龙　云[2]　　杨　峰[1]
（1. 中南大学 土木工程学院，长沙　410075；2. 广州铁路集团公司，广州　510600）

摘　要： 以广—珠铁路江门隧道下穿富水河道段为依托，针对其超浅覆、大断面、富水等特点，对超浅覆大断面暗挖隧道下穿富水河道的风险源进行系统分析，阐述风险产生的原因及造成的危害。在对可能采用的预加固手段及开挖方案进行初步比选后，采用三维数值模拟手段进一步量化比选，提出在地表隔水措施基础上，采用水平旋喷与大管棚复合超前支护并结合三台阶法开挖方案。研究表明，该方案能有效止水并加固地层，有效规避塌方风险，保证隧道施工安全的同时，加快施工进度及降低造价，可为类似工程提供参考。

关键词： 超浅覆；大断面；富水隧道；水平旋喷

1　引　言

在富水软岩地层进行超浅覆大断面暗挖隧道施工，可能会发生塌方冒顶事故，危及隧道及人员安全。目前已有浅埋富水隧道工程实例，如褚东升等[1]分析了隧道穿越冲沟超浅覆段施工风险，提出控制措施；李奎等[2]依托北京地铁5号线过河过桥段，采用数值模拟手段对长管棚及加密小导管进行比选。然而，当超浅覆大断面隧道下穿富水河道，地表不具备排水、注浆等条件时，仅采取常规辅助手段难保施工安全。

本文针对江门隧道下穿富水河道段超浅覆、大断面、富水等特点，阐述风险产生的原因及造成危害，提出水平旋喷与大管棚复合超前支护并结合三台阶法开挖方案，介绍了实施效果。

2　工程概况

江门隧道是广—珠（广州至珠海）铁路货运专线重点控制工程之一，为双线长大隧道，设计时速为120km/h，全长9185m。该隧道 DK111＋115～210 段所处为丘区沟谷地，DK111＋140～195 段为山谷谷底，谷底有一河道，宽约20m，基于征地难度大及环境保护考虑，隧道采用暗挖法下穿该河道，见图1。

地层从上往下为：①素填土，由黏性土及细砂组成。②全风化花岗岩，粗粒结构，呈坚硬砂土状。③强风化花岗岩，褐灰色。④微风化花岗岩。围岩等级为Ⅵ级，隧道最浅埋深仅3m[3]。

下穿河道段的全风化花岗岩基本物理力学参数见表1，由试验获得。由表可见，围岩的黏聚力小，渗透系数较大，不利于隧道稳定。

隧道下穿河道段开挖轮廓高 11.6m，宽 11.9m，开挖面积为 120m² （图2）。初支设置 27cm 厚 C25 喷射混凝土，I22 工字钢，0.5 米/榀；二衬和仰拱采用 C35 钢筋混凝土，拱墙厚 50cm，仰拱 60cm[3]。

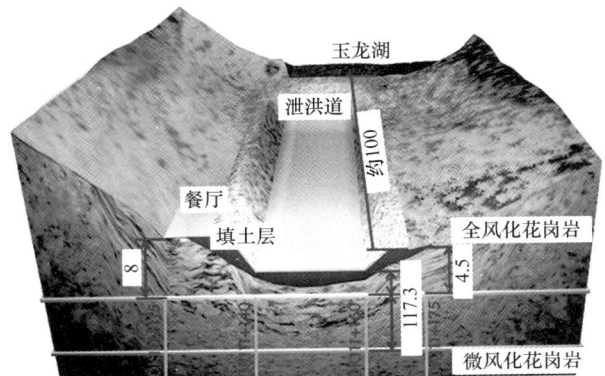

图 1　江门隧道下穿河道三维剖视图（单位：m）

＊　本文发表于《岩土力学》2012年11月第3卷增刊2。

全风化花岗岩物理力学参数　　　　　　　　　　　　　　　表1

密度/(g/cm³)	含水率/%	黏聚力/kPa	内摩擦角/(°)	渗透系数/(cm/s)
1.75	21.82	12.99	29.8	9.674×10^{-4}

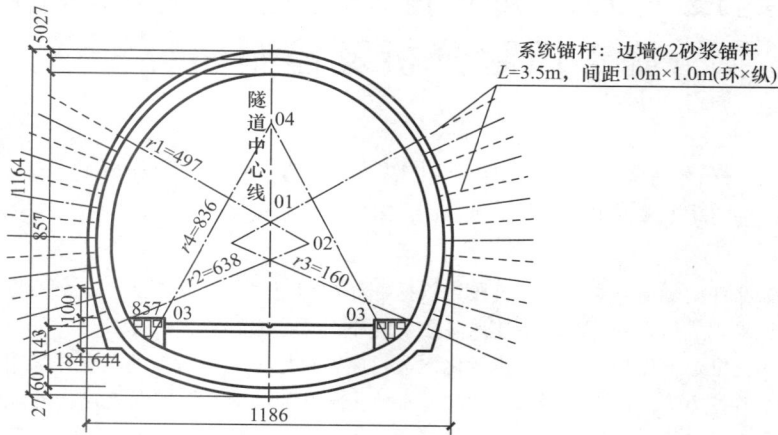

图2　Ⅵ级围岩断面支护图（单位：cm）

3　超浅覆大断面隧道下穿河道风险分析

超浅覆大断面隧道下穿河道，风险源主要包括超浅覆大断面等隧道特征，复杂的地质条件，隧道开挖支护情况等。

3.1　隧道特征

超浅覆：江门隧道下穿河道段埋深仅有3m，属于超浅覆隧道，隧道开挖的扰动范围可达地表，施工风险极大。

大断面：隧道的形状及尺寸是其开挖扰动范围的重要影响因素，隧道拱圈越平坦，跨度越大，自然成拱越高，松动区就越大。该隧道工程开挖面积达120m²，围岩扰动区大，极易引起塌方冒顶。

3.2　地质条件

隧道洞身上部主要位于全风化花岗岩中，下部位于强～微风化花岗岩中。全～强风化花岗岩强度低、压缩性高、自稳和自承能力差，且遇水崩解，强度基本消失，极易失稳[4]。因此，富水条件下全风化花岗岩地层加大了隧道塌方风险。

3.3　隧道开挖支护情况

3.3.1　开挖情况

开挖方法：浅覆隧道开挖断面大时，易引起塌方，采用分部开挖可降低风险。开挖进尺：若开挖进尺过大，围岩塌方可能增大，应采用短进尺。工序衔接：工作面开挖后暴露时间越长，应力及变形释放的越多，塌方风险越大，应加强施工管理，保证工序衔接顺利，减少工作面暴露时间。

3.3.2　支护情况

初支强度：超浅覆大断面隧道围岩松动压力为其上覆土层压力，需设计合理支护强度，保证支护安全。初支施工质量：全风化花岗岩被水浸泡后，隧道内施工环境恶化，增加了支护结构施工难度；加之浸泡崩解后的全风化花岗岩基本丧失承载力，支护封闭前起支撑作用的锁脚锚管施工角度、深度及质量难以保证，可能引起隧道支护后出现大变形甚至"掉拱"事故。初支封闭时机：采用分部开挖隧道，若不能及时封闭初支，将不利于支护受力及围岩变形，存在围岩大变形及失稳风险。二衬施作：浅覆大断面隧道下穿河道时，二衬若不能紧跟掌子面，不利于隧道的变形稳定。

浅覆大断面隧道暗挖施工，多在适当的超前支护或注浆加固前提下，采用小断面法开挖，既增加了施工造价又延长了施工工期。因此，需要寻找一种快速经济有效的加固方法，结合施工速度快、造价相对低的台阶法开挖，既降低隧道施工风险，又解决安全、工期及造价之间的矛盾。

4 风险控制措施

4.1 风险控制方案初选

4.1.1 地层预加固方案选择

花岗岩全风化层注浆难度很大，止水和地层加固效果欠佳，注浆不能作为单一的措施使用。水平旋喷加固使土体与水泥浆液混合形成均匀的桩体，相邻桩体间相互咬合，形成连续的旋喷桩帷幕体，达到止水和加固地层的双重目的。在砂粒土和中细砂地层，固结体平均抗压强度可达 18～19MPa[5]，但成桩质量控制难度较大，可能出现断桩，且桩体抗剪强度低[6]。管棚注浆无止水功能，但刚度大，可以克服水平旋喷桩的上述缺点，采用管棚注浆和水平旋喷相结合方案，可望取得良好加固效果。

4.1.2 开挖方案

针对该工程上软下硬的特点，采用 CD 法、CRD 法以及双侧壁导坑法存在较大困难，施工进度慢。台阶法支护拱脚能落在下部硬岩上，具备足够的地基承载力，对上软下硬地层较好的适应性。水平旋喷止水加固后，台阶法施工进度快，可在围岩遇水崩解前完成支护，降低施工风险。

4.1.3 地表方案

在河道内采用钢管网铺底，钢管网上铺设防水板，隔断地表水和隧道之间的直接通道，确保施工期间地表水顺畅流经隧道顶部，防止施工中万一发生塌方地表水倒灌隧道内。

4.2 管棚注浆与水平旋喷方案数值研究

4.2.1 预加固措施的拟定

拟定以下 3 种工况进行分析。工况 1：管棚注浆，管棚预加固范围为拱顶 120°范围内，采用 30m 长管棚下穿河道，管棚环向间距 40cm，外插角为 1°～3°，注浆加固范围假定为开挖轮廓线外 0.5m 范围内，管棚编号 1♯～31♯（图 3）。工况 2：水平旋喷，在上部软岩区隧道轮廓线外做一圈水平旋喷桩，桩径为 50cm，孔深 30m，环向间距为 0.35m，外插角为 6～8°，相邻加固体咬合厚度大于 10cm。工况 3：水平旋喷与管棚注浆复合：按工况二施作旋喷桩后，在隧道开挖轮廓和旋喷桩之间按工况一施作管棚，如图 4 所示，图 4（a）标出了三台阶法开挖步骤。

4.2.2 模型建立

对埋深最浅段（DK111＋135～DK111＋165）建立三维模型进行分析。模型取横向 84m，竖向自地表往下取 40m，纵向取 50m，如图 5 所示。

模型边界条件：底面为固定边界，四侧面为法向位移约束边界，顶面为自由面。渗流边界条件：计算初始值时，模型各面为不透水边界，开挖后，上表面因地下水位不变，设置为透水边界，初支施作前隧道掌子面为透水边界。模型开挖 20m 后，方进入河道下方。此时掌子面开挖 20m，

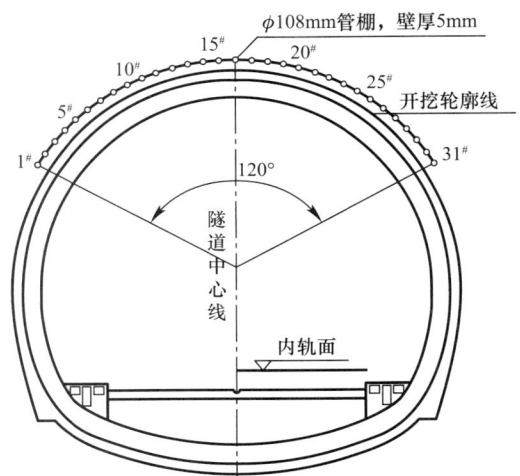

图 3 长管棚横断面图

留有 4m 长核心土，中台阶滞后核心土 4m，中下台落后中台阶 8m。模拟步骤：上台阶每步开挖 1m，中台每步开挖 2m，分左右两侧开挖，并预留核心土，下台阶和仰拱作为整体进行开挖，每步开挖 4m。

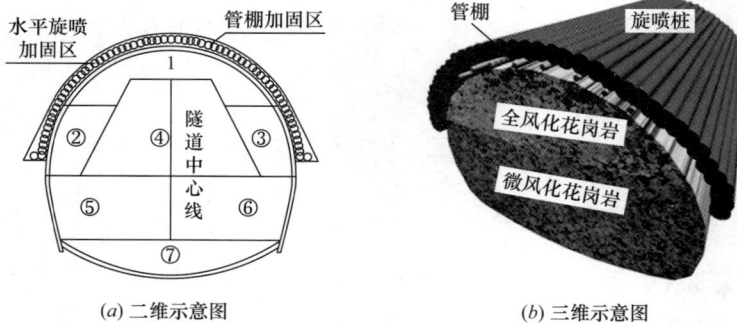

(a) 二维示意图 　　　　　　　　　(b) 三维示意图

图 4　水平旋喷及管棚方案

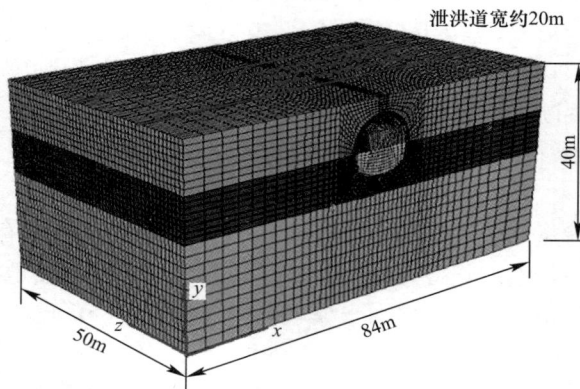

图 5　三维计算模型

隧道开挖时，地下水透过土体孔隙流动，流入开挖面，在其附近产生水头差，形成渗透力。该力可视为附加力作用在隧道开挖面上，从而影响开挖面的稳定。施工中采取止水措施时，可以简化为不排水分析，可通过降低地层的摩擦角来考虑地下水对隧道开挖的影响，当不采取止水措施时，需选用完全流固耦合模型考虑地下水的渗流影响。FLAC^{3D}计算岩土体的流固耦合效应时，将岩体视作等效连续介质，流体在介质中的流动依据 Darcy 定律，同时满足 Biot 方程。耦合计算主要方包括平衡、运动、本构、相容等方程以及边界条件[7]。

围岩及水平旋喷加固区采用实体单元模拟，选用弹塑性本构关系，服从摩尔-库仑屈服准则。管棚采用梁单元模拟，初支采用壳型单元模拟，二衬采用实体单元模拟，选用弹性本构。模拟参数依据勘察报告[3]及试验选取。试验得旋喷桩力学参数：抗拉、压强度达 1.74MPa 和 26.55MPa，弹性模量为 4.07GPa，泊松比为 0.25。模拟管棚的梁单元参数按钢管混凝土等效换算[8]，见表 2。工况 2、3 中全强风化花岗岩受地下水影响考虑摩擦角折减，取 20°[7]。围岩及加固区的渗流相关参数见表 3[9]。

地层及支护参数　　　　　　　　　　　　　　　　　　　　　　　　　　　　　表 2

材料	$\rho/(kg/m^3)$	E/MPa	v	c/kPa	$\varphi/(°)$
全风化花岗岩	1750	24.8	0.31	13	30
强风化花岗岩	2000	1000	0.25	200	35
微风化花岗岩	2200	$50×10^3$	0.20	3000	42
旋喷加固区土体	2100	$4.07×10^3$	0.25	900	38
管棚加固区土体	2100	200	0.35	50	35
管棚	2400	$10.3×10^4$	0.26	—	—
初期支护	2400	$2.68×10^4$	0.20	—	—
二次衬砌	2400	$3.0×10^4$	0.20	—	—

注：表中 ρ 为密度；E 为弹性模量；v 为泊松比；c 为黏聚力；φ 为内摩擦角。

地层渗透参数　　　　　　　　　　　　　　　　表 3

材料	渗透系数 $k/(m^2/Pa \cdot s)$	孔隙率 n
全～强风化花岗岩	6×10^{-10}	0.20
管棚注浆加固区	3×10^{-11}	0.10
微风化花岗岩	10^{-19}	0.01

注：FLAC3D 中 k 的国际单位是（$m^2/Pa \cdot s$），与土力学渗透系数 $K(cm/s)$ 的换算关系为 $k(m^2/Pa \cdot s) = K(cm/s) \times 1.02 \times 10^{-6}$。

上部软岩（全风化花岗岩）扩散特征时间为 6.8s，该问题分析所需要的时间远大于扩散特征时间，流固耦合时必须考虑排水稳定状态分析。

4.2.3　计算结果分析

（1）地表沉降分析

图 6 为掌子面开挖 24m 时 3 种工况下地表沉降曲线。由图可见管棚注浆方案引起地表沉降最大，最大值达 7.8cm，方案 2、3 引起地表沉降分别为 3.24、3.04cm。水平旋喷对控制地表沉降效果明显优于管棚注浆，但水平旋喷基础上增设管棚对地表沉降控制作用不大。

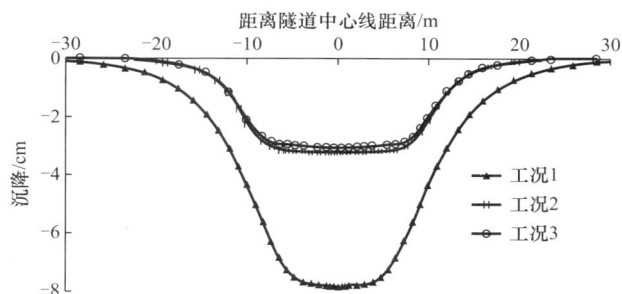

图 6　地表沉降曲线

（2）塑性区分布

图 7 为隧道开挖 12m 时掌子面周边围岩塑性区分布云图。由图可见，工况 1 隧道开挖产生的塑性区远大于工况 2。工况 1：上部软岩塑性区自掌子面沿纵向延伸至模型边界处，横向则延伸至加固圈外约 4m 处，下部硬岩亦出现大面积的受拉区。工况 2：上部软岩塑性区沿着掌子面纵向延伸约 6m，加固圈外地层基本未出现塑性区，下部硬岩仅在边墙小范围出现受拉区。3 种工况下，掌子面纵向变形最大值分别为 43.8、10.0、7.0mm。因此，在控制掌子面变形、塑性区范围方面，水平旋喷方案较管棚注浆方案好。

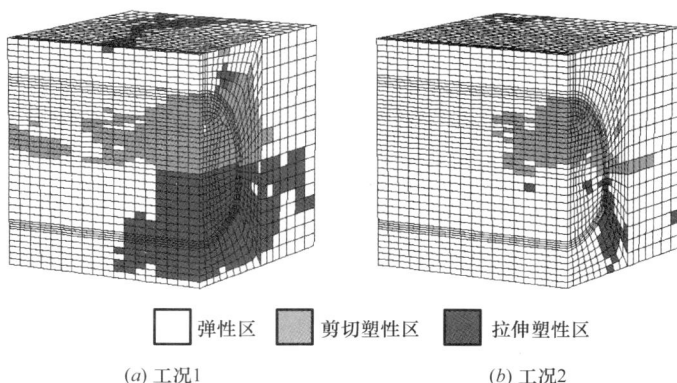

□ 弹性区　　▨ 剪切塑性区　　■ 拉伸塑性区

(a) 工况1　　　　　　　　　　　　(b) 工况2

图 7　塑性区分布图

（3）初支变形及受力规律分析

选取典型测点见图 8（a），分析初期支护的变形，各点在 3 种方案下的变形量见表 4。由表可见，水平旋喷预加固时初支变形量约为管棚注浆时的 41%，复合加固时，初支变形进一步减小，但效果不明显。

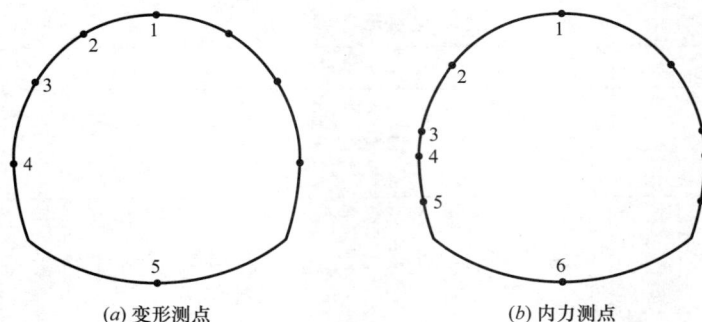

(a) 变形测点　　　　　　(b) 内力测点

图 8　初支变形内力测点布置图

初支护变形值　　　　　　　　　　　　　　　　表 4

工况	各测点初期支护变形/mm				
	1	2	3	4	5
1	69.7	63.1	47.8	26.9	2.6
2	28.7	26.4	24.6	22.4	0.8
3	26.8	25.9	24.1	21.9	0.7

分析图 8 (b) 中各点初支弯矩，列于表 5。由表可见，水平旋喷方案可在较大程度上减小初期支护受力，相对管棚注浆方案，初期支护弯矩最大减幅达 45%。但因隧道超浅埋，上覆地层薄，初支弯矩总体很小。

初支弯矩值　　　　　　　　　　　　　　　　表 5

工况	各测点初期支护弯矩/(kN·m)					
	1	2	3	4	5	6
1	5.7	−21.6	30.0	−8.6	5.2	0.150
2	3.8	−15.3	17.1	−4.3	3.6	0.089
3	3.3	−12.4	16.6	−3.9	3.0	0.083

注：表中正值表示隧道内侧受拉，负值反之。

管棚注浆预加固不能有效控制地层变形及保证掌子面稳定，难以保证塌方风险的可控性。水平旋喷预加固，可有效控制地层变形，减小塑性区，大大降低隧道塌方风险。水平旋喷及管棚注浆相结合可进一步减少地层变形，降低塌方风险，但效果不显著。然而，实际施工中水平旋喷工艺难以控制，可能存在断桩现象，止水效果难以达理论效果，且水平旋喷桩存在抗拉及抗剪强度低[6]，水平旋喷与管棚注浆可克服上述缺点，加强预加固质量，降低隧道施工风险。

5　实　施　效　果

通过现场测试分析对风险控制措施的效果进行评价。对地表沉降及洞内变形进行测试，在河道岸边布置 7 个测点，河道中心布置 3 个测点，如图 9 (a) 所示，同时进行洞内拱顶下沉、周边收敛监测。

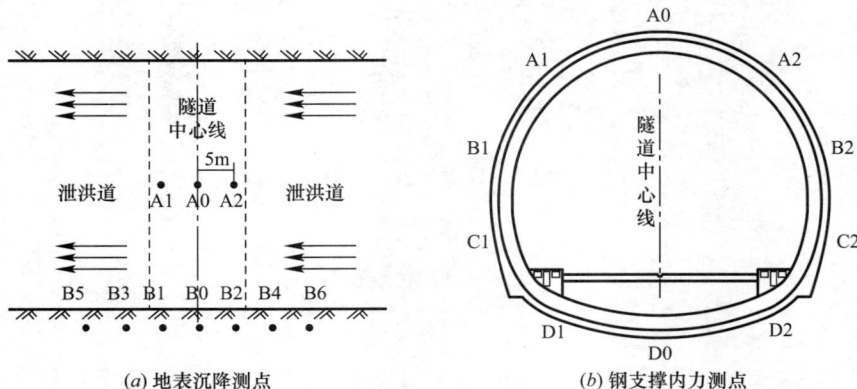

(a) 地表沉降测点　　　　　　(b) 钢支撑内力测点

图 9　地表沉降及初支受力测点布置图

地表沉降结果表明，位于岸边的 B 断面沉降较河道中心 A 断面沉降小，隧道中心线地表沉降趋于稳定后最大值分别为 9.4、10.2cm。

洞内变形值列于表 6，拱顶沉降最大值达 9.6cm，收敛值最大值达 10.3cm，位于 K111＋150 断面（河道中心）。

洞内变形实测值　　　　　　　　　　　　　　表 6

位置	对应里程洞内间距/cm				
	K111＋135	K111＋145	K111＋150	K111＋155	K111＋165
拱顶沉降	6.53	9.2	9.6	5.6	5.2
上台收敛	6.6	9.1	10.3	8.0	5.8
中台收敛	4.9	5.3	6.1	4.5	3.6

由于实际施工水平旋喷止水效果未达理想效果，而且施工中存在局部超挖，初支上台未落在下部硬岩上，初支封闭较慢等原因[10]，实测值较计算值大，但现场监测数据表明地表及洞内变形随隧道掘进均趋于稳定，隧道施工安全，且满足施工及周边环境要求。

对钢支撑内力进行测试，测点布置如图 9（b）所示，图中共布 A0、B1 等 10 对测点。根据应变值计算钢拱架截面弯矩及轴力见表 7，计算得最小安全系数为 3.7，满足安全要求。

钢支撑实测弯矩、轴力值　　　　　　　　　　表 7

测量值	测点					
	A0	A1	B1	C1	D1	D0
弯矩/(kN·m)	3.9	−3.8	3.2	−1.1	0.1	0.3
轴力/kN	−356.2	−107.4	15.1	49.0	−58.4	52.8

注：表中弯矩正值表示支撑内侧受拉，轴力正值表示为拉力。

综上可知，超浅覆大断面暗挖隧道下穿富水河道时，在地表隔水措施基础上，采用水平旋喷与大管棚复合超前支护并结合三台阶法开挖方案，隧道结构受力小，能保证隧道安全，且加快施工进度，降低工程造价。该方案有效规避了风险，保证了隧道安全、快速下穿富水河道。

6　结　　论

（1）超浅覆大断面暗挖隧道下穿富水河道易发生塌方、渗漏水、大变形事故，且风险极高。必须采取合理有效技术控制措施，保证隧道安全。

（2）水平旋喷桩结合大管棚可有效止水并加固地层，确保预支护结构的加固效果，无需其他注浆、超前小导管等辅助措施即可有效规避塌方风险。

（3）在地表隔水措施基础上，采用水平旋喷与大管棚复合超前支护并结合三台阶法开挖方案，既可降低隧道施工风险，又解决了安全、工期及造价之间的矛盾。

参 考 文 献

[1] 褚东升，刘志，靳柒勤，等. 山岭隧道穿越冲沟段施工风险分析与控制措施 [J]. 地下空间与工程学报，2011，7（增刊 2）：1735-1741.
CH Dong-sheng, LIU Zhi, JIN Qi-qin, et al. Risk analysis and control measures of mountain tunnel construction through gully section [J]. **Chinese Journal of Underground Space and Engineering**, 2011, 7 (Supp. 2): 1735-1741.

[2] 李奎，高波. 地铁隧道下穿小河和桥梁的施工方案研究 [J]. 岩土力学，2010，31（5）：1509-1516.
LI Kui, GAO Bo. Study of construction schemes for metro tunnel crossing river and bridge [J]. **Rock and Soil Mechanics**, 2010, 31 (5): 1509-1516.

［3］ 中铁第四勘察设计院集团有限公司. 江门隧道暗挖段勘察设计报告［R］. 武汉：中铁第四勘察设计院集团有限公司，2008.

［4］ 于洪丹，陈卫忠，郭小红，等. 厦门海底隧道强风化花岗岩力学特性研究［J］. 岩石力学与工程学报，2010，29（2）：381-387.

YU Hong-dan，CHEN Wei-zhong，GUO Xiao-hong，et al. Resreach on mechanical characteristics of strongly weathered granite for Xiamen subsea tunnel ［J］. **Chinese Journal of Rock Mechanics and Engineering**，2010，29（2）：381-387.

［5］ HAIDER，TAREK F，BYLE，MICHAEL J. Verification of jet grouting for structure rehabilitation ［J］. **Geotechnical Special Publication**，2000，94：441-45.

［6］ FULVIO T. ADECO full-face tunnel excavation of two 260 m^2 tubes in clays with sub-horizontal jet-grouting under minimal urban cover ［J］. **Tunnelling and Underground Space Technology**，2011，26（2）：253-266.

［7］ Itasca Consulting Group. FLAC3D fluid-mechanical interaction ［R］. ［S. l.］：Itasca Consulting Group，2003.

［8］ YANG J S，GOU D M，ZHANG Y X. Field measurements and numerical analyses of double-layer pipe roof reinforcement in a shallow multi-arch tunnel ［J］. **Transportation Research Board**，2008，2050：145-153.

［9］ CHUNGSIK Y，A M. Interaction between tunneling and groundwater——Numerical investigation using three dimensional stress-pore pressure coupled analysis ［J］. **Journal of Geotechnical and Geoenvironmental Engineering**，2005，131（2）：240-250.

［10］ 苏立华. 富水浅覆不均匀地层大断面隧道快速施工技术研究［J］. 铁道建筑，2012，42（1）：51-53.

SU Li-hua. Research on fast construction technology of abundant surface water large section shallow tunnel in heterogeneity layer ［J］. **Railway Engineering**，2012，42（1）：51-53.

高强高韧性超薄混凝土声屏障配合比研究[*]

张文芹[1]　丁庆军[2]　张运华[3]　邵华平[4]　刘振标[5]　聂　帅[1]　申培亮[1]

（1. 武汉理工大学硅酸盐建筑材料国家重点实验室，武汉　430070；2. 武汉理工大学材料科学与工程学院，武汉　430070；3. 湖北工业大学化学学院，武汉　430068；4. 广铁集团江门指挥部，广州　510088；5. 中铁第四勘察设计院集团有限公司，武汉　430067）

摘　要：根据深茂铁路线小鸟天堂生态景区环评要求采取全封闭声屏障，深茂铁路项目组提出了全封闭弧形高强高韧性超薄混凝土声屏障设计思路，要求弧形单元板（200cm×265cm×5cm）抗压强度要求达到100MPa以上，抗折强度达到18MPa以上。通过研究高韧性声屏障混凝土配合比设计关键参数对其性能的影响规律，制备了高强高韧性超薄混凝土声屏障单元板，当配合比为：硅灰∶粉煤灰∶水泥＝0.3∶0.1∶1，PVA纤维掺量为0.5%，镀铜钢纤维掺量为2%，混凝土工作性能优异，一天脱模强度达到55MPa，免蒸养，28d抗压强度达到136MPa，抗折强度达到32MPa，隔声系数达到28dB，达到全封闭声屏障设计要求，满足项目建设要求。

关键词：混凝土声屏障；高强高韧性超薄混凝土；全封闭声屏障；PVA纤维；ECC

深茂铁路（深圳—茂名）东起深圳北站，途经东莞、广州（南沙）、中山、江门、阳江，终于茂名站，全长390.1km，项目按国铁Ⅰ级双线电气化标准设计。设计时速，客运250km/h，初期每天运行车次95对，年度货运规划500万t。深茂铁路出江门南站后，沿东西方向布置，在小鸟天堂生态景区北侧经过，根据环评审查要求，需要在小鸟天堂两侧2km范围内设置全封闭声屏障。由于列车在高速运行时气动力与外部风力引起的静、动风载效应复杂，且处于台风影响区，因此要求全封闭声屏障结构要有较高的强度与安全性、耐久性等满足列车高速通过时的安全使用要求[1-2]。经过铁四院对封闭声屏障的动力学模拟发现圆弧型的声屏障（图1）具有最佳的气动力学，这与刘荣珍对高速铁路声屏障几何形状对降噪结果影响的结论一致[3]。考虑到全封闭声屏障的复杂工况，目前满足此要求的封闭式声频隔离板可采用金属声屏障[4]进行拼接，但金属声屏障板的造价较高，长期使用性能下降较快，不利于后期维护保养。而混凝土是建筑领域使用最广泛的材料，其性能可根据其配合比设计达到各个使用目的，其成本也远远低于金属声屏障板材，且能通过配合比设计有效降低噪音，达到生态区的和谐发展的目的[5-7]。考虑到混凝土的自重，承重钢横梁的荷载要求，混凝土板（200cm×265cm×5cm）要求厚度不超过5cm，而且抗压强度要求达到100MPa以上，抗折强度达到18MPa以上，而且混凝土声屏障单元板受腔体内空气正负压的反复作用，对混凝土声屏障单元板的抗弯折能力提出了更高的要求。具有超高抗拉韧性的复合水泥基材料ECC因其具有超高抗拉韧性无疑是封闭式声频罩的首选材料[8-9]。由于设计需要，全封闭声屏障采用弧形设计，混凝土声屏障单元板为弧形单元板（弧形板厚5cm，每块面积5.3m²），这给混凝土声屏障单元板的成型施工带来了较大困难。该实验基于高韧性混凝土设计思路，通过调整配合比，得到高韧性高强度纤维增强水泥基复合材料，成功研制出满足要求的高强高韧性超薄混凝土声屏障材料。

图1　深茂铁路全封闭混凝土声屏障试验段

* 本文发表于《建材世界》2017年第38卷第1期。

1　实　验　材　料

水泥采用的是华新水泥 P·I 52.5 硅酸盐水泥。采用安徽某建材有限公司生产的硅灰，其 SiO_2 含量为 91.26%，比表面积为 19600m^2/kg；采用凤阳三洋硅砂有限公司的水洗烘干石英砂作为集料，其容重为 2.65kg/m^3，粒径 40～200 目。声屏障混凝土采用国产 PVA 纤维，其基本性能见表 1，采用的钢纤维为江苏某钢纤维公司生产的镀铜钢纤维，其长度 12～14mm，直径 0.18～0.23mm，拉伸强度 2800MPa；采用的拌合水为洁净的自来水。

国产 PVA 纤维的物理性能　　　　　　　　　　　　　　　表 1

长度/mm	直径/μm	拉伸强度/MPa	干断裂伸度/%	弹性模量/GPa
12	20	1200	17	35

试验方法

单轴拉伸测试依据日本 JSCE 标准，在搅拌机中加入水泥、粉煤灰与石英砂，进行干料预混合，然后加入水和减水剂得到均质水泥浆体，最后加入纤维充分搅拌直至纤维分散均匀，制备过程中通过改变高效减水剂的加入量调整 ECC 的流变性能，每组 ECC 浇筑在三块哑铃状模具中，哑铃状试样养护到 24h 后脱模，然后在养护箱中 95±1%RH、(20±0.5)℃条件下进行标准养护，试样分别养护到 28d 测试单轴拉伸性能，直接拉伸测试加载速率为 0.4mm/min。

抗压强度测试根据标准《建筑砂浆基本性能试验方法标准》，每组 ECC 浇筑三块 70.7mm×70.7mm×70.7mm 立方体试样，试样养护到 24h 后脱模，然后在养护箱中 95±1%RH、(20±0.5)℃条件下进行标准养护，试样分别养护到 28d 后进行测试抗压强度。

三点弯曲测试时，每组 ECC 浇筑在三块板状模具中，10mm×60mm×240mm 试样养护到 24h 后脱模，然后在养护箱中 95±1%RH、(20±0.5)℃条件下进行标准养护，试样养护到 28d 测试弯曲性能，位移加载速率 0.4mm/min。

水泥砂浆浇筑在 40mm×40mm×160mm 的三联模中，试样养护 24h 后拆模，标准养护 28d。然后结合动弹性模量测试方法和《水工混凝土断裂试验规程》，测试基体的弹性模量、断裂韧性和裂纹尖端韧度。

2　结　果　讨　论

2.1　高韧性声屏障混凝土配合比设计关键参数对其性能的影响规律

根据表配合比（表 2）制备得到的声屏障水泥基材料在标准养护箱中养护 28d 后，进行直接力学性能和挠度分析，其性能分析见表 2，从表 2 中可以看出，随着砂/胶比的降低，胶凝材料增加，试样的抗压强度增加，ECC 表现出了良好的抗弯折能力与极限拉伸强度，S/B 为 0.8，W/B 为 0.35，FA/C 为 1 的时候，在抗压强度达到 50MPa 的时候，极限弯曲强度和极限拉伸强度达到了 12.34MPa 与 5.23MPa。其他组分如粉煤灰可降低纤维/基体界面化学结合能和基体断裂韧性，但能够增加界面摩擦力，能有效提高 ECC 的拉伸应变性能；水胶比显著降低基体的断裂韧性和弹性模量，所以适当提高水胶比能提高 ECC 的延性。通过高韧性性水泥基复合材料弯曲试验和单轴拉伸试验分析，发现砂胶比、水胶比、粉煤灰掺量对 ECC 的强度和延性都具有影响，其中粉煤灰掺量对复合材料的极限拉伸强度和极限弯曲强度影响最大，水胶比对复合材料的挠度影响最大，砂胶比对极限拉伸应变影响最大，水胶比对复合材料拉伸强度和极限拉伸应变无显著影响。

高韧性性水泥基复合材料配合比及材料性能分析表 表2

试验号	S/B	W/B	FA/C	PVA/%	抗压强度/MPa	极限弯曲强度/MPa	挠度/mm	极限拉伸强度/MPa
1	1.2	0.35	1	2	43.50	9.46	4.34	3.51
2	1.2	0.30	0.5	2	47.50	7.11	7.52	2.36
3	1.0	0.35	1	2	45.60	10.60	8.34	4.62
4	1.0	0.30	0.5	2	49.80	10.31	8.74	4.01
5	0.8	0.35	1	2	51.30	12.34	9.64	5.23
6	0.8	0.30	0.5	2	53.12	11.63	10.56	5.12

2.2 高强高韧性声屏障混凝土的制备

虽然高韧性水泥基复合材料表现出了良好的抗弯折能力与极限拉伸强度，S/B 为 0.8，W/B 为 0.35，FA/C 为 1 的时候，在抗压强度达到 50MPa 的时候，极限弯曲强度和极限拉伸强度达到了 12.34MPa 与 5.23MPa，这优异于其他普通混凝土。但是基于该项目的应用环境特殊，EEC 混凝土抗压强度方面无法满足要求。该实验拟在实验中添加活性粉末（硅灰）的方式，结合活性粉末混凝土的设计方法，发挥 ECC 与活性粉末混凝土两者的优势，制备一种既具有高韧性，又高强的新型混凝土，满足其在项目中的应用。

从表 3 可以看出，随着砂胶比的增大，流动度减小；随着水胶比的增大，流动度增大；随着钢纤维掺量的增大，流动度减小，PVA 纤维的掺量对混凝土的流动度影响也较大。全封闭混凝土声屏障不仅对声屏障单元板的强度和抗弯折能力提出了较高要求，同时因为考虑到梁的承重问题，混凝土板的厚度要求不大于 5cm，这对混凝土的工作性能提出了较高要求，由表 3 可知，所制备的声屏障混凝土抗压、抗折强度基本都达到要求，综合考虑混凝土的性价比，选择了配比 8。

高强高韧性水泥基复合材料配合比表及材料性能表 表3

序号	ω砂胶比	ω水胶比	φ钢纤维/%	φPVA纤维/%	流动度/mm	抗压强度/MPa	抗折强度/MPa
7	0.9	0.16	1	1	108	126.1	23.5
8	0.9	0.20	2	0.8	103	131.7	32.6
9	0.9	0.23	3	0.5	117	135.4	35.4
10	1.0	0.16	1	1	91	134.5	24.3
11	1.0	0.20	2	0.8	109	129.2	33.4
12	1.0	0.23	3	0.5	115	137.1	34.7
13	1.1	0.16	1	1	84	143.3	19.8
14	1.1	0.20	2	0.8	92	136.4	35.3
15	1.1	0.23	3	0.5	108	138.6	34.2
16	1.2	0.16	1	1	83	141.0	17.5
17	1.2	0.20	2	0.8	90	129.5	29.7
18	1.2	0.23	3	0.5	107	136.1	26.4

在文中研究发现 PVA 与钢纤维复掺时，当 PVA 纤维掺量为 0.5%，钢纤维为 2% 时，混凝土基体较为密实，缺陷较少，工作性能较好，当增加 PVA 纤维掺量时，易发生 PVA 纤维分散困难，易结团等原因而造成混凝土缺陷增多，工作性能下降。为了保证混凝土的工作性能，固定 PVA 纤维的掺量为 0.5%，水胶比为 0.23，钢纤维掺量为 2%，此时混凝土的抗压强度达到 129.2MPa，抗折强度达到 26.7MPa，满足声屏障混凝土设计要求。

文中 PVA 纤维与钢纤维的混掺，是基于他们在微观力学上的不同表现，可以互为补充，提高混凝土的强度和韧性。在镀铜钢纤维基体界面主要存在的是纤维与基体的相对滑移摩擦力。而决定滑移摩擦力大小的是基体的密实程度。因此，基体越密实、强度越高，铜钢纤维发挥的增强作用越大。而 PVA 纤维对基体的作用主要体现在受压破坏时对试件表层胀裂的约束。基体界面在受拉状态下主要靠化学黏结力与机械锚固力来结合，力的大小与纤维的长径比和体积掺量有关[10]。当该试件内部结构中出现微裂缝后，裂缝相对的两面基体退出承受荷载，改由横贯裂缝的镀铜钢纤维和 PVA 纤维共同继续承担荷载。而当铜钢纤维与 PVA 纤维混杂掺入基体时，纤维的成型过程中彼此缠绕在一起，形成一种支撑结构体系。从而减少基体的收缩和受到荷载作用前的初始内部缺陷与内部存在的附加拉应力。由于与基体间的黏结力大，铜钢纤维滑移可以对裂缝扩展起到一定的缓冲，因此掺混杂纤维的强度明显高于普通混凝土。

　　该实验的一个难点在于如何在保证混凝土性能的同时提升混凝土的工作性能，降低混凝土的缺陷。由于高韧性高强混凝土中大量使用细骨料-石英砂、粉煤灰、硅灰以及 PVA 纤维、钢纤维导致了混凝土的粘度较大，在全封闭混凝土声屏障单元板的薄板制作过程中容易产生较多缺陷，影响混凝土的耐久性。该实验采用了几种活性粉末混凝土中常用的减水剂做了对比，发现采用浩源的活性粉末混凝土专用早强型高效聚羧酸减水剂的混凝土工作性能最好，在 PVA 纤维掺量为 0.5%，钢纤维为 2%，砂胶比为0.9，水胶比 0.23，减水剂掺量为 6% 时，混凝土的流动度可达到 132mm，在薄板弧形浇筑时混凝土的缺陷较少，28d 的强度为 136.2MPa，抗折强度达到 32.2MPa，折压比为 0.24，性能优于普通混凝土与活性粉末混凝土，可很好的满足项目要求。

3　结　　论

　　根据深茂铁路线小鸟天堂生态景区环评要求采取全封闭声屏障。由于列车在高速运行时气动力与外部风力引起的静、动风载效应复杂，且处于台风影响区，因此要求全封闭声屏障结构要有较高的强度与安全性、耐久性等满足列车高速通过时的安全使用要求（抗压强度 100MPa，抗折强度达到 18MPa 以上）。该实验通过结合 ECC 与 RPC 的设计理念，得到了具有优良韧性与强度的混凝土声屏障材料与混凝土声屏障吸声材料，配合比为：硅灰：粉煤灰：水泥＝0.3：0.1：1，PVA 纤维掺量为 0.5%，镀铜钢纤维掺量为 2%，采用浩源早强型聚羧酸减水剂，制备了工作性能优异的混凝土，一天脱模强度达到 55MPa，免蒸养，28d 抗压强度达到 136.2MPa，抗折强度达到 32.2MPa，达到材料要求，满足项目建设要求。

参 考 文 献

[1]　秦建成，高速铁路声屏障 [J]. 环境工程，2009，27（6）：115-117.

[2]　朱万旭，黄家柱，彭翰泽，等. 台风地区高铁混凝土声屏障单元板试验研究 [J]. 混凝土，2016（10）：123-126.

[3]　刘荣珍，杨新文，李艳敏. 高速铁路声屏障几何形状对降噪效果的影响 [J]. 计算机辅助工程，2009，18（1）：43-46.

[4]　辜小安，郭怀勇，周铁军，等. 我国铁路声屏障发展概况 [J]. 铁路节能环保与安全卫生，2015，5（4）：143-147.

[5]　朱万旭，黄家柱，彭翰泽，等. 钢纤维高性能混凝土在声屏障中的应用 [J]. 预应力技术，2016（1）：3-6.

[6]　唐玉斌，朱立，李昊. 活性粉末混凝土在地铁声屏障结构单元板中的应用 [J]. 混凝土，2010（3）：139-141.

[7]　王金成. 活性粉末混凝土的研究现状及其发展前景 [J]. 山西建筑，2009（16）：165-166.

[8]　Cech, Jindrich, Kolísko, Jiri, et al. Experimental and Theoretical Analysis of I-Pillars of Noise Barrier Made of Prestressed Steel Fiber Concrete, Prestressed Concrete and Reinforced Concrete with Footings Length of 600mm [J]. Key Engineering Materials, 2016, 709: 105-108.

[9]　Kamada T, Li V C. The Effects of Surface Preparation on the Fracture Behaviour of ECC/Concrete Repair System [J]. Cement&Concrete Composites, 2000, 22（6）: 423-431

[10]　俞家欢，牛宏，包龙生，等. 界面裂纹扩展与分叉对 ECC 混凝土叠层修补体系的影响 [J] 中国公路学报，2013，26（1）：44-50.

宽幅 PK 断面混凝土斜拉桥剪力滞效应研究[*]

李　飞[1]　陈楚龙[1]　陶智驰[1]　孙　远[2]　邵华平[3]

(1. 中交第二公路勘察设计研究院有限公司 武汉　430056；2. 华中科技大学 武汉　430074；

3. 广州铁路集团公司 广州　510000)

摘　要：针对武汉市四环线汉江特大斜拉桥宽幅 PK 断面的特点，采用有限元法对宽幅箱梁桥成桥运营阶段等工况下全桥的剪滞性能进行了分析，得到了箱梁剪力滞空间分布规律。横向预应力筋的作用不能忽略，其显著改变了剪力滞系数。在直腹板厚度、直腹板间距和斜腹板厚度因素中以直腹板间距对最大剪力滞系数的影响最大，但是也在 5% 以下。明确了施工和运营过程中主梁截面需要重点监控的位置，为拓展宽幅 PK 断面混凝土斜拉桥的应用提供支撑。

关键词：宽幅斜拉桥 PK 断面；剪力滞效应；有限元

　　剪力滞效应，即在主梁荷载作用下，由于翼板的剪切变形致使其弯曲应力沿主梁宽度方向呈现不均匀分布的现象[1]。然而，对于 PK 断面[2]的剪力滞问题和可能带来的不利影响，国内外设计规范目前没有统一规定。且主梁断面宽度超过 40m 的宽幅双边箱混凝土斜拉桥在国内尚没有已建桥梁作为参考。因此，对于这种复杂截面的剪力滞效应还有待进一步的研究。

1　工　程　概　况

　　武汉四环线汉江大桥采用 360m 主跨双塔 5 跨连续斜拉桥，主桥全长 714m，其跨径组成为 77m＋100m＋360m＋100m＋77m，设计车速 100km/h，双向 8 车道的高速公路，标准路基宽度 41.0m。主桥断面全宽 43.6m。桥型布置见图 1。

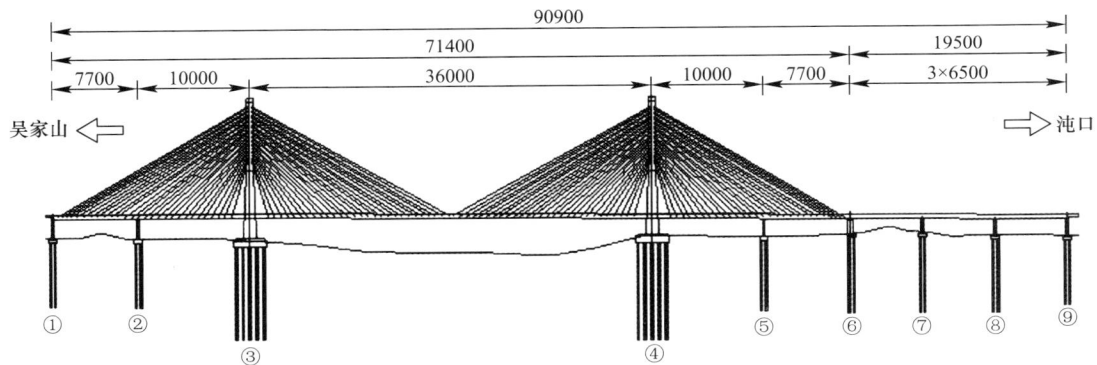

图 1　汉江大桥桥型布置图（单位：cm）

　　大桥主梁采用 PK 断面，见图 2。在辅助墩及过渡墩处采用混凝土压重，除塔梁交汇辅助墩处以及过渡墩压重段截面底板和斜腹板有加强外，其他位置截面顶板均为 28cm，底板均为 40cm，直腹板厚 40cm，斜腹板厚 25cm，桥面板设 2.5% 的双向结构横坡。

　　全桥除过渡墩处拉索间距为 4.0m 外，其他位置拉索均为 6.0m，塔梁交汇处无索区长度为 32.8m。主梁在桥塔处设置竖向支撑以及纵向阻尼器，边跨设置辅助墩。主塔采用 C50 混凝土，主梁采用 C55 混凝土。

＊　本文发表于《交通科技》2017 年第 1 期。

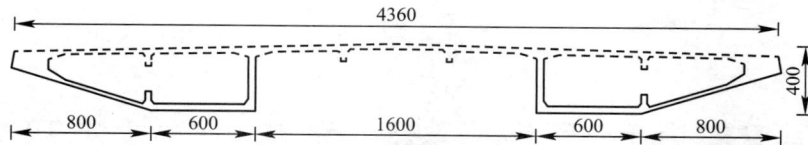

图 2　大桥无横隔板处主梁截面（单位：cm）

2　有限元模型

由于斜拉桥内力和施工过程密切相关，用一次成型的有限元模型研究成桥和几种关键工况下的主梁剪力滞[3-6]并不是十分准确。为最大限度地保证研究位置的内力等效，结合 Ansys 杆系单元对施工过程的模拟结果，选取多个节段研究，局部模型见图 3。

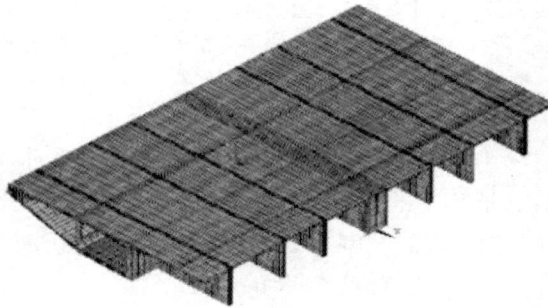

图 3　局部梁段有限元模型

3　全桥剪力滞分析

3.1　分析截面选取

过渡墩到辅助墩之间的 70m 跨，辅助墩到主塔之间的 100m 跨均选取 5 处典型截面，主塔到中跨跨中选取 9 处典型截面。考虑施工过程提取 Ansys 模型的梁端力，并在计算结果中按照初等梁理论的公式通过箱梁中心线换算得到箱梁顶最低点应力值，见表 1。

成桥状态下主梁关键位置截面底板、底板最大正应力及相应的剪力滞系数　　　　表 1

位置	顶板		底板	
	σ_{max}	λ_{max}	σ_{max}	λ_{max}
70m 跨外过渡墩支点截面	−3.69	1.42	−5.68	1.05
70m 跨 $L/4$ 截面	−4.47	1.37	−8.91	1.03
70m 跨 $L/2$ 截面	−6.00	1.18	−11.69	1.03
70m 跨 $3L/4$ 截面	−6.50	1.08	−12.40	1.03
70m 跨辅助墩支点截面	−8.27	1.05	−8.21	1.04
100m 跨辅助墩支点截面	−8.82	1.09	−8.61	1.04
100m 跨 $L/4$ 截面	−7.86	1.14	−10.55	1.04
100m 跨 $L/2$ 截面	−8.11	1.14	−11.47	1.03
100m 跨 $3L/4$ 截面	−8.99	1.10	−11.03	1.03
100m 跨主塔支点截面	−9.87	1.10	−10.75	1.04
360m 主跨主塔支点截面	−10.63	1.13	−10.58	1.04

续表

位置	顶板		底板	
	σ_{max}	λ_{max}	σ_{max}	λ_{max}
360m 主跨 $L/16$ 截面	−8.99	1.09	−11.35	1.03
360m 主跨 $L/8$ 截面	−8.33	1.12	−11.69	1.04
360m 主跨 $3L/16$ 截面	−7.71	1.14	−10.60	1.03
360m 主跨 $L/4$ 截面	−7.31	1.15	−10.87	1.04
360m 主跨 $5L/16$ 截面	−7.31	1.15	−10.59	1.03
360m 主跨 $3L/8$ 截面	−7.59	1.14	−10.64	1.05
360m 主跨 $7L/16$ 截面	−7.51	1.15	−11.09	1.05
360m 主跨 $L/2$ 截面	−6.97	1.20	−11.00	1.03

3.2　计算结果分析

顶板最大剪力滞系数在 1.05～1.42，底板剪力滞系数在 1.03～1.05，底板正应力分布均匀性较高。从表 1 可以看出顶板正应力最大值是 10.63MPa（塔根处），底板正应最大值 12.4MPa（70m 跨 $3L/4$ 截面），整个桥梁仍留有很大的安全储备。

4　参数敏感性分析

4.1　横向预应力对主梁剪力滞的影响

对结构仅施加横向预应力，提取位置顶、底板应力结果绘于图 4 中。此时箱梁横截面上各点顺桥向变形很小，相当于弹性力学中的平面应变问题[7]。选取无横隔板和有横隔板特征位置，提取顶底板应力计算结果列于表 2 中。由表 2 可见，横向预应力显著增大顶板剪力滞系数，对于无横隔和有横隔 2 个位置分别增大了 2.1％和 5.5％。横向预应力对底板与直腹板相交处以及底板与斜腹板相交处有一定卸载作用，考虑横向预应力后，对应研究位置无横隔和有横隔分别增大了 2.2％和 1.8％。从上述分析可以看出，横向预应力筋对于顶、底板正应力分布及最终的剪力滞系数分布影响都很大，均在一定程度上增大了顶、底板剪力滞系数，因此在横隔板布置有弯曲横向预应力筋时，计算中应计入其影响，否则结果将偏危险。

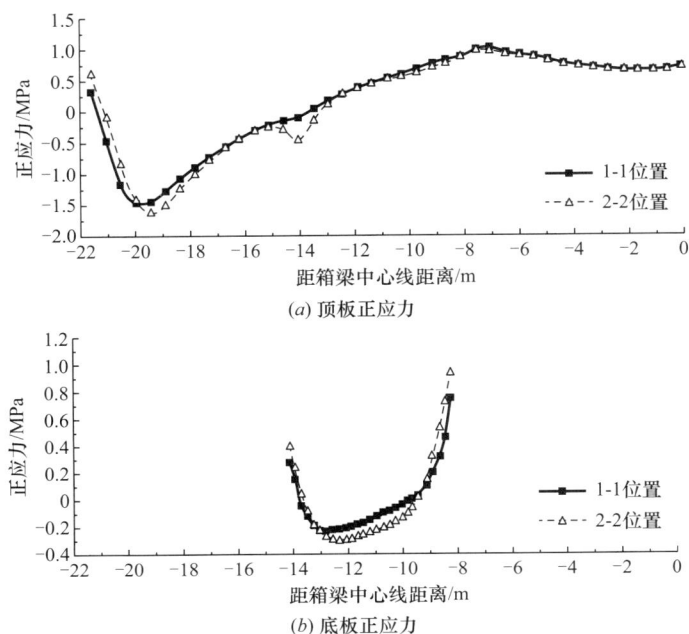

(a) 顶板正应力

(b) 底板正应力

图 4　箱梁顶、底板正应力分布图

是否设置横向预应力筋无横隔和有横隔截面位置顶、底板剪力滞系数最值　　表 2

横向预应力	剪力滞系数							
	无横隔顶板		无横隔底板		有横隔顶板		有横隔底板	
	最大值	最小值	最大值	最小值	最大值	最小值	最大值	最小值
无	1.0679	0.9002	1.0188	0.9874	1.0636	0.9090	1.0199	0.9886
有	1.0904	0.8835	1.0404	0.9345	1.1219	0.8882	1.0384	0.9142

4.2　腹板对剪力滞的影响

1）分析不同直腹板厚度（300，350，400，450，500mm）下箱梁顶、底板正应力分布及相应的剪力滞系数，同样结果列于表 3 中。增大腹板厚度对底板应力的影响明显大于顶板，即随着腹板厚度增大底板应力水平降低程度要高于顶板，顶板最大应力均出现在顶板与直腹板相交处；底板的最大应力（最大剪力滞系数）出现在底板和斜腹板相交处，且随着直腹板厚度的增大底板两端极值应力差值还在增大，这与直腹板自重的变化引起的箱梁自重分布变化有关。从 2 个截面剪力滞值系数对比来看，剪力滞效应对于直腹板厚度敏感性较低。

不同直腹板厚度下 1-1 和 2-2 截面位置顶底板剪力滞系数最值　　表 3

部位	剪力滞系数	腹板厚/cm				
		30	35	40	45	50
无横隔顶板	最大	1.0892	1.0898	1.0904	1.0909	1.0912
	最小	0.8828	0.8832	0.8835	0.8837	0.8839
无横隔底板	最大	1.0367	1.0386	1.0404	1.0433	1.0447
	最小	0.9110	0.9253	0.9345	0.9436	0.9518
有横隔顶板	最大	1.1202	1.1211	1.1219	1.1227	1.1233
	最小	0.8875	0.8879	0.8882	0.8876	0.8862
有横隔底板	最大	1.0340	1.0367	1.0384	1.0407	1.0424
	最小	0.9022	0.9080	0.9142	0.9247	0.9248

2）直腹板间距对剪力滞的影响。对直腹板间距为 12.0，14.0，16.0m（设计间距），17.0，18.0m 的 5 个不同模型进行应力分析，计算结果列于表 4 中。

不同直腹板间距下无横隔和有横隔截面位置顶、底板剪力滞系数最值　　表 4

部位	剪力滞系数	直腹板间距/cm				
		12.0	14.0	16.0	17.0	18.0
无横隔顶板	最大	1.0709	1.0796	1.0904	1.0961	1.1023
	最小	0.8727	0.8803	0.8835	0.8789	0.8742
无横隔底板	最大	1.0565	1.0494	1.0404	1.0398	1.0356
	最小	0.9189	0.9270	0.9345	0.9436	0.9495
有横隔顶板	最大	1.1027	1.1113	1.1219	1.1276	1.1337
	最小	0.8724	0.8797	0.8882	0.8838	0.8790
有横隔底板	最大	1.0521	1.0448	1.0384	1.0362	1.0336
	最小	0.8975	0.9073	0.9142	0.9263	0.9327

随着直腹板间距的增大，顶板正应力峰值远离箱梁中心线，并且峰值应力总是出现在直腹板靠近箱梁中心线一侧与顶板交点；底板应力极大值均出现底板和腹板相交处，最大值都出现在底板和斜腹板相交处，且随着直腹板间距的增大底板极值应力的差值减小。虽然变化直腹板间距对于顶、底板剪力滞均存在一定影响，但是对于底板的影响较顶板高很多（直腹板间距从 12～18m，无横隔和有横隔顶板剪力滞系数分别增大了 0.31% 和 0.34%，底板剪力滞分别降低了 3.52%，3.30%）。

3）斜腹板厚度对剪力滞的影响。以斜腹板厚度为自变量，分别设定斜腹板厚度 20，25cm（设计厚度），30，35 和 40cm 进行建模分析计算，结果列于表 5 中。

不同斜腹板厚度下无横隔和有横隔截面位置顶、底板剪力滞系数最值　　　　表 5

部位	剪力滞系数	腹板厚/cm				
		20	25	30	35	40
无横隔顶板	最大	1.0914	1.0904	1.0897	1.0907	1.0897
	最小	0.8847	0.8835	0.8823	0.8791	0.8782
无横隔底板	最大	1.0434	1.0404	1.0376	1.0361	1.0336
	最小	0.9453	0.9345	0.9318	0.9250	0.9263
有横隔顶板	最大	1.1232	1.1219	1.1212	1.1210	1.1199
	最小	0.8895	0.8882	0.8851	0.8848	0.8839
有横隔底板	最大	1.0423	1.0384	1.0365	1.0349	1.0337
	最小	0.9262	0.9142	0.9163	0.9105	0.9055

由表 5 可见，增大斜腹板厚度对于顶板正应力的影响甚微，但是对底板正应力的影响较大，斜腹板厚度从 20cm 增大到 40cm 时，研究位置无横隔和有横隔底板压应力分别减小了 1.5MPa 和 1.55MPa。斜腹板厚度的改变对顶板与直腹板相交处的最大剪力滞影响很小。当斜腹板厚度从 20cm 增大到 40cm 时，无横隔和有横隔位置底板最大剪力滞系数分别增大了 1.55% 和 0.98%，可见斜腹板厚度增大，底板与斜腹板相交处的加劲肋面积增大，剪力滞现象加剧。

5　结　　论

1）通过空间有限元分析方法对汉江大桥主梁截面正应力的计算对比，得到顶板最大剪力滞系数在 1.10～1.13 之间，底板最大剪力滞系数为 1.04。

2）成桥状态下全桥顶板剪力滞系数的范围在 1.05～1.42 之间。顶板最大正应力在 3.69～10.63MPa 之间，底板正应力分布主要呈现负剪力滞规律。底板剪力滞系数在 1.03～1.30 之间，底板最大正应力在 5.68～13.95MPa 之间。

3）横向预应力筋的作用不宜忽略，其可使剪力滞系数值显著增大。截面尺寸因素中以直腹板间距对最大剪力滞系数的影响较大，但是也在 5% 以下。

参 考 文 献

[1] 周世军. 箱梁的剪力滞效应分析 [J]. 工程力学，2008（2）：204-208.
[2] 陶海，李海波，林岩松. 斜拉桥 PK 断面主梁的空间应力分析与简化计算方法 [J]. 强度与环境，2008（5）：9-16.
[3] 程海根. 薄壁箱梁剪力滞效应理论分析与试验研究 [D]. 成都：西南交通大学，2003.
[4] 罗旗帜. 基于能量原理的薄壁箱梁剪力滞理论与试验研究 [D]. 长沙：湖南大学，2005.
[5] 蔡素军，张谢东，黄克超，等. 混凝土箱梁施工阶段剪力滞效应分析 [J]. 武汉理工大学学报（交通科学与工程版），2008，32（4）：719-722.
[6] 张玉红. 薄壁箱梁剪力滞效应的理论分析与试验研究 [D]. 兰州：兰州交通大学，2011.
[7] 文国华. 横向预应力对悬臂翼缘板有效分布宽度的影响 [J]. 中南公路工程，1998（4）：30-33.

一种桥梁防撞系统中的虚拟航道构建与船舶偏航检测方法[*]

郭　乾[1]　周　曙[1]　何　信[1]　邵华平[2]

(1. 暨南大学 电气信息学院，广东 珠海　519000；2. 中国铁路广州局集团有限公司，广东 广州　510000)

摘　要：提出一种桥梁防撞系统中的虚拟航道构建与船舶偏航检测方法。首先在桥梁通航孔安装摄像机，采集航道图像视频信息，然后对采集的视频信息进行处理，最后在视频图像上显示出虚拟航道，通过计算船舶到虚拟航道的距离判断轮船是否偏航。对有航标和没有航标情况用不同的方法构建虚拟航道，对不同的河道地形构建出适应实际地形的直线型、C 型和 S 型虚拟航道，能够准确绕开障碍物，保证船舶航行安全。实验表明该方法具有较高的正确率，对提高桥梁和船舶航行安全具有重要意义。

关键词：桥梁防撞；虚拟航道；偏航检测

0　引　言

随着交通运输业的不断发展，大量跨海、跨江桥梁兴建[1]。这种桥梁本身所处的江、海域大都是繁忙的航道，其水流、波涛、风浪等情况复杂，不可避免地会有船舶碰撞风险[2,3]，因此研究桥梁防撞的预警方法很有价值。

桥梁防撞设计方法分主动防撞和被动防撞[4]两种。主动防撞是通过对船舶的航行管理和航行轨迹干预，避免船舶撞击桥梁；被动防撞是通过桥墩安装辅助防撞设施抵御船舶撞击，避免撞击事故发生或降低受损程度。目前桥梁防撞问题研究大部分集中在被动防撞方面，主动防撞研究尚不多见，而一旦有船只偏离航道就可能导致船毁桥亡[5]。

通过航道检测实现预警的方法属于主动防撞[6]，该方法目前主要应用于公路交通中的车道检测，水路交通中的航道与车道有着本质不同，航道没有类似公路的车道线可供检测，虽然主要大型桥梁航道两边都设有航标，但仍存在船撞桥的风险。因此，建立虚拟航道的方法实现船舶偏航检测，防止发生船撞桥事故显得尤为重要[7]。

1　棋盘格标定法

1.1　棋盘格标定算法

1999 年，微软研究院的张正友提出了基于移动平面模板的相机标定方法。此方法是介于传统标定方法和自标定方法之间的一种方法，利用摄像机拍摄的图像还原空间中的物体。

$$s\begin{bmatrix}u\\v\\1\end{bmatrix} = K[r_1 r_2 t]\begin{bmatrix}X\\Y\\0\\1\end{bmatrix} = K[r_1 r_2 t]\begin{bmatrix}X\\Y\\1\end{bmatrix} \tag{1}$$

假定模板平面在世界坐标系 $Z=0$ 的平面上，K 为摄像机的内参数矩阵，$[X\ Y\ 1]^T$ 为模板平面上点的齐次坐标，$[u\ v\ 1]^T$ 为模板平面上点投影到图像平面上对应点的齐次坐标，即二维相机平面坐标的

*　本文发表于《软件导刊》2018 年 7 月第 17 卷第 7 期。

点，$M[X，Y，0，1]^T$ 为三维世界坐标，$[r_1 r_2 r_3]$ 和 t 分别是摄像机坐标系相对于世界坐标系的旋转矩阵及平移向量。

$$H = [h_1 h_2 h_3] = \lambda K [r_1 r_2 t] \tag{2}$$

$$r_1 = \frac{1}{\lambda} K^{-1} h_1，\quad r_2 = \frac{1}{\lambda} K^{-1} h_2 \tag{3}$$

根据旋转矩阵性质，即 $r_1^T r_2 = 0$ 和 $\|r_1\| = \|r_2\| = 1$，每幅图像可获得以下两个对内参数矩阵的基本约束：

$$h_1^T K^{-T} K^{-1} h_2 = 0 \tag{4}$$

$$h_1^T K^{-T} K^{-1} = h_2^T K^{-T} K^{-1} h_2 \tag{5}$$

由于摄像机有 5 个未知参数，所以当摄取的图像数目大于等于 3 时，就可线性唯一求解出 K。

$$A = \begin{bmatrix} \alpha \gamma u_0 \\ 0 \beta v_0 \\ 0 0 1 \end{bmatrix} \tag{6}$$

为相机内参矩阵。旋转和平移矩阵分别为 R、t，缩放因子标量记为 s。

$$sm = HM \tag{7}$$

其中 $H = A[r_1 r_2 t]$，$H = [h_1 h_2 h_3] = \lambda A[r_1 r_2 t]$

令

$$B = A^{-T} A^{-1} m \begin{bmatrix} B_{11} B_{12} B_{13} \\ B_{12} B_{22} B_{23} \\ B_{13} B_{23} B_{33} \end{bmatrix} = \begin{bmatrix} \dfrac{1}{\alpha^2} & -\dfrac{\gamma}{\alpha^2 \beta} & \dfrac{v_0 \gamma - u_0 \beta}{\alpha^2 \beta} \\ -\dfrac{\gamma}{\alpha^2 \beta} & \dfrac{\gamma^2}{\alpha^2 \beta^2} + \dfrac{1}{\beta^2} & -\dfrac{\gamma(v_0 \gamma - u_0 \beta)}{\alpha^2 \beta^2} - \dfrac{v_0}{\beta^2} \\ \dfrac{v_0 \gamma - u_0 \beta}{\alpha^2 \beta} & -\dfrac{\gamma(v_0 \gamma - u_0 \beta)}{\alpha^2 \beta^2} - \dfrac{v_0}{\beta^2} & \dfrac{(v_0 \gamma - u_0 \beta)^2}{\alpha^2 \beta^2} + \dfrac{v_0^2}{\beta^2} + 1 \end{bmatrix} \tag{8}$$

B 矩阵是个对称矩阵，写成一个六维向量形式：

$$b = [B_{11}，B_{12}，B_{22}，B_{13}，B_{23}，B_{33}]^T \tag{9}$$

H 矩阵的列向量形式为：

$$h_i = [h_{i1}，h_{i2}，h_{i3}]^T \tag{10}$$

b 可化简为：

$$h_i^T B h_j = v_{ij}^T b$$

$$v_{ij} = [h_{i1} h_{j1}，h_{i1} h_{j2} + h_{i2} h_{j2}，h_{i2} h_{j2}，h_{i3} h_{ji} + h_{i1} h_{j3}，h_{i3} h_{j2} + h_{i2} h_{j3}，h_{i3} h_{j3}] \tag{11}$$

最后根据内参数的限制条件（1）：$\begin{bmatrix} v_{12}^T \\ (v_{11} - v_{22})^T \end{bmatrix} b = 0$，即 $v_b = 0$。

矩阵 V 是 2×6 矩阵，即每张照片可以建立两个方程组，包含 6 个未知数，b 解出后就可解出相机内参矩阵 A，然后解得每张图像的外部参数 R、t：

$$\begin{cases} r_1 = \lambda A^{-1} h_1 \\ r_2 = \lambda A^{-1} h_2 \\ r_3 = r_1 \times r_2 \end{cases} \tag{12}$$

$$t = \lambda A^{-1} h_3 \tag{13}$$

$$\gamma = \frac{1}{\|A^{-1} h_1\|} = \frac{1}{\|A^{-1} h_2\|} \tag{14}$$

当初始参数解出后，每张图像的控制点根据求解的参数再还原回三维世界坐标，通过极大似然估计并考虑径向畸变后，得到最优参数，公式如下：

$$\sum_{i=1}^n \sum_{j=1}^m \|m_{ij} - m(A，k_1，k_2，R_i，t_i，M_j)\|^2 \tag{15}$$

其中 k_1、k_2 为径向畸变参数

1.2 张正友棋盘格标定算法实现

把 25 个点的世界坐标（齐次坐标）进行转置[8]，对单应性矩阵求解并优化。把 6 幅图的单应矩阵

求解出来后求解出 B 矩阵。因为每个单应矩阵可得到两个方程，通过循环对矩阵 y 赋值后，再对 y 进行正交分解即可得到 B 矩阵，进而得到相机的内参矩阵。

先求解出相机的外参，然后对畸变系数进行求解，得到相机坐标（Xc，Yc，Zc）。

调用函数对内参和畸变系数进行优化并显示优化后的结果，然后根据优化后的结果求解外参矩阵。

从旋转矩阵中分解出独立变量（3 个坐标的转角）得到平移矩阵，最后把它们和内参、畸变系数一起进行最终优化。

2　虚拟航道构建

如图 1，根据张正友棋盘标定原理，完成摄像机的标定与投影，得出两条虚线航道线的 4 个端子图像坐标[9-10]。从摄像机捕获视频帧，定义高斯背景模型，用第一帧创建高斯背景模型，使用当前帧更新高斯背景模型[11]，将高斯背景模型的背景图像复制到事先定义的背景图像中[12]，使用瞬时差分法获得不包含运动区域的当前帧并更新背景。当前帧与前一帧做差分并二值化处理，找到差分图像中的轮廓，得到轮廓的外接矩形，将面积小的矩形视为噪音抛弃，剩下的为运动目标，基于视频监控与分析系统检测船舶是否偏航[13]。

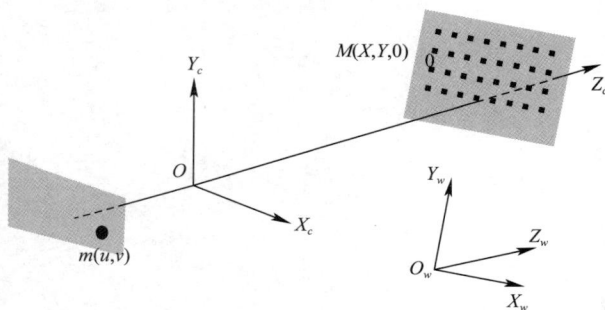

图 1　模板与坐标

2.1　航道两侧存在航标情况

对捕获图像进行自适应二值化处理和高斯模糊处理，对图像进行边缘检测[14]，对图像进行轮廓检测并设定为只检测最外层轮廓，得到各航标的最外层轮廓，获取每个航标轮廓的第一个像素点坐标，利用点集的直线拟合函数对获取的坐标点进行拟合，在视频上显示由航标点近似拟合的虚拟航道线。

2.2　航道两侧不存在航标情况

如图 2，桥梁附近水域为直线型航道情况，利用绘图函数绘制连接两个点线段，从而在 4 个端点 A、B、C 和 D 之间直接绘制出两条直的航道线 l_a 和 l_b，构建出直线型虚拟航道，该虚拟航道的宽度设定为桥梁通航孔宽度。

如图 3，桥梁附近水域地形较为曲折，在获得端点 A 和 B 间用贝塞尔曲线[15]拟合出虚拟航道线 c_c，在获得的端点 C 和 D 间用贝塞尔曲线拟合出虚拟航道线 c_d，虚拟航道线 c_c 和 c_d 的形状根据实际地形通过改变控制点坐标进行调节。为保证虚拟航道线 c_c 和 c_d 平行，坐标点 A 和 C 对应的坐标只有 x 坐标不同，坐标点 B 和 D 对应的坐标只有 x 坐标不同，对应的控制点也只有 x 坐标不同，且对应 x 坐标的差值应为通航孔在图像坐标系中对应的宽度。

对于 S 型河道，如图 4 所示，在 A 和 B 间用贝塞尔曲线拟合出虚拟航道线 c_c，在端点 C 和 D 间用贝塞尔曲线拟合出虚拟航道线 c_f，虚拟航道线 c_c 和 c_f 的形状根据实际地形通过改变控制点坐标调节[16]。

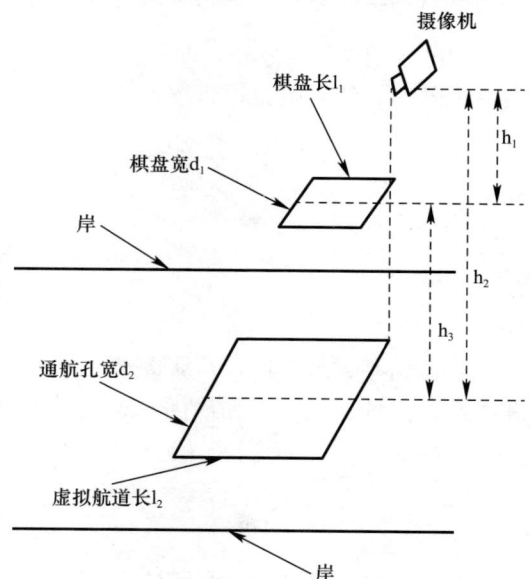

图 2　确定虚拟航道端点坐标原理

如果桥梁附近水域存在突出的水岸或小/微型岛屿等障碍物，如图 5 所示，则可在 A、B 之间直接绘制出直的虚拟航道 l_g，在 C 和 D 之间用贝塞尔曲线拟合出虚拟航道线 c_h，c_h 的控制点坐标可根据障碍物所在位置适当调节。

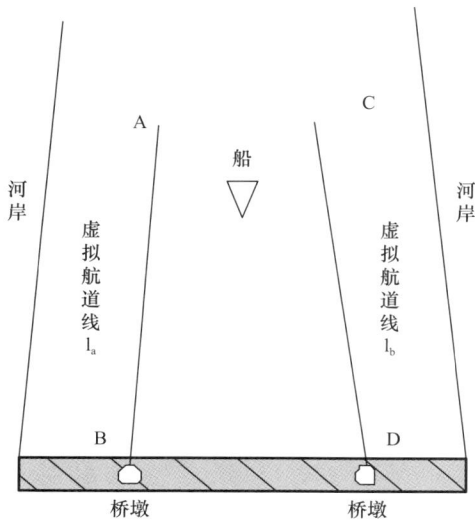

图 3　直线型河道的虚拟航道透视效果

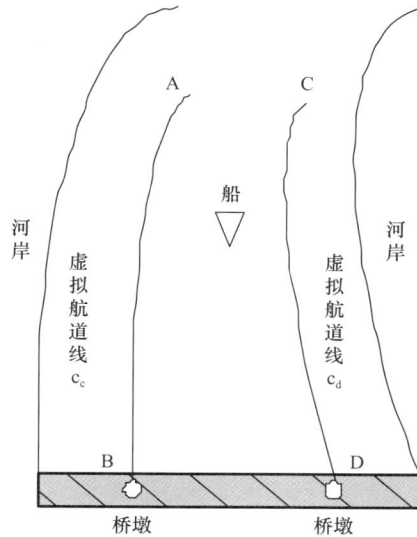

图 4　C 曲线型河道的虚拟航道透视效果

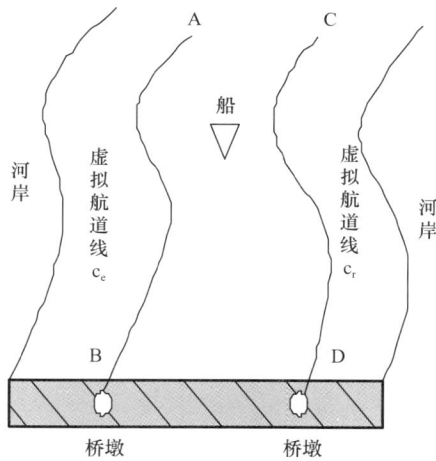

图 5　S 曲线型河道的虚拟航道透视效果

3　船舶偏航检测方法设计

3.1　直线型航道船舶偏航检测

对于直线型虚拟航道，对视频帧自适应二值化处理、高斯模糊处理，对图像进行边缘检测，再对图像检测轮廓，得到标记运动船舶的矩形框轮廓，从而获得矩形框左上角顶点坐标（x，y），则矩形框左下角顶点 A 的坐标为（x，y＋height），右下角顶点 B 的坐标为（x＋width，y＋height）。已知虚拟航道线的端点坐标可求出虚拟航道线的表达式，利用点到直线的距离公式可求出 A 到左虚拟航道线的距离和 B 到右虚拟航道线的距离，根据求出的距离判断船舶是否偏航。

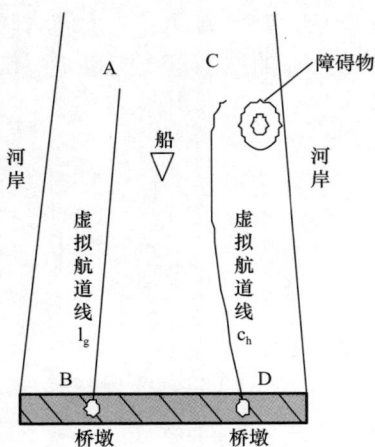

图 6　河道存在障碍物情况下的
虚拟航道透视效果

3.2　曲线型船舶偏航检测

对于曲线型虚拟航道，对视频帧进行自适应二值化处理、高斯模糊处理，对图像进行边缘检测，再对图像检测轮廓，得到标记运动船舶的矩形框轮廓，从而获得矩形框左上角顶点坐标（x，y），则矩形框左下角顶点 A 的坐标为（x，y＋height），右下角顶点 B 的坐标为（x＋width，y＋height）。提取视频帧中与虚拟航道线相同的 BGR 值的所有像素点。本实例虚拟航道线为黄色，BGR 值为（230，255，0），得到虚拟航道线轮廓，获取虚拟航道线轮廓的所有像素点坐标（x_i，y_i），利用勾股定理分别计算 A（x，y＋height）和 B（x＋width，y＋height）到（x_i，y_i）的距离，取最小距离作为判断船舶是否偏航的参考值，见图 6—图 8。

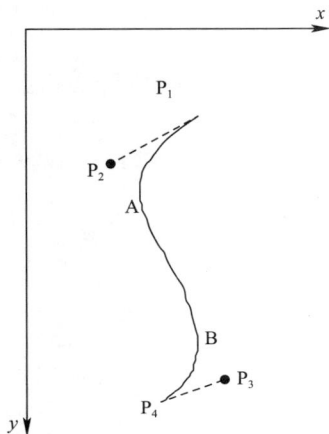

图 7　C 型曲线形状的控制方法　　　图 8　S 型曲线形状的控制方法

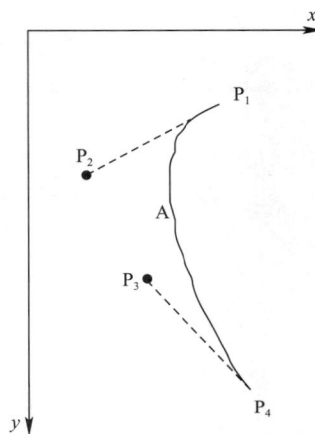

4　结　　语

本方案基于 Microsoft Visual Studio 开发环境以及 opencv 函数库，主要完成的工作有：

（1）应用张正友棋盘格标定法进行摄像机标定，将给定水面上虚拟航道四端子从世界坐标转换到图像坐标，确定虚拟航道线端子坐标。

（2）实地考察，拍摄视频，对摄像机捕获的图像进行运动船舶检测。实时计算船舶与虚拟航道距离，判断船舶是否偏航。

（3）对航道两侧存在航标的情况，利用航标点拟合直线，构建出虚拟航道。对航道两侧不存在航标的情况，利用贝塞尔曲线构建出虚拟航道。

（4）通过计算船舶到虚拟航道距离，判断船舶在靠近桥梁的过程中是否偏航。

测试证明，本仿真系统可靠，能根据用户设定的通航口宽度、监测距离、实际的河道情况，绘制相应的虚拟航道，全天候针对运动船舶的异常航行状况及时作出反馈，提醒船员采取措施。

参 考 文 献

[1]　夏飞. 桥梁防撞系统的发展 [J]. 中国水运：理论版，2008（1）：68-69.

［2］ 邓清文，孙中懿，王端，等。桥梁桥体主动防撞报警系统设计［J］. 仪器仪表用户，2016，23（12）：16-19.

［3］ 王淑，任慧，云霄，等. 通航桥梁主动防船撞系统及其性能分析［J］. 中国公路学报，2012（6）：94-100.

［4］ 姜金辉，金允龙，潘溜溜，等. 桥梁防撞研究技术与方法［J］. 上海船舶运输科学研究所学报，2008（1）：23-56.

［5］ 刘新良，关于桥梁防撞装置结构型式的探讨［J］，科技传播，2012（4）：17-18.

［6］ 张峰，跨海大桥桥墩防撞技术［D］. 上海：同济大学，2007.

［7］ 罗勤，基于序列图像处理的桥墩防撞预警系统的研究［D］. 武汉：华中科技大学，2006.

［8］ 迟德霞，王洋，宁立群，等. 张正友法的摄像机标定试验［J］. 中国农机化学报，2015. 36（2）：287-337.

［9］ 李莉，OpenCV 耦合改进张正友算法的相机标定算法［J］. 轻工机械。2015，33（4）：60-68.

［10］ 徐峰，虚拟航标在长江航道中的应用［J］. 水运工程。2012（3）：119-123.

［11］ 陈银，任侃，顾国华，等. 基于改进的单高斯背景模型运动目标检测算法［J］. 中国激光，2014，41（11）：245-253.

［12］ 邱联奎，刘启亮，赵予龙，等. 混合高斯背景模型目标检测的一种改进算法［J］. 计算机仿真，2014，31（5）：378-392.

［13］ 张慧哲，陈洪，周良. 基于视频监控技术的桥梁防撞系统［J］. 上海交通大学学报，2011，45（S1）：93-96.

［14］ 王俊杰，黄心汉. 一种对图像进行快速二值化处理的方法［J］. 电子技术应用，1998（10）：15-16.

［15］ 王学春，尚继宏. 三次贝塞尔曲线拼接模型的折线式等值线曲线化应用［J］. 测绘科学，2011，36（2）：192 235.

［16］ 初晓军，刘宣华. 基于贝塞尔曲线和路径的气象模式建模仿真［J］. 现代电子技术，2014，37（10）：12-14.

铁路噪声对"小鸟天堂"鸟类影响的研究[*]

陈顺良 邵华平 陈伟庚 曹可可

摘 要："小鸟天堂"是 390 多年的一棵独木成林的榕树，覆盖水面 1 万多 m²，是全世界最大的独木古榕。深茂铁路新会段距离"小鸟天堂"较近的线路区段为 CK125-CK128 段，共 3km，为了确保深茂铁路工程对"小鸟天堂"的影响降低到最低，深茂铁路公司组织科研单位和鸟类专家对"小鸟天堂"进行专题研究。

关键词：铁路噪声；鸟类；深茂铁路

作为我国"四纵四横"客运专线网四纵之一的深（圳）茂（名）铁路，是连接广东与海南、广西的主通道之一，东起广东深圳，经东莞、广州、中山市后，在江门地区通过江门南站分别连接广珠铁路、广珠城际铁路；线路自江门南站南端引出，向西经过新会的银州湖地区后，跨越潭江继续向西经阳江市后到达茂名市，全长约 394km。

1 深茂铁路线路方案

深茂铁路经过新会地区的线路主要研究了银洲湖上游方案（贯通方案）及银洲湖下游方案；针对银洲湖上游方案研究了桥梁方案及隧道方案。

经比较，设计推荐银州湖上游桥位方案，但由于受新会区城市规划的影响，并受江门南站站位及南端小曲线半径的限制，线路无法远高新会区的"小鸟天堂"区域。

"小鸟天堂"是 390 多年的一棵独木成林的榕树，覆盖水面 1 万多 m²，形成全世界最大的独木古榕。树上鸟类众多，鸟树相依，人鸟相处，和谐奇特，是世间罕有的一道自然美丽风景线。1933 年，文学大师巴金先生深为这一奇观所陶醉，写下了优美散文《鸟的天堂》，"小鸟天堂"从此得名。

深茂铁路新会段距离"小鸟天堂"较近的线路区段为 CK125—CK128 段共 3km 范围，距"小鸟天堂"风景区规划边界北面约 300m，距"小鸟天堂"现状管理边界北约 630m，距景区内鸟类集中分布区（竹岛）约 670m，距大榕树约 800m（图 1）。

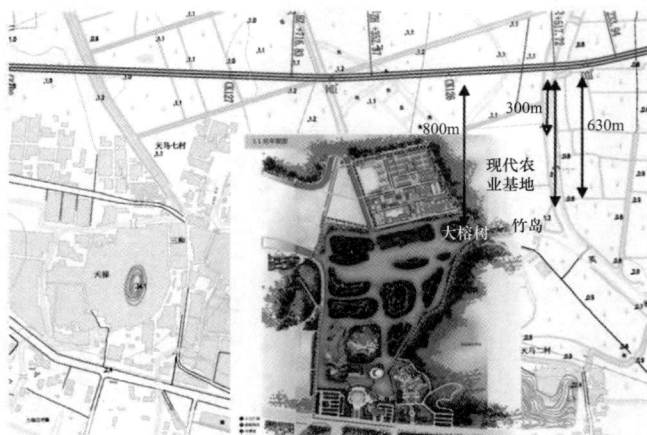

图 1 深茂铁路距"小鸟天堂"线路走向

* 本文发表于《铁路技术创新》2014 年第 3 期。

目前国内外还没有工程建设对鸟类影响的相关规定、标准，为了确保深茂铁路工程对"小鸟天堂"的影响降低到最低，深茂铁路公司组织科研单位和鸟类专家对"小鸟天堂"进行了专题研究。项目研究制定了主要的技术路线：（1）首次全面对"小鸟天堂"的鸟类进行普查；（2）参考国内外关于人类活动对鸟类影响的研究成果；（3）重点从 A 声级和噪声的线性频率两个方面研究铁路噪声对"小鸟天堂"鸟类的影响；（4）研究提出治理措施和"小鸟天堂"生态保护方案。

2　深茂铁路环境调查

2.1　"小鸟天堂"鸟类的现状调查

2.1.1　调查方法与面积

线位调查长度为与"小鸟天堂"平行的线路范围约 4km（CK124—CK128 段），调查面积为 3km²；"小鸟天堂"东面（英洲河与江门水道之间区域）调查长度约 3km，调查面积为 3km²；观察中使用双筒望远镜，以 GPS 记录观察点位。

2.1.2　"小鸟天堂"区域受重点保护的鸟类

本次调查"小鸟天堂"分布的鸟类中，属国家 II 级重点保护 2 种；属广东省重点保护的鸟类 2 种；属中日保护协定规定的保护鸟类 7 种；属中澳保护协定规定的保护鸟类 2 种。

2.1.3　调查结论

（1）"小鸟天堂"主要鹭科鸟类种群数量：夜鹭 3600～3750 只，池鹭 1660～1730 只，白鹭 780～810 只。3 种鹭科鸟类群落数量共为 6040～6290 只。

（2）鸟类主要活动范围：鹭鸟集中栖息于竹岛，多数鹭鸟飞往东、南、西面水域觅食活动，飞行距离般在 10km 左右。除费鸟外其他鸟类活动不固定，深茂铁路也处于其活动范围内。

2.2　人类活动噪声对鸟类干扰研究的相关情况

国内外学者围绕人类活动噪声对鸟类干扰进行了研究，并取得进展。

2.2.1　关于鸟类可听声音的频率

鸟类可听到频率为 300～6000Hz 的声音，可听取的最佳频率在 2～4kHz，而人类可听到的频率在 3000～16000Hz。

2.2.2　噪声对鸟类行为的影响

自然背景噪声包括风声、雨声、瀑布、鸟虫鸣叫等，属于低频率噪声，一般小于 4kHz，人类活动如工业生产、建筑、运输等噪声也多低于 5kHz，交通噪声频率一般在 2～4kHz，正好处于鸟类最佳听力范围，因此将会对鸟类鸣叫产生"掩盖效应"。

（1）对不同叫声频率鸟类的影响。鸟类通过调节其鸣声的振幅，可以使所发出的声音信号功效得到有效提高。当噪声频谱与鸣声频谱范围重合时，鸟类的鸣叫声压级，相比处于其他频率噪声环境下时，有更明显地提高。

（2）对鸟类鸣叫及交流的影响。关于鸟类有效交流距离的研究发现，交流距离与噪声呈显著负相关性，噪声越大，交流距离越小。

（3）对鸟类繁殖的影响。交通噪声对吸引配偶、保护领地方面存在"掩盖效应"。噪声的增加会减少鸟类鸣叫的距离，从而减少吸引配偶的概率，一定程度干扰繁殖期内鸟蛋孵化及雏鸟哺育。

（4）对鸟类捕食的影响。研究认为交通噪声淹没了雏鸟的乞食鸣叫，亲子交流失败，雏鸟无法得到充足食物，导致繁殖率下降。

（5）对鸟类种群和数量的影响。噪声加大了鸟类吸引或维持异性同伴的难度，距离道路越近，鸟类数量越少，表明交通噪声对鸟类存在负面影响。

2.3　铁路噪声对"小鸟天堂"鸟类的影响

国内专家认为：鉴于铁路运行噪声具有间歇性、相对稳定性的特点，可采用等效声级 L_{eq}、最大声级 L_{max} 作为铁路噪声对鸟类影响的评价量。评价限值的确定，综合考虑目前区域的现状噪声水平，并考虑国外学者的研究成果：当等效连续 A 声级 L_{Aeq}，24h 超过 50dB 时，巢内的噪声最大声级 $L_{max} > 60dB$（A）时，将对鸟类繁殖栖息选成影响；反之，噪声对鸟类的影响是可控的。

2.4　深茂铁路噪声对"小鸟天堂"鸟类的影响

（1）深茂铁路施工期噪声源强分析及评价。根据预测结果分析和深茂铁路施工期多台设备同时施工情况下，至"小鸟天堂"规划边界最大噪声影响将超 65dB（A），至主要鸟类栖息地竹岛最大噪声影响将超 55dB（A），需进一步采取设置，避免施工期噪声对"小鸟天堂"鸟类产生不良影响。

（2）深茂铁路营运期噪声源强分析及评价。铁路噪声主要是列车运行过程中机车牵引噪声，机车、车辆与轨道相互作用产生的轮轨噪声，机车鸣笛噪声，机车、车辆制动噪声。本段铁路通过"小鸟天堂"段列车运行速度较低的条件下，营运期噪声影响预测评价如下：

如深茂铁路经"小鸟天堂"段采取全封闭式声屏障，降噪效果可达到 15dB（A），并考虑公路交通噪声（未考虑降噪措施）及环境现状噪声影响，列车通过时昼间噪声至"小鸟天堂"规划区边界为 60.2dB（A），至"小鸟天堂"现状北边界为 55.6dB（A），至竹岛为 55.4dB（A）；夜间至"小鸟天堂"规划区边界为 52.4dB（A），至"小鸟天堂"现状北边界为 49.6dB（A），至竹岛为 49.5dB（A）；至主要鸟类集中栖息地竹岛夜间噪声增量较现状增加 0.8dB（A）（表 1）。

采取全封闭声屏障并叠加银鹭大道后噪声预测结果　　dB（A）　　　　　　　　表 1

预测点	银鹭大道噪声贡献值（规划路）		普客列车（90km/h）通过时噪声贡献值	背景噪声		叠加后环境噪声预测值		对比现状噪声增加量	
	昼间（高峰时段）	夜间		昼间	夜间	昼间	夜间	昼间	夜间
"小鸟天堂"规划区边界	59.0	50.3	45.4	53.5	45.2	60.2	52.4	6.7	7.2
"小鸟天堂"现状边界	48.1	40.4	37.8	54.6	48.7	55.6	49.6	1.0	0.9
"小鸟天堂"竹岛	47.5	40.0	37.1	54.6	48.7	55.4	49.5	0.8	0.8
"小鸟天堂"大榕树	45.6	38.6	35.1	49.1	42.8	50.8	44.7	1.7	1.9

3　研究结论及采取的措施

在采取全封闭声屏障情况下，深茂铁路对"小鸟天堂"鹭鸟集中分布地的噪声影响可得到有效控制，对活动空间较大的鹭鸟影响程度可有效减轻。2014 年 3 月 10 日，环境保护部批复了深茂铁路工程的环评报告书。

采取的措施与建议：

（1）设计采取全封闭式声屏障（图 2），确保"小鸟天堂"规划范围内列车经过时噪声最大值低于 60dB，24h 的 $L_{eq} < 50dB$，至鹭鸟主要栖息地竹岛、榕岛维持现状声环境。

（2）确保深茂铁路邻近"小鸟天堂"段运行速度：普客列车低于 90km/h，长编动车组列车运行速度低于 150km/h，货运列车运行速度低于 50km/h。

（3）运营后，列车运行经过"小鸟天堂"区段，禁止鸣笛。

（4）施工期尽量避开鸟类繁殖期（3～7 月）；缩短工期；合理安排施工时间，夜间鸟类归巢后应停止施工；采用低噪设备施工，采取减振降噪施工方式，并在施工时设置临时声屏障等。

图 2　"小鸟天堂"区段全封闭声屏障

（5）种植防护林：由种植宽 10m 以上的防护林，林木高度尽量达到 10m 以上，以加强生态保护。

（6）施工期和运营期加强对"小鸟天堂"区段噪声和鸟类的监测和管理。

参 考 文 献

［1］　刘谓承. 深茂铁路及银鹭大道建设运营对小鸟天堂鸟类影响研究报告［R］。

轮轨动荷载作用下全封闭声屏障的振动分析[*]

蔡理平[1]　李小珍[2]　陈锡民[1]　邵华平[1]　杨得旺[2]

（1. 广州铁路（集团）公司，广东 广州　510600；2. 西南交通大学土木工程学院，四川 成都　610031）

摘　要：以全封闭声屏障为研究对象，分析 CRH$_2$ 型动车组、C$_{80}$ 型货车轮轨动荷载作用下声屏障的振动响应。建立金属吸声板声屏障、混凝土声屏障与 32m 箱梁耦合的有限元动力分析模型，分析列车作用在箱梁上的轮轨力。通过计算得到不同列车速度下声屏障的位移和加速度响应，分析动位移、振动加速度、频谱特性和总振级的变化规律。结果表明：轮轨动荷载作用下声屏障的竖向、横向位移很小，均在 2mm 以内；动车组作用下声屏障的振动加速度峰值可达 5m/s^2；金属吸声板声屏障各考察点处的竖、横向振动加速度在各车速下均较混凝土声屏障大；声屏障振动加速度级在频率 40～80Hz 出现第一个峰值（较大），在频率 400～800Hz 出现次峰值（较小）。

关键词：全封闭声屏障；振动响应；轮轨动荷载；箱梁

高速铁路为人们带来一种方便、快捷和舒适的出行方式，但同时其噪声也给周边环境带来了严重影响，国内外对高速铁路噪声控制进行了大量研究[1-3]。在高速铁路建设工程中，声屏障是降低车外噪声的有效措施[4-5]。

由于直立式或半封闭声屏障具有"敞开性"，仍存在大量的直达声，同时绕射现象比较严重，因此降噪效果有限[6]。全封闭声屏障可以把声源"封闭"起来，与直立式或半封闭声屏障相比，绝大部分声波在传播过程中被声屏障吸收和反射，不存在绕射声。在密闭性能良好的前提下，只有少量声波会透射过全封闭声屏障到达敏感目标点，因此，全封闭声屏障可取得最佳的降噪效果[7]。

声屏障作为高速铁路降噪的重要措施，在列车高速行驶的环境下，对其强度、抗疲劳性能均有较高要求。声屏障的振动响应会引起连接件的疲劳进而影响服役周期甚至威胁列车运行安全[8]。通过数值分析研究高架桥上全封闭声屏障在动车组（CRH$_2$ 型）、货车（C$_{80}$ 型）轮轨动荷载作用下的振动响应，可为桥上全封闭声屏障的设计提供参考。

1　工程概况

作为我国"四纵四横"客运专线网四纵之一的深（圳）茂（名）铁路，是连接广东与海南、广西的

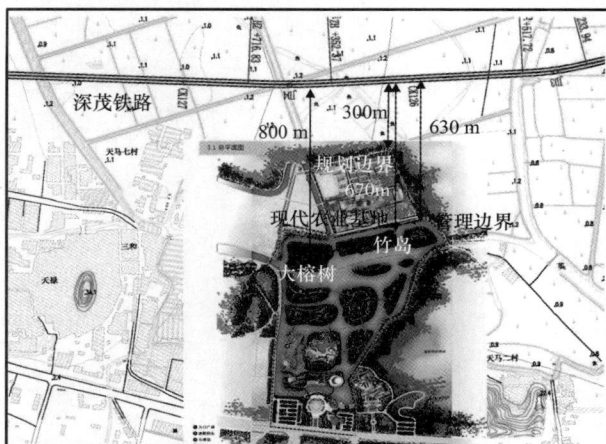

图 1　深茂铁路与小鸟天堂的地理位置[9]

主通道之一，东起广东深圳，经东莞、广州、中山市后，在江门地区通过江门南站分别连接广珠铁路、广珠城际铁路。线路自江门南站南端引出，向西经过新会的银州湖地区后，跨越潭江继续向西经阳江市到达茂名市，全长约 394km。

由于受新会区城市规划的影响，以及江门南站站位及南端小半径曲线的限制，深茂铁路无法远离新会区的小鸟天堂区域。深茂铁路新会段距离小鸟天堂较近的线路区段约 3km，距小鸟天堂风景区规划边界北面约 300m，距小鸟天堂现管理边界北面约 630m，距景区内鸟类集中分布区（竹岛）约 670m，距大榕树约 800m[9]（图 1）。

* 本文发表于《中国铁路》2017 年第 4 期。

目前，全封闭声屏障仅应用在少数城市轨道交通中，在高速铁路中尚未得到应用[9]。为保护生态环境，中铁第四勘察设计院集团有限公司率先尝试在深茂铁路上使用全封闭声屏障。

图 2 为两种声屏障方案的横截面图。金属吸声板声屏障方案由钢拱架和金属单元板组成，每榀钢拱架纵向间距 2m，金属单元板长 2.0m、宽 0.5m。混凝土声屏障方案由钢拱架和高韧性混凝土盖板组成，每榀钢拱架纵向间距 2m，混凝土盖板厚 5cm，盖板外弧长分为 2.604m、2.302m 两种。两种声屏障钢拱架均为 H 型钢，且结构尺寸完全一致。两种声屏障拱脚横向间距均为 11.650m，金属吸声板声屏障高 9.075m，混凝土声屏障高 9.125m。

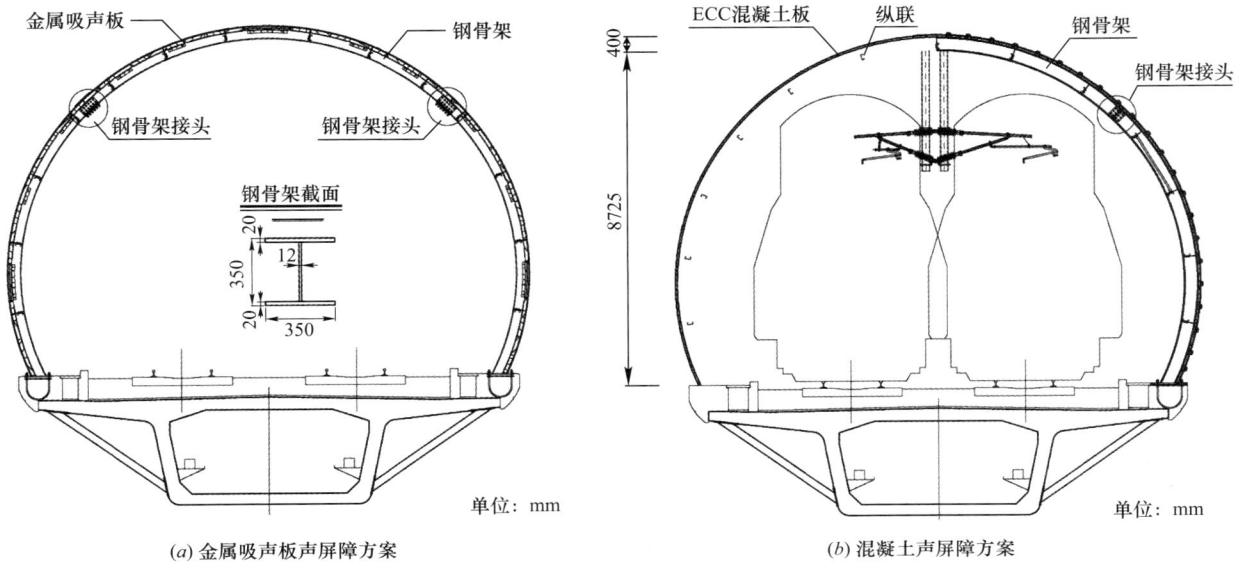

图 2　全封闭声屏障的横截面

2　车致振动分析模型

2.1　全封闭声屏障-箱梁耦合有限元模型

声屏障柱脚通过螺栓锚固在箱梁顶板翼缘基座上。在轮轨动荷载作用下，作用在箱梁上的振动能量通过柱脚传递给声屏障。以高速铁路 32m 简支箱梁为例进行分析，混凝土箱梁跨中截面尺寸见图 3，顶板宽 11.600m，厚 0.334m；底板宽 5.000m，厚 0.280m；梁高 2.7m；腹板厚 0.36m。

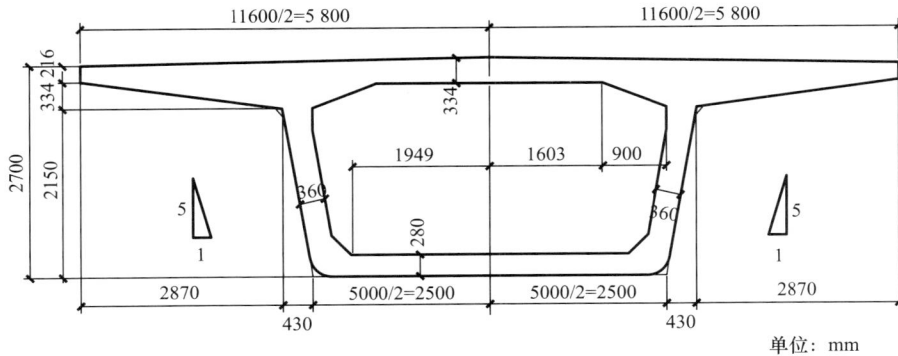

图 3　32m 箱梁跨中横截面

假定声屏障钢拱架与混凝土箱梁翼缘固接。为简化计算模型，根据两种声屏障的构造特点，忽略金属单元板和高韧性混凝土盖板对钢拱架的刚度贡献，将其视为附加质量施加在钢拱架上。因此，两种声屏障动力分析模型的差异性体现在钢拱架的附加质量上。全封闭声屏障-箱梁耦合的有限元模型见图4。

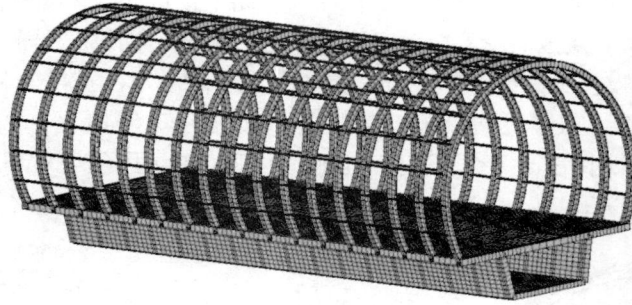

图4　全封闭声屏障-箱梁耦合有限元模型

在该模型中，钢拱架和纵向连接系采用两节点空间梁单元，混凝土箱梁采用四节点板单元，钢拱架柱脚节点与箱梁翼缘节点采用共节点处理。二期恒载取165kN/m，以面荷载的形式均匀施加到箱梁顶板上。

2.2　动态轮轨力

采用西南交通大学的车-线-桥耦合振动分析程序 BDAP 2.0[10] 得到列车作用在桥梁上的轮轨力。车型分别采用CRH$_2$型动车组和C$_{80}$型货车，速度分别取200km/h和80km/h，轨道不平顺采用ISO 3095：2005制定的轨道谱[11]。

图5为动车组（CRH$_2$型，8节编组，车速200km/h）作用下的动态轮轨力频谱图。从图中可以看出，轮轨力的峰值主要集中在频率40～80Hz，并且由于多轮对的反射叠加作用，轮轨力在高频段有较多的波动。

图6为货车（C$_{80}$型，20节编组，车速80km/h）作用下的动态轮轨力频谱图。从图中可以看出，轮轨力的峰值主要集中在频率60～100Hz，并且由于多轮对的反射叠加作用，轮轨力在高频段有较多的波动；动态轮轨力较动车组（CRH$_2$型）作用时小。

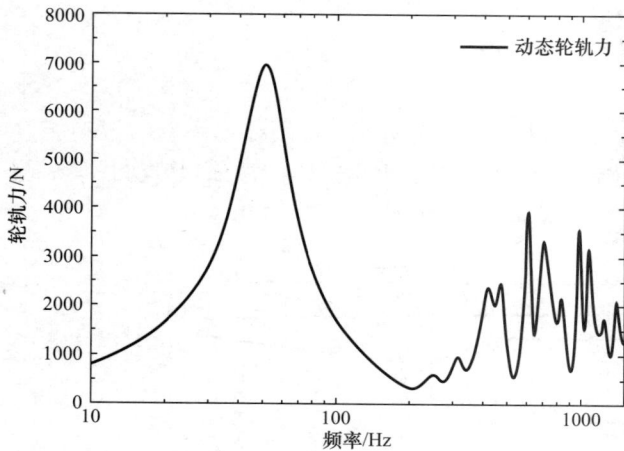

图5　动车组引起的动态轮轨力频谱图

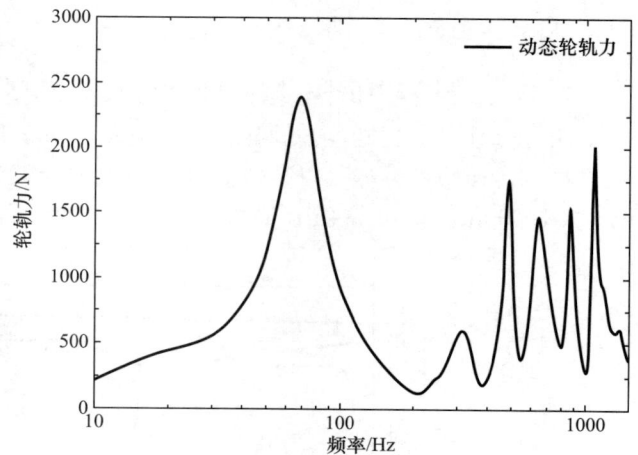

图6　货车引起的动态轮轨力频谱图

2.3　振动响应输出点

声屏障振动响应输出点示意见图7。仅考虑两种全封闭声屏障的钢拱架（H型钢）以及桥梁跨中的动力响应。考察6个振动响应输出点，包括5个声屏障输出点和1个桥梁跨中输出点。5个声屏障动力响应输出点分别编号1$^{\#}$、2$^{\#}$、3$^{\#}$、4$^{\#}$、5$^{\#}$，分别为拱顶、1/4拱、1/2拱、3/4拱和拱脚。

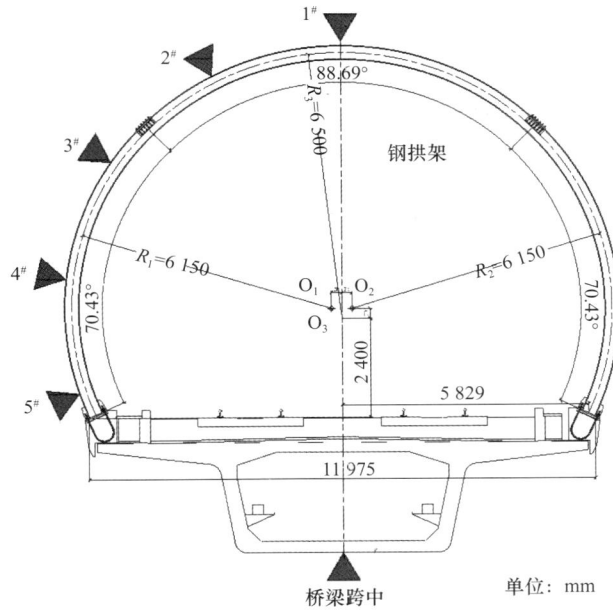

图 7 声屏障振动响应输出点示意图

3 振动响应分析结果

3.1 时域内的动位移对比

图 8 为动车组（CRH$_2$ 型）与货车（C$_{80}$ 型）分别作用时，不同列车速度下两种声屏障方案各考察点的竖向与横向动位移峰值对比。从图中可以看出：

（1）对于竖向位移，动车组作用下声屏障的最大响应可达 0.50mm；货车作用下声屏障的最大响应约 1.50mm；桥梁跨中以及声屏障拱脚的竖向位移较小；钢拱架竖向位移大于箱梁竖向位移，这与拱圈存在局部振动有关，并且最大竖向位移响应出现在 1/2 拱附近，即 3$^\#$、4$^\#$ 点处。

（2）对于横向位移，动车组作用下声屏障的最大响应约 0.35mm；货车作用下声屏障的最大响应约 0.90mm；桥梁跨中横向位移几乎为 0；声屏障的最大横向位移响应出现在拱顶，即 1$^\#$ 点处，并且钢拱架自拱顶至拱脚，横向位移逐渐减小。由于该线路为双线铁路，对于声屏障来说，列车偏心加载使箱梁发生转动，从而带动声屏障钢拱架产生横向位移。因此，拱顶处因箱梁的扭转引起的横向位移最大，而越靠近拱脚位置横向位移越小。

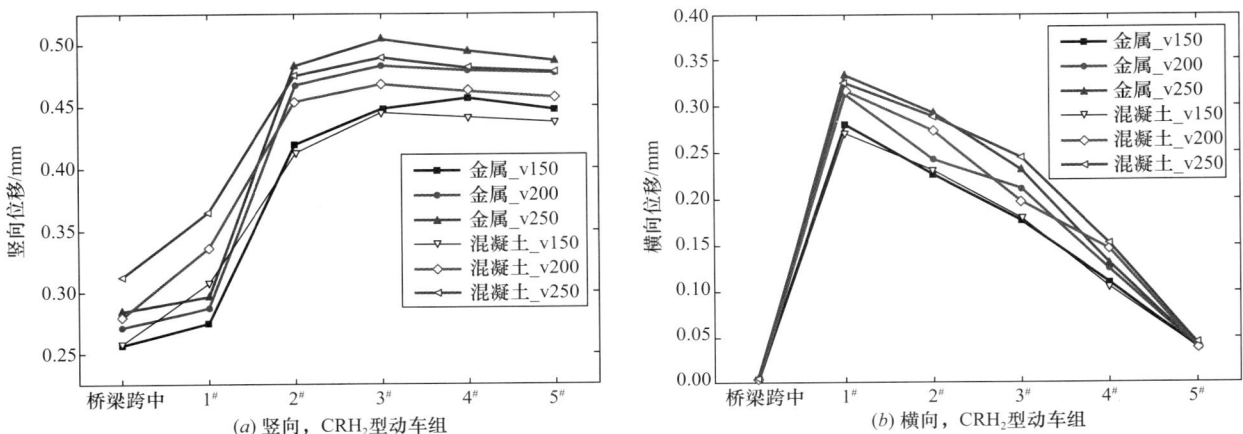

图 8 两种方案的动位移峰值对比（一）

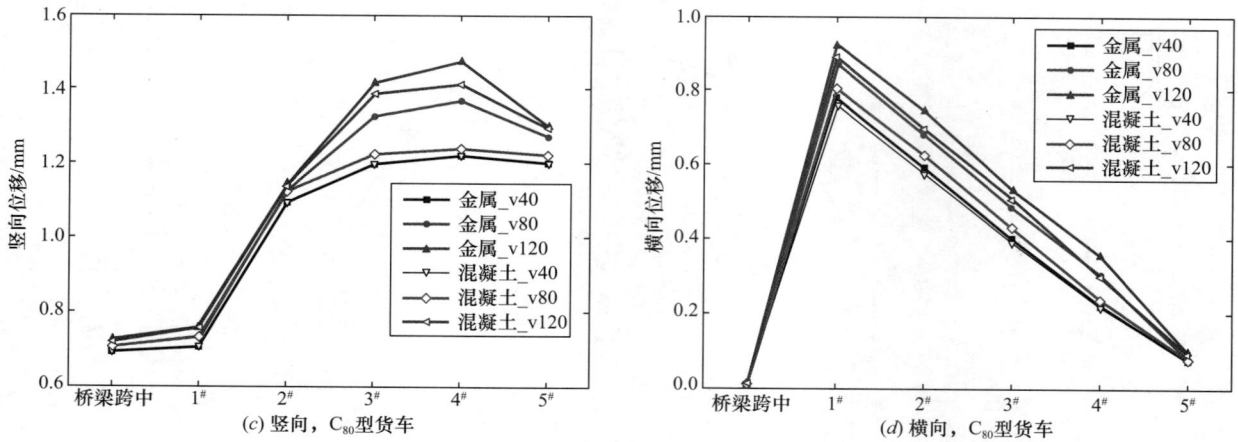

图 8　两种方案的动位移峰值对比（二）

（3）货车作用下各考察点的动位移最大值较动车组作用时大，这是由于前者的荷载大，而位移响应主要受列车轴重的影响。

（4）金属吸声板声屏障钢拱架竖、横向动位移最大值在各车速下均较混凝土声屏障大。列车速度越大，通过时声屏障位移响应越大。

（5）两种声屏障方案对箱梁的动位移最大值（竖向与横向）基本无影响。

3.2　时域内的振动加速度对比

图 9 为动车组（CRH$_2$ 型）与货车（C$_{80}$ 型）分别作用时，不同列车速度下两种声屏障方案各考察点处的竖向与横向振动加速度峰值对比。从图中可以看出：

（1）当动车组列车运行速度超过 200km/h 时，金属吸声板声屏障竖向、横向振动加速度最大接近 5m/s^2；混凝土声屏障竖向、横向振动加速度最大约 4m/s^2。在货车轮轨动荷载作用下，声屏障竖向加速度小于 1.2m/s^2，横向加速度小于 1.6m/s^2。

（2）两种声屏障方案下各考察点处的竖向与横向振动加速度最大值均出现在 1/2 拱附近，即 3$^\#$ 与 4$^\#$ 考察点处，且竖向与横向振动加速度基本相等。对于桥梁而言，金属吸声板方案，跨中竖向振动加速度小于 1.5m/s^2；混凝土方案，跨中竖向振动加速度小于 0.3m/s^2；桥梁跨中横向振动加速度几乎为 0。

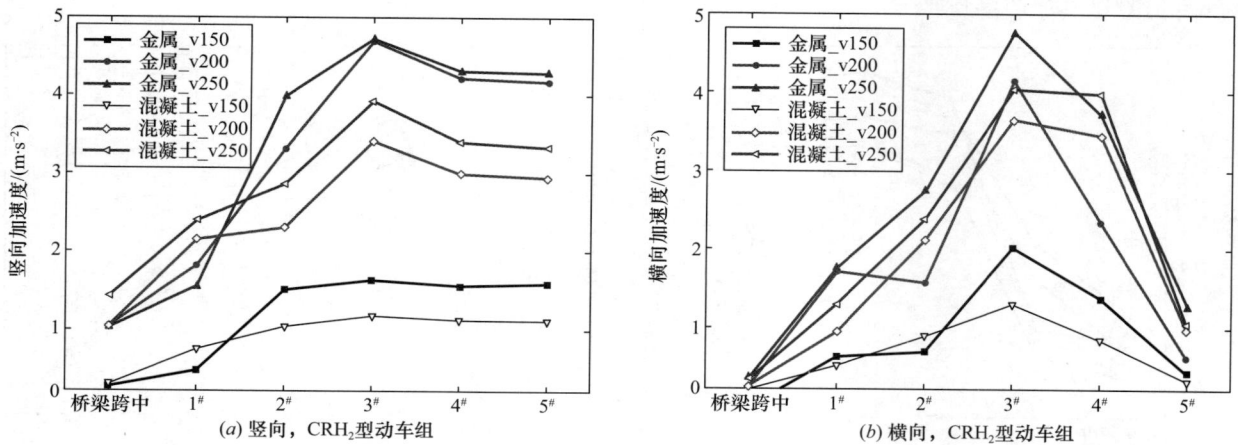

图 9　两种方案的振动加速度峰值对比（一）

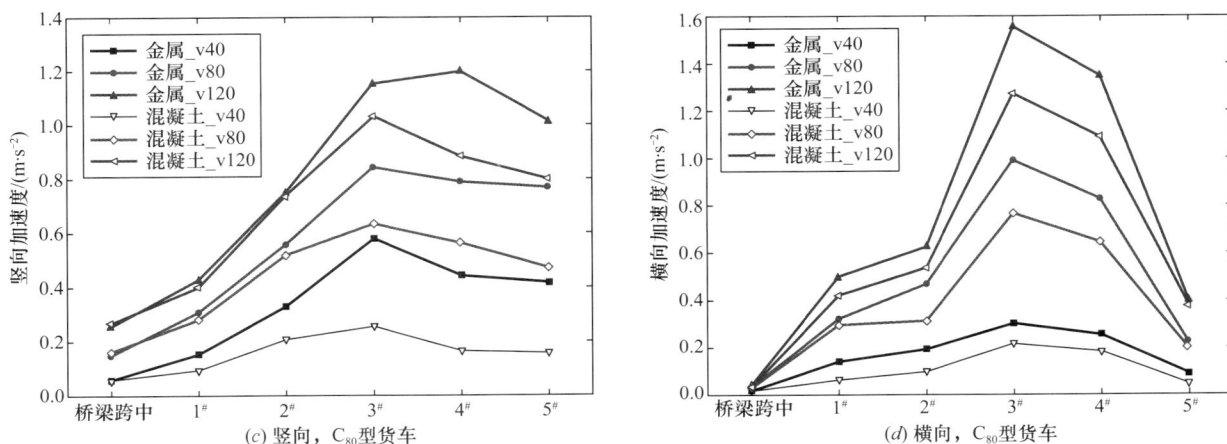

图 9　两种方案的振动加速度峰值对比（二）

（3）通过对比发现，动车组作用下各考察点的加速度最大值均比货车作用时大，这是由于前者的速度快，而加速度响应主要受列车速度的影响。列车速度越大，列车通过时声屏障振动加速度越大。由于混凝土声屏障质量大，对体系的刚度贡献量大，故混凝土声屏障的振动加速度要小于金属声屏障。

在我国高铁规范 TB 10621—2014[12] 中，桥面竖向和横向振动加速度限值分别为 3.5m/s² （有砟轨道）和 1.4m/s²。由图 9 可知，箱梁的振动加速度满足限值要求，而声屏障振动已超过高铁规范对于桥面振动加速度限值的要求。

3.3　频谱特性

动车组和货车作用下，金属吸声板声屏障和混凝土声屏障各考察点的振动加速度级频谱曲线见图 10、图 11。

由图 10、图 11 可以看出，各考察点处的振动加速度级频谱图变化规律基本一致，均在频率 40～80Hz 出现第一个峰值（较大），在频率 400～800Hz 出现次峰值（较小）。这是由于轮轨动荷载分别在该 2 个频段内出现峰值，且第一个峰值大于第二个峰值。

随着列车速度的提高，桥梁跨中、钢拱架各考察点处的横向与竖向的总振级均呈增大趋势。声屏障的竖向与横向振动加速度级基本相等，而桥梁的竖向振动加速度级明显大于横向振动加速度级。动车组作用下各频段的最大振动加速度级较货车作用振动加速度级时大 5～10dB。

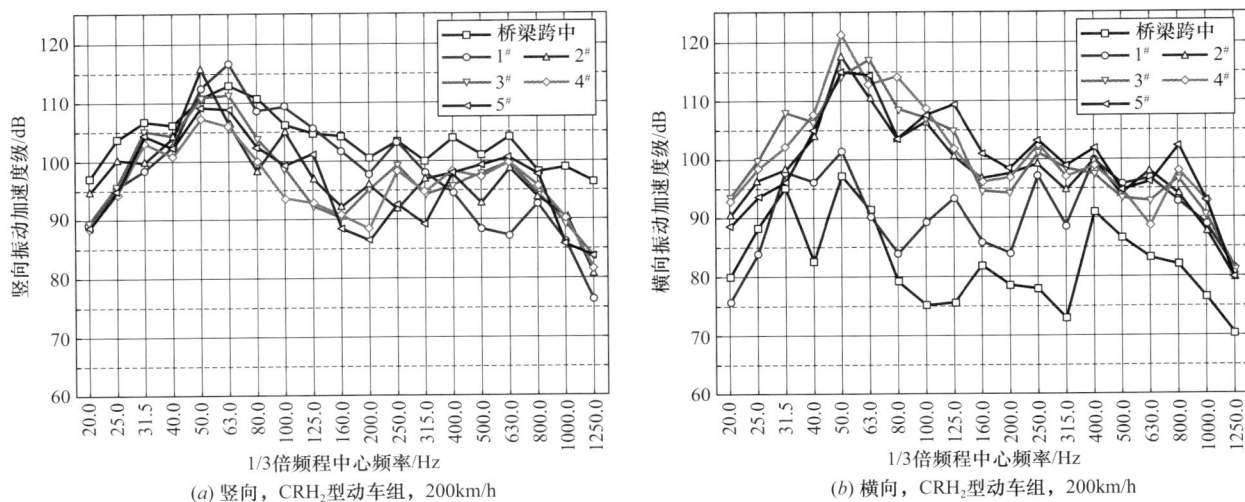

图 10　金属吸声板声屏障方案的振动加速度级频谱图（一）

(c) 竖向，C$_{80}$型货车，80km/h

(d) 横向，C$_{80}$型货车，80km/h

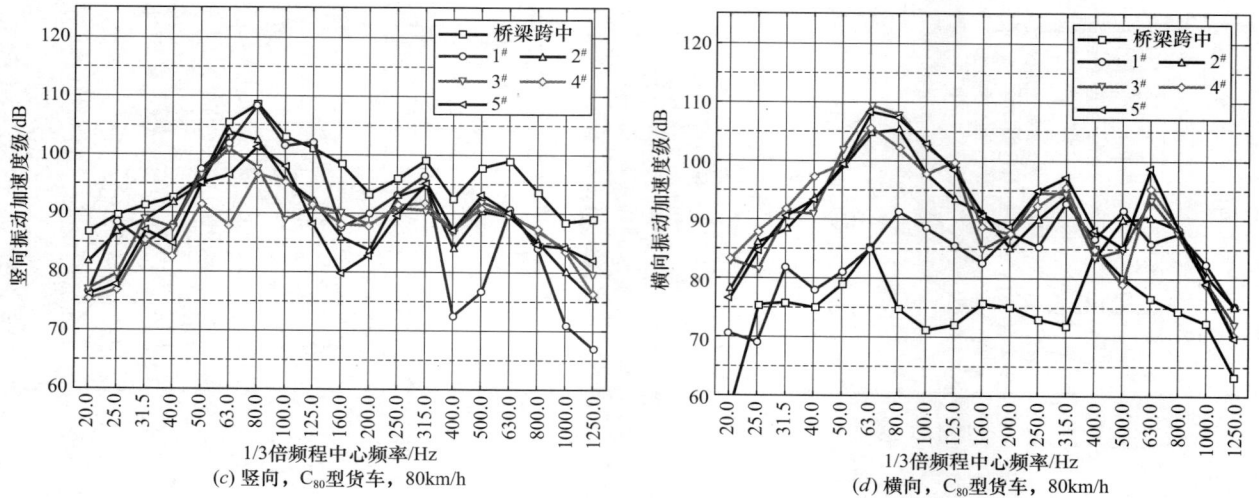

图 10　金属吸声板声屏障方案的振动加速度级频谱图（二）

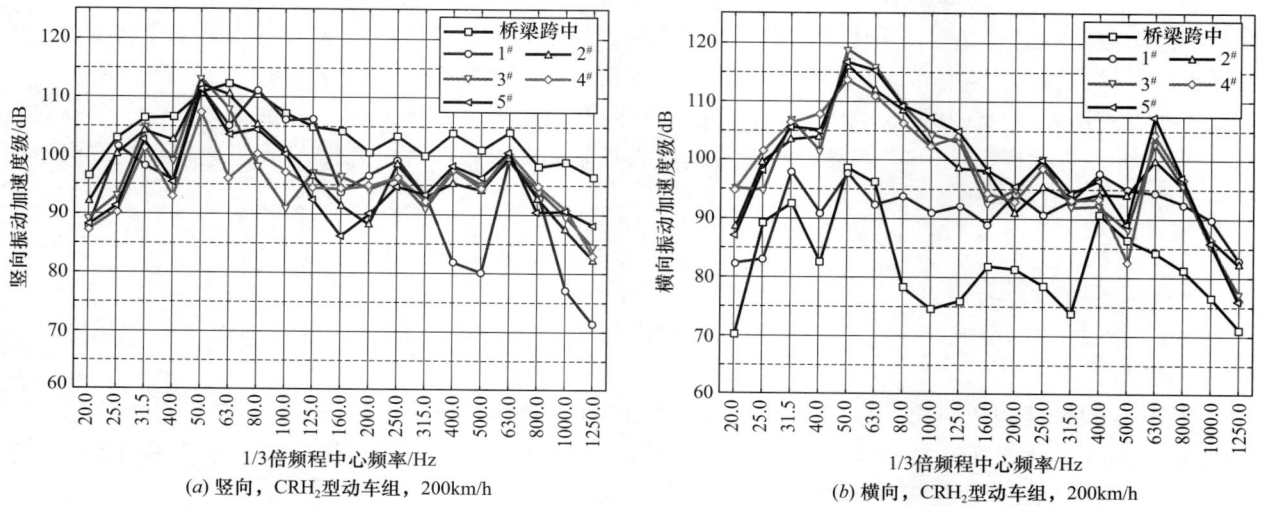

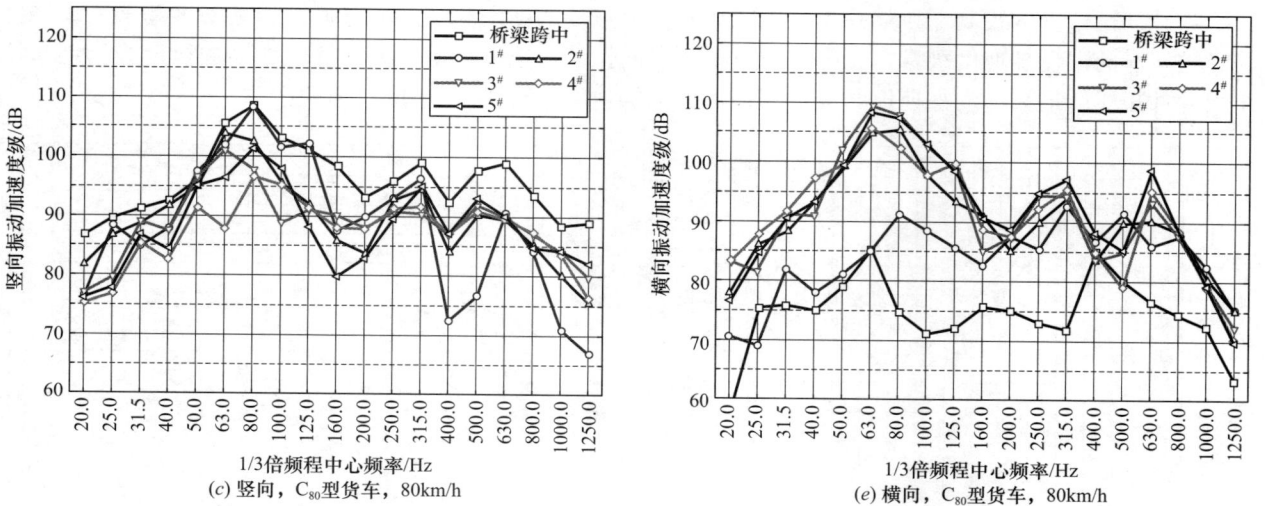

(a) 竖向，CRH$_2$型动车组，200km/h

(b) 横向，CRH$_2$型动车组，200km/h

(c) 竖向，C$_{80}$型货车，80km/h

(e) 横向，C$_{80}$型货车，80km/h

图 11　混凝土声屏障方案的振动加速度级频谱图

3.4　总振级对比

图 12 为动车组（CRH$_2$ 型）与货车（C$_{80}$ 型）分别作用时，两种声屏障方案钢拱架各考察点处的竖

向与横向总振级对比。通过对比发现：

（1）对于桥梁跨中而言，竖向总振级明显比横向总振级大，并且采用混凝土声屏障方案时的总振级比金属吸声板声屏障方案小。主要原因为：列车横向摇摆力较列车竖向荷载小，且桥梁横向刚度较大；混凝土声屏障质量较大，对桥梁的刚度贡献量大。

（2）金属吸声板声屏障各考察点的竖、横向总振级在各车速下均较混凝土声屏障大。动车组作用下，二者总振级的差值大约为 4dB（竖向）和 5dB（横向）。

（3）两种声屏障方案下，钢拱架各考察点处横向总振级最大值均出现在 1/2 拱附近，即 3# 与 4# 处。并且钢拱架各考察点处的竖向与横向总振级大小相差不大，横向略大于竖向，说明声屏障钢拱架的横向与竖向振动均较明显。

（4）货车作用下各点的振动加速度级（竖向与横向）比动车组作用下的振动加速度级约小于10dB。

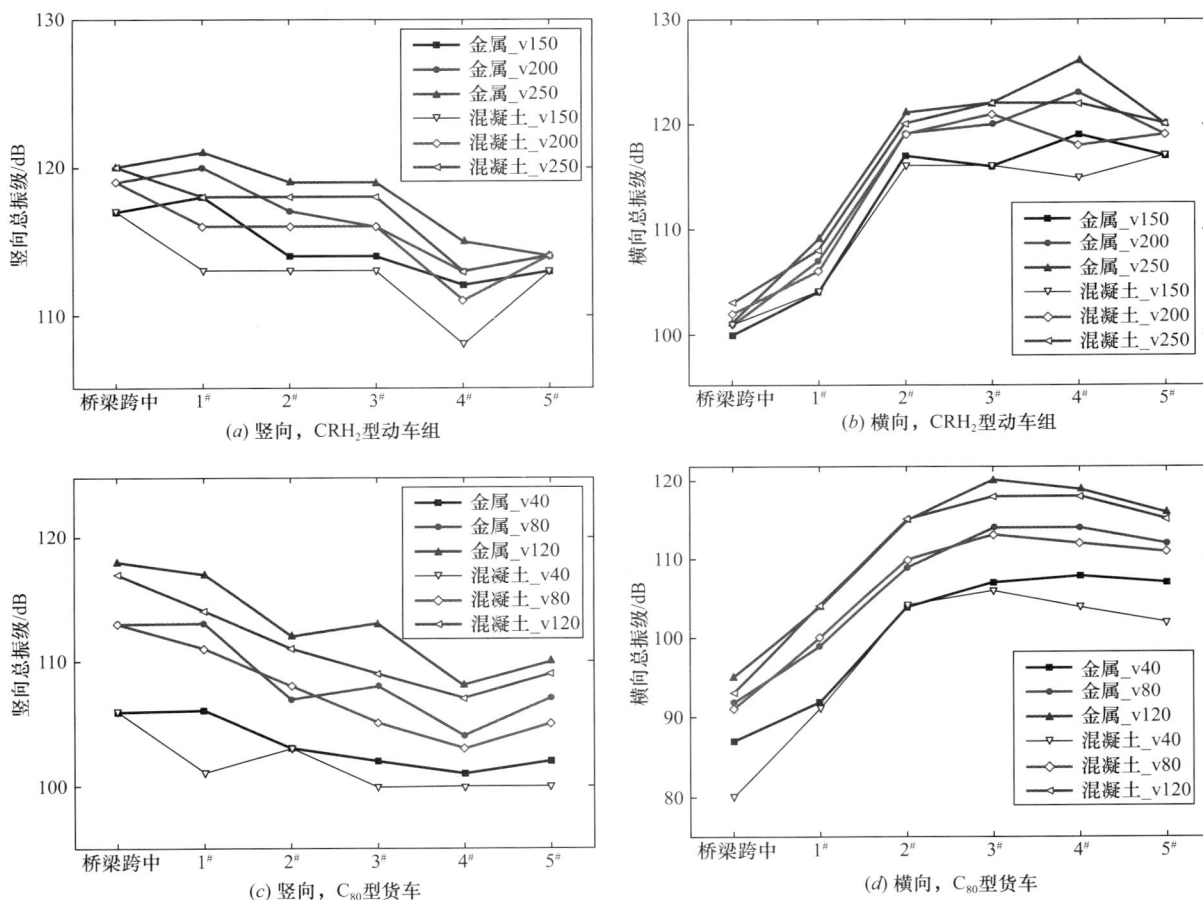

图 12　两种方案的总振级对比

4　声屏障结构强度及抗疲劳性能

考虑自质量、列车活载、列车气动力等使用荷载及列车轮轨力对声屏障振动组合作用下，声屏障立柱最大平均应力为 88MPa，满足强度要求。通过进行立柱柱脚段疲劳试验，结果表明在进行 200 万次加载过程中各测点的应力-推力关系无明显变化（图 13），在结构应力较大处没有产生裂缝，柱脚螺栓未发生松动。声屏障立柱本身及柱脚连接件强度及疲劳性能满足要求。

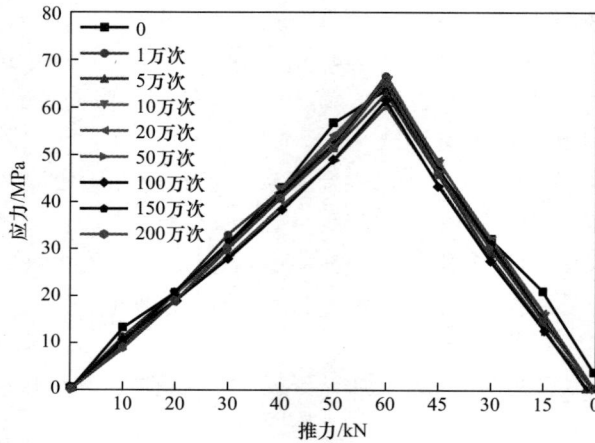

图 13　经疲劳试验后立柱翼缘点应力-推力关系

5　结　　论

通过分析金属吸声板、混凝土全封闭声屏障在动车组（CRH_2 型）与货车（C_{80} 型）轮轨动荷载作用下的振动响应，可得出以下结论：

（1）轮轨动荷载作用下两种声屏障竖向、横向位移很小，均在 2mm 以内。

（2）动车组轮轨动荷载作用下金属吸声板声屏障振动加速度最大可达 $5m/s^2$；混凝土声屏障振动加速度最大约 $4m/s^2$。

（3）动车组作用下，各考察点的动位移峰值较货车作用时小，而振动加速度最大值比货车作用时大。

（4）两种声屏障方案下，各考察点的动力响应变化规律与频谱特性在两种车型作用下均一致，只是量值不同。

（5）声屏障振动加速度级频谱在频率 40~80Hz 出现第一个峰值（较大），在频率 400~800Hz 出现次峰值（较小）。

（6）声屏障结构的强度及疲劳性能满足要求。

参 考 文 献

[1]　THOMPSON D J. Railway Noise and Vibration：Mechanisms，Modeling and Means of Control [M]. Oxford：Elsevier，2009.

[2]　张迅，王党雄，李小珍. 铁路混凝土箱梁箱内空腔共鸣噪声及其影响研究 [J]. 铁道学报，2013，37（7）：107-111.

[3]　ZHANG X，Li X Z，HAO H，et al. A case study of interior low-frequency noise from box-shaped bridge girders induced by running trains：its mechanism，prediction and countermeasures [J]. Journal of Sound and Vibration，2016，367：129-144.

[4]　周信，肖新标，何宾，等. 高速铁路声屏障降噪效果预测及其验证 [J]. 机械工程学报，2013，49（10）：14-19.

[5]　辜小安，李耀增，刘兰华，等. 我国高速铁路声屏障应用及效果 [J]. 铁道运输与经济，2012，34（9）：54-58.

[6]　雷彬. 沪杭高铁半封闭式声屏障声学设计研究 [J]. 铁道建筑技术，2013（11）：72-77.

[7]　西南交通大学.《深茂高铁箱梁全封闭式声屏障综合降噪效果及对策研究》分报告之二：声屏障降噪效果分析 [R]. 成都，2016.

[8]　刘文光，陈国平，贺红林，等. 结构振动疲劳研究综述 [J]. 工程设计学报，2012，19（1）：1-8.

[9]　陈顺良，邵华平，陈伟庚，等. 铁路噪声对"小鸟天堂"鸟类影响的研究 [J]. 铁路技术创新，2014（3）：80-82.

[10]　李小珍. 高速铁路列车-桥梁系统耦合振动理论及应用研究 [D]. 成都：西南交通大学，2000.

[11]　International Organization for Standardization. Railway applications-acoustics-measurement of noise emitted by rail bound vehicles（ISO 3095：2005）[S].

[12]　国家铁路局. TB 10621—2014 高速铁路设计规范 [S]. 北京：中国铁道出版社，2014.

消防水炮在广州动车运用所检修库的应用[*]

龙其锦　　邵华平

随着我国高铁事业的飞越发展，铁路动车运用所数量日益增多，国家规划了四纵四横高铁网络，大规模的动车运用所也必将是枢纽区域的选择。铁路动车运用所是动车组日常存放和维护检修场所，动车组设备昂贵，一旦出现火灾将给国家社会带来巨大损失，如何合理设置动车运用所防火设施是保护好动车组设备安全的关键，因此动车运用所消防也成了近年铁路消防人员研究的重点。

0　引　言

广州东动车运用所工程设计于 2005 年，为国内首个建设的动车运用所，动车运用所检修库房最高点为 13.70m，总建筑面积为 10644m²，其中：主库面积为 8276m²，边跨库房面积为 2368m²，建筑体积约 122262m³，耐火等级为二级，动车运用所内设有电池间、检修地道、接触网，接触网离轨面标高 6.5m。检修库边跨设置的办公用房、间休室、会议室等功能用房，边跨与检修库采用防火墙、甲级防火门窗分隔，满足防火分区设置要求。当时国内尚无动车运用所检修库相关设计规范和经验，消防设计未考虑在动车运用所一二级检查库设置自动喷水灭火系统，只依据《建规》设计了消火栓系统。新的《铁路工程设计防火规范》TB 10063—2007 颁布后，第 7.3.3-1 条明确规定定动车段（所）检查库、检修库应设置自动喷水灭火系统。铁路动车所检修库属丙类铁路生产房屋（铁规附录 A）。根据《建规》表 3.3.1 耐火等级为二级，防火分区面积为 8000m²，根据第 3.3.3 条"厂房内设置灭火系统时，每个防火分区最大允许建筑面积可按本规范第 3.3.1 条规定的增加 1.0 倍。"

本文以广州运用动车所检修库自动喷水灭火系统设计为例，通过方案比较，简述不同射程的大空间智能消防水炮在铁路动车运用所检修库运用的优缺点。方案一拟按《大空间智能型主动喷水灭火系统设计规范》DBJ15-34-2004 采用自动扫描射水消防水炮灭火装置，持续喷水灭火时间 1.0h，消防水炮用水量不小于 45L/s，（《大空间喷规》4.1.2 条、表 5.0.2-3、表 7.3.1）。方案二拟按《炮规》采用自动跟踪定位射流灭火系统，灭火用水连续时间 1.0h，消防水炮用水量不小于 60L/s（国标《炮规》4.3.3、4.3.4 条，行业《炮规》5.5.3、5.5.4 条），选自动跟踪定位射流灭火系统 ZDMS0.8 30S-A-YA 型灭火装置。通过水力计算，造价分析，维护管理，使用安全等方面对比，择优选水炮系统。

1　系统水力计算

平面布置及剖面图

平面布置主要依据当地消防主管部门要求水炮布置需保证保护区有一股水柱到达任何部位，布置时需考虑最不利因素，即检修库停满动车组时，动车组车身对水柱的阻隔作用，因此水炮布置在两列动车组间过道的上方。水炮与墙距离需满足《大空间智能型主动喷水灭火系统设计规范》DBJ15-34-2004 第 7.1.1 条。方案一为标准型水炮 30 门，方案二为采用自动跟踪定位射流灭火系统 ZDMS0.8 30S-A-YA 型灭火装置（每门水炮流量为 30L/s，保护半径 55m）35 门，为均衡水压，保证系统安全，喷头干管布置成环状。

* 本文发表于《广东铁道》2017.4.

剖面图

平面布置如在没有阻隔的大空间内使用，方案一需 11 门水炮，方案二仅需 3 门水炮。

根据《大空间智能型主动喷水灭火系统设计规范》DBJ15-34-2004 第 5.0.1 条表 5.0.3，标准型自动扫描高空水炮接口管径 $DN40$，流量 5L/s，保护半径 20m。本方案布置 5 行×7 列，根据第 5.0.2 条，表 5.0.2-3 有系统设计流量为 45L/s。方案一按照同时启动九门标准型水炮，每门设计流量 5L/s 计算。

根据固定消防炮灭火系统设计规范 GB 50338—2003 第 4.3.2-1 条，"扑救室内一般……，工业建筑的用水量不小于 60L/s。"，方案二设计流量为 60L/s。选用自动跟踪定位射流灭火系统 ZDMS0.8 30S-A-YA 型灭火装置，每门水炮流量为 30L/s，保护半径 55m。按同时启动两门计算。

火灾以最不利点计算，喷头按长方形布置计算，计算简图见下：

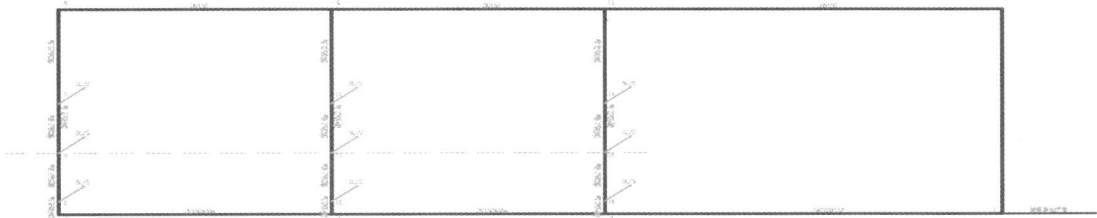

方案一计算简图

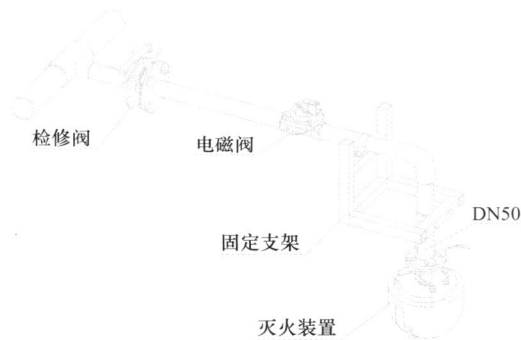

水炮安装示意图

水力计算

每米管道的水头损失：

$$i = 0.0000107 \times \frac{V^2}{d_j^{1.3}} \ (\text{MPa/m})$$

式中　V——管道内水的平均流速（m/s）；

　　　d_j——管道的计算内径（m），取值应按管道的内径减 1mm 确定。

沿程水头损失：

$$h = iL \ (\text{MPa})$$

　i——每米管道水头损失（MPa/m）；

　L——管道长度（m）。

$$V = \frac{4q}{\pi d^2}$$

　d——管道直径（m）；

　q——管段流量（m³/s）。

则环内干管 $h = 0.4071 \times q^2 L$，式中 $4.071 = 0.0000107 \times 16/(\pi^2 \times d^4 \times d_j^{1.3})$，$d = 0.15$m，$d_j = 0.149$m，即干管为 150mm 时所得系数。

方案一管道

水炮短立管

$V=0.005/(0.042\pi/4)=4\text{m/s}$

$i=0.0000107\times4^2/0.039^{1.3}=0.0116$

$h_{01}=0.4\times0.0116=0.005\text{MPa}$

喷头支管与干管接点水压为工作压力 $0.6+0.05=0.65\text{MPa}$，即节点水压为 0.65MPa，流量为 5L/S。本工程只计算最不利火灾工况，即只有九门水炮在不利点作用时的水力工况，其余水炮均不计算，即流量为 0。初步分配流量为节点，环状管网计算简图如下：

假设水压分界线在 6-9-11，如图虚线所示，根据相似平衡原理 $q_{5-6}=q_{12-11}=q_{16-15}=q_2$，

$h_{65}=0.41\times7.65q_2^2$，$h_{53}=0.41\times36.5(5+q_2)^2$，$h_{32}=0.41\times36.0(5+5+2q_2)^2$，

$h_{21}=0.41\times158.0(15+3q_2)^2$；$h_{67}=0.41\times7.65q_2^2$，$h_{79}=0.41\times51.8(5-q_2)^2$，

$h_{913}=0.41\times36(5+5-2q_2)^2$，$h_{131}=0.41\times189.6(5+5+5-3q_2)^2$。由等式

$h_{65}+h_{53}+h_{32}+h_{21}=h_{67}+h_{79}+h_{913}+h_{131}$ 可解得 $q_2=0.00283\text{m}^3/\text{s}$，

$h_{61}=h_{65}+h_{53}+h_{32}+h_{21}=0.00003+0.00091+0.0036+0.03518=0.04\text{MPa}$

方案二管道计算

方案二计算简图

水炮短立管

$V=0.03/(0.052\pi/4)=15.3\text{m/s}$

$i=0.0000107\times15.32/0.049^{1.3}=0.1263\text{MPa/m}$

$h_{01}=0.4\times0.1263=0.051\text{MPa}$

干管计算同方案一，$q_2=0.016\text{m}^3/\text{s}$ 环状干管水头损失 $h=0.0847\text{MPa}$。

方案一管段计算

管段（节点编号）	直径（mm）	长度（m）	流量（L/s）	流速（m/s）	单位水损（MPa/m）	水损（MPa）
短立管	50	0.4	5	2.55	0.0035	0.0014
5-6	150	7.65	2.83	0.16	0.0000032	0.00003
5-3	150	36.5	7.83	0.44	0.000025	0.00091
3-2	150	36	15.66	0.89	0.0001	0.0036
2-1	150	158	23.49	1.33	0.00022	0.0355
Σ						0.042

方案二管段计算

管段（节点编号）	直径（mm）	长度（m）	流量（L/s）	流速（m/s）	单位水损（MPa/m）	水损（MPa）
短立管	100	0.4	30	3.82	0.0032	0.0013
4-2	150	41.5	16	0.91	0.0001	0.0043
2-1	150	194	32	1.81	0.00045	0.077
Σ						0.0826

本工程节点水力计算也可根据环状管网计算方法，采用哈代-克洛斯（Hardy-Cross）法，校正流量公式：$\Delta q_i = -\dfrac{\Delta h_i}{n\sum|s_{ij}q_{ij}^{n-1}|}$；式中 $n=1.852$，$s_{ij}=\alpha l_{ij}$，$\alpha=15.4866$。$s_{56}=s_{12.11}=s_{16.15}=\alpha l_{56}=118$，同理可求各管段的 s 值，但计算出来的水头损失 h 值稍大，读者可以自行验算。

2　技术经济比较

方案一系统含消防水池、泵房造价为 700 余万，方案二则需 1000 余万，尽管方案一水炮数量比方案二多五门，单方案二的水炮由于是非标准型，单门造价比标准型高出 50%，且方案二需要加固桁架结构用于安装水炮，同时由于系统流量、水头损失增加，增压、稳压设备增大，机电设备增长，故总体造价方案一为优。

3　施工及维护管理

检修库内施工属于铁路营业线施工，需要在天窗点内施工，即施工时需要办理接触网停电，线路暂时停止动车组运行，施工难度大，施工时间长，接头多漏水渗水概率大，维修难度很大，且漏水会带来接触网跳闸等意外事故，故本工程选择喷头相对较少的大空间水炮系统。

方案一与方案二喷头数量、接头等相当。从维护管理来说也相对接近。

4　性　能　效　果

方案一由于缩小了间距，增加水炮密度，有利于消灭灭火盲点，盲点主要来自于动车组的阻隔。

方案比选	方案一	方案二
消防设施	5L/s 的消防水炮：35 门，布置成 7 列、5 行消防水炮保护半径 20m 消防水量 45L/s	30L/s 的消防水炮：30 门，布置成 6 列、5 行消防水炮保护半径 55m 消防水量 60L/s
优点	1. 水炮保护半径较小，设置水炮较多，消防盲点较少。 2. 消防用水量较小，消防水管管径、消防水泵功率均较小。 3. 工程造价相对较低	1. 有国家设计规范及国家产品标准，可满足现行国家规范要求。 2. 水炮保护半径较大，消防给水横干管较少，施工时对生产影响较小
缺点	水炮保护半径较小，水炮较多，消防给水横干管较多，施工对生产影响稍大	1. 水炮保护半径大，水炮较少，消防盲点较多。 2. 水量较大（不低于 60L/s），发生二次水灾事故严重。 3. 工程造价相对较高

5　总　　结

1）设计初期考虑了三种方案，由于大空间智能喷水灭火系统保护半径只有 6m，需要大量的喷头、接口，不适宜在动车组检修库使用，因此在设计阶段就不再考虑。

2）通过技术经济、施工及维护管理、性能效果等比较，择优选择方案一，即自动扫描射水标准型消防水炮灭火系统。

3）通过平面布置，有列车阻隔和没有列车阻隔时，大射程水炮数量比是 10∶1，标准型水炮是接近 3∶1，由此可见大射程水炮不适宜在多阻隔的空间使用，但用于大空间舞台、影院、体育馆等场所可以起到节省管网、投资，美观的作用。

4）动车组检修库接触网工作电压为 27kV，一旦发生火灾，水炮动作，有地面消防员灭火时，可能会产生电气事故，因此本工程在接触网进检修库处增加联动开关，消防联动系统将水炮动作与检修库接触网开关联动，火灾时可以自动断电，避免出现电气事故。

5）随着我国高铁事业的飞速发展，未来会出现更大的动车组检修库，当面积大于消防规范规定的分区面积时，如何设置消防分区，或者在不分区的情况下如何保证消防安全，将是一大难题，也是我们工程技术人员需要不断探讨摸索的。

6）本工程验收试验证明本系统能够探测火种并及时启动报警系统，但运营一年多来，设计时所担心的动车组受电弓与接触网放电会引起误报的情况并没有出现。

6　结束语

动车组检修库作为铁路重要的设施场所，除了有专人值班看守外，库内的安全监控措施已非常到位，且整个检修库只设一个防火区，因此能否简化系统，是专业人员需要研究的课题。笔者曾经结合铁路的管理制度和规范要求，和广州铁路消防主管部门进行探讨，但在现行规范和制度下，不能简化系统，这不能不是个小遗憾。本文限于篇幅，对泵房管路计算、系统图等就不一一赘述，由于笔者水平有限，不足之处请前辈同行批评指正。

沿海铁路桥梁预埋受力钢件锌镍渗层防腐防锈关键技术研究[*]

王荣华[1]　邵华平[1]　肖　波[2]

（1　中国铁路广州局集团有限公司，广州　510088.2　武汉理工大学，武汉　430063）

1　引　　言

海洋在人类的发展和生存中起着极其重要的作用，同时，海洋资源也为人类的科学研究，经济和社会发展作出了不可磨灭的重大贡献。因此，海上综合开发利用是当前较为迫切的任务。

中国的海岸线长达 3.2 万公里，其中陆地海岸线 1.8 万公里，岛屿海岸线 1.4 万公里。长江三角洲，珠江三角洲和江浙渤海地区的经济建设，对外贸易和旅游业受陆地海岸线影响巨大。在海岸带的驱动下，这一地区的发展得以加快，并在此基础上，为适应高速发展的步伐，大量的基础设施建设工作，特别是沿海高速铁路的建设如火如荼。但在实际工程建设中，沿海自然灾害和海洋气候复杂多变，严酷的海岸气候条件不可避免地会导致沿海和跨海桥梁及其部件的一定程度的侵蚀。沿海地区的侵蚀情况十分普遍，且影响因素较为复杂。特别是在腐蚀条件极其恶劣的地区，很难找到相应的对策来解决许多工程问题，对经济发展产生巨大影响。

2　国内外钢结构防腐蚀研究现状

2.1　腐蚀机理的研究概况

为了研究桥梁预埋钢部件的腐蚀机理，来自不同国家的学者通过实际的方法在各个地区使用了实际的腐蚀试验，揭示了钢材腐蚀过程中的一些问题。

对于铁路预埋钢部件的腐蚀研究，在早期的研究中，测试是以现场挂片的形式进行的。其中，Kucera 在捷克和瑞典两个地区对 3 种钢进行现场挂片测试。Khanna 在印度对两种不同的不锈钢进行了挂片测试。进一步探讨了不同地区的不同预埋钢件的腐蚀特点。

朱向荣等人在湛江麻斜岛海区的两年暴露试验表明 3C 钢和 10CrMoAl 钢在浪溅区腐蚀速率分别为 0.46 和 0.42mm/a，是全浸区的 2～3 倍。

黄桂桥等人在青岛，舟山，厦门，湛江港口使用 Q235A 钢长尺试样进行了为期两年的试验。结果表明青岛海域飞溅区腐蚀速率为 0.26mm/a，舟山海域飞溅区腐蚀速率为 0.22mm/a。厦门海域飞溅区腐蚀速率为 0.35mm/a，湛江海域飞溅区腐蚀速率为 0.47mm/a。

Button 等人研究了附着在金属表面并影响腐蚀行为的尘埃颗粒，证明尘埃颗粒可能是点蚀的主要原因。而且随着尘粒附着增多，钢的腐蚀速度会加快。

Johnson 等人认为，点蚀的发展并不一定与碎片有关，这与 Button 所得出的结论相矛盾。他还提出，点蚀是由硫化物和氯化物的沉积引起的。

侯宝荣等人用自行设置的模拟海洋腐蚀装置对 Q235A 钢进行了 195 天的分别挂片和连接挂片腐蚀试验。得到的腐蚀规律与湛江海域朱向荣的腐蚀规律一致，证明飞溅区腐蚀速率为全浸区的 2～3 倍。

* 本文发表于《中国水运》2018 年 12 月第 6 期。

Kearns 对美国各种不锈钢进行了为期 28 年的优惠券研究，并使用比色计来测量样本随着腐蚀而变化的趋势。最后，证明了 Cr 和 Mo 可以提高不锈钢的耐腐蚀性。

李延涛等人通过分别挂片和电连接挂片在堤岛浅海海洋对钢铁的腐蚀规律进行了现场研究。得出在浪溅区 Q235 A 钢腐蚀速率为 0.278mm/a 左右，16Mn 钢为 0.321mm/a 左右，20♯钢为 0.330mm/a 左右。

通过测量腐蚀电位，Azzerr 分析腐蚀电位随腐蚀进程的变化规律，并对钝化膜的形成和破坏提出自己的看法。

2.2　沿海铁路钢结构防腐蚀研究综述

2.2.1　防腐技术的发展

在美洲和欧洲的 20 世纪 40 年代，防腐涂料主要为普通涂料。而后出现了热镀锌，电弧喷涂和火焰喷涂等专业的防腐措施。随着技术的发展，火焰喷涂和电弧喷涂技术得到了改进和广泛的应用。21 世纪后，采用富锌漆，聚氨酯，氯化橡胶等防腐涂料在钢材防腐上应用广泛。

中国的防腐保护工作始于 20 世纪 50 年代，随着技术的发展，逐渐采用一些专用的防腐涂料来代替早期较为简单的天然涂料，如目前仍在使用的红丹防锈涂料和醇酸树脂面漆，这些防腐涂料在 20 世纪 60 年代得到了大规模的使用。但是防腐效果仍有待提高，因此在涂层中加入片状锌铝粉。之后，20 世纪 80 年代出现了聚胺铵云铁和醇酸涂料，热浸镀锌，热喷涂和阴极保护等技术。随着国际交流的发展，21 世纪左右出现了大量的防腐涂料，颅骨用含锌涂料，氯化橡胶和聚硅氧烷。这时，中国的防腐涂料的发展已经与美国和欧洲一致。

2.2.2　当前几种主要防腐防锈技术、材料及制作工艺

（1）耐候钢。耐候钢的耐腐蚀性优于普通结构钢。其低温冲击韧性也比一般的结构用钢好。耐候钢不需要涂层处理，但由于其成本高于普通钢，耐候钢在中国的应用不是很广泛。有关生产流程，请参阅《焊接结构用耐候钢》GB 4172—84。

（2）热浸锌。热浸锌技术是指在 600℃左右高温熔融锌液中浸入除锈后的预埋钢构件，以此在钢的表面上形成涂有锌的保护层。对于厚度小于 5mm 的薄板，锌层厚度不应小于 65μm，厚板厚度不应小于 86μm。一般来说，镀锌钢可以放置在大气环境中约 10 年。热镀锌预埋钢件广泛使用。热浸镀锌工艺第一步是酸洗和除锈，然后进行清洗。这种防腐技术应避免具有相贴合面的预埋钢件，以免贴合面的缝隙中酸洗不彻底或酸液洗不净，造成镀锌表面流黄水的现象。热浸镀锌在高温下进行，对于管型钢件应当让其两端开敞，如果一端封闭，锌液不易循环，容易积存在管内。

（3）热喷涂铝（锌）复合涂层。热喷涂铝涂层是一种长期防腐方法，相当于热浸锌防腐蚀效果，使用寿命可达 20～30 年。具体方法是在钢件的表面进行喷砂处理，使表面暴露出金属光泽和打毛。然后，将连续送出的铝（锌）丝通过热喷涂设备的热源（乙炔氧燃烧火焰，电弧，等离子弧等）熔化。将压缩空气吹到钢的表面以形成蜂窝状的铝（锌）喷涂层（厚度约 80 至 100μm）。最后，毛细孔用环氧树脂或氯丁橡胶涂料填充以形成复合涂层。这种方法无法在管状部件的内壁施工，因为管状钢件的两端必须密封，以便内壁不会腐蚀。这个工艺的优点是它可以适应部件的尺寸，部件的形状和尺寸几乎是不受限制的。另一个优点是该过程的热效应是局部的，受约束的，因此不会产生热变形。这种方法与热浸锌相比，工业化程度较低，而劳动强度较大。

（4）涂层法。涂层法的耐腐蚀性一般不如长期防腐法（但氟碳涂层的防腐期可能达到 50 年）。应用涂层方法的第一步是除锈，优异的涂层依赖于彻底除锈。因此，高需求的涂料通常使用喷砂去除铁锈，暴露金属光泽，并去除所有的锈蚀和油污。涂层的选择要考虑周围的环境。涂层通常具有底漆（层）和面漆（层）。底漆含有更多的粉末，少量的基材，粗糙的薄膜，对钢铁的附着力强，通常使用环氧铁红，环氧煤沥青或碳氟化合物。面漆具有更多的基础材料和光泽膜，保护底漆免受大气腐蚀并抵抗风化。面漆材料通常是环氧聚氨酯-丙烯酸聚氨酯或氟碳涂料。涂层的结构应具有合适的温度（5～38℃）和湿度（相对湿度不超过 85%）。涂层的施工环境粉尘要少，组件表面不能暴露。涂装后 4 小时之内不得淋雨。

涂层一般做 4～5 遍。干漆膜的总厚度为室外 $150\mu m$，室内 $125\mu m$，允许偏差 $25\mu m$。在海上或高腐蚀性气氛下，干燥漆膜的总厚度可增加到 $200～220$ 微米。达克罗涂层防腐也广泛使用，其基本组成为超细铝片，乙二醇等惰性溶剂，无机酸成分如铬酸，纤维有机物等。达克罗涂层涂布在金属基材上并通过闭路循环烘烤以形成薄涂层。它抵抗氯离子的腐蚀能力强，彻底改变了传统工艺的短期腐蚀寿命的缺点。

3　沿海铁路桥梁预埋钢结构件快速腐蚀原因分析

3.1　自然环境

中国大部分沿海地区都位于热带和亚热带地区，自然环境对该地区的桥梁预埋钢件势必会产生一定的腐蚀条件。以本次实验中的广州南沙地区为例，体现在以下几个方面：

（1）相对湿度。它指的是某一温度下空气中水蒸气含量与该温度下空气中可含有的最大水蒸气含量之比。当相对湿度达到一定临界点时，水在嵌入钢的表面形成水膜，促进钢的腐蚀。广州沿海地区的平均相对湿度约为 85%，空气中含盐，临界相对湿度低，钢件表面容易形成水膜。

（2）温度。广东南沙地区位于亚热带地区，靠近热带地区，年平均气温 23℃左右，7 月气温最高，平均 29℃，最高 37℃；1 月份的气温最低，平均气温为 14℃，极端最低气温为 2.2℃。当相对湿度达到金属临界相对湿度时，温度对大气腐蚀有较大影响。南沙地区在潮湿的热带雨林中遇到高温，严重腐蚀。而且温度的变化还会引起结露。

（3）降水量。降雨增加了大气的相对湿度并延长了钢表面的潮湿时间。同时，降雨会冲刷钢材表面。在工业大气中，SO_2、Cl^- 等雨水中溶解的污染物溶解于水中变成酸性，促进了腐蚀的发展。同时海洋大气含有大量的盐，主要是 NaCl，盐颗粒由于其吸湿性而沉降在金属表面上，并且增加了表面液体薄膜的导电性，而 Cl 本身非常具有侵蚀性，因而加重了金属表面的腐蚀。南沙降水较多，年平均降雨量 1673.1mm，四月至九月雨季。雨季常伴有台风。

（4）日照时间。日照时间对聚合物材料和涂层的大气老化有重要影响。阳光下的紫外线可以促进有机聚合物的老化。当钢铁表面存在污染物时，温度的升高会促使阳光下腐蚀的发展。广州南沙日照时间长，辐射量大，年平均日照时间 1650h。

（5）风向和风速。风向影响 Cl^- 的传播，风速对钢板表面漆膜的干湿交替有一定的影响。南沙地区位于海洋环境中，年平均风速 2.1m/s，夏季和秋季常有热带气旋影响，平均每年约 3～4 次，伴随着台风，暴雨和钢结构的严重腐蚀。

3.2　钢件本身成分对腐蚀的影响

预埋钢件主要由普通碳钢 Q235B 和 Q345B 制成。铁是主要元素之一，占化学成分的 98% 以上。含碳量约为 $0.26～0.50\%$ 的碳是钢件强度的主要因素，它直接影响钢件的可焊性。钢中还含有限量的硅、锰、硫等杂质，由于其他元素的存在，当钢件处于大气环境中会因为自身内部各处的腐蚀电位不同，而开始被空气缓慢地氧化腐蚀。

4　涂层环境腐蚀因素的机理

未作防腐防锈处理的预埋钢件，其腐蚀主要是铁与空气的氧气和水发生化学反应造成腐蚀，同时由于沿海地区水中 Cl^- 含量高，通过电极反应造成电化学腐蚀。钢部件的防腐和防锈处理，之所以防腐涂层会失败，主要是由于涂层在微观和宏观上的损害，这些损害也是由腐蚀环境中的各种侵蚀颗粒通过冲击、渗透和摩擦的物理接触侵蚀涂层而引起的。也有一些侵蚀颗粒与涂层材料发生一系列化学反应，从而破坏涂层，使涂层不能发挥其原有的作用。由于这些原因，涂层失去了对金属基材的保护作用。

目前，有大量学者对涂层损伤和破坏机理进行了研究，并得出了一些更加统一的结论。主要分为光降解老化机理。水分降解老化机理和涂层气泡微观机理。

（1）光降解老化机理。研究表明，有机涂层在户外条件下，紫外线是造成有机涂层光降解的主要原因。由于涂层中自由基浓度低，所以自由基和分子遇到的机会远远大于自由基。在反射过程中产生的光降解产物主要是酸、酮等小分子且易于被冲刷。由于组分的连续损失而容易被洗掉，造成涂层开裂和老化，进而形成宏观损伤现象，还会出现部分涂层粉末等现象。

（2）水降解老化机理。对于有机涂层之中存在的较多的有机官能团，这些官能团在水溶液中易于发生水解反应，导致涂层的破坏失效，学者 Bauer 在研究中发现，树脂体系固化的位置非常有可能发生水解反应，对于含盐的溶液来说，更容易对涂层造成水解反应，一些腐蚀性的盐分可以加速水降解的进程。

（3）涂层起泡微观机理。该机制基于扩散机制。在湿气，氧气和离子的渗透下，这些颗粒通过涂层之间的宏观或微观缺陷不断穿过基材和涂层之间的界面。由于强的界面结合力，侵蚀颗粒的侧向压力不足以引起涂层发泡，但随着腐蚀的进行，阳极离子不断迁移到阴极区域。结果，在界面处形成腐蚀产物，并且在侧向压力累积大于涂层与基底之间的结合力之后，起泡现象反映在宏观条件下。进一步的腐蚀可能导致涂层开裂；第二个比较简单。优异的附着力主要是由于氢键的分子间作用力和辅助力大约为40MPa，但是在涂层渗透后，在界面处产生的压力大于粘附力将导致涂层脱落。

5　锌镍层防腐和防锈技术

5.1　锌镍渗层理论研究

（1）防腐原理。锌镍层渗透技术基于渗锌技术，但提高了渗透层的耐磨性和耐腐蚀性。通过在配方中添加镍和铝而开发的黑色金属防腐蚀技术。它是一种铁氧体状态的化学热处理，在一定的温度条件下与各种元素如锌、铝、镍、稀土等充分接触。将金属如锌，铝和镍等多个原子均匀地扩散到钢材表面，在制品表面形成锌、铝、镍、铁比例不同的金属化合物——合金共渗层。这种合金共渗层与基材之间的电位差小于纯锌层和基材之间的电位差。渗层硬度可达 300～400HV，耐磨性好，不会产生氢脆，附着力强，可承受冲击；渗层的厚度均匀且致密，不影响螺钉组件，也可以焊接。渗层可耐高温潮湿，耐酸碱，中性盐雾试验长达 600h 以上，二氧化硫试验长达 160h 以上，不生锈。加工过程没有"三废"排放，是节能减排和清洁生产的新技术。可替代传统的热浸镀锌，其防腐性能远远优于热浸镀锌，加工成本与其相当，没有环境污染。应用前景极为广阔。

（2）锌镍渗层技术的工艺过程。锌镍渗层技术的过程是：碱洗脱脂-喷丸除锈-加热渗层-水洗去灰-根据用户要求实施各种颜色封闭。加热层工艺在密封金属容器内完成，层厚均匀可控，无热浸锌过程的酸雾，锌蒸汽挥发和镀锌层的厚薄不均、流挂、盲孔螺纹积液现象，因而不仅防腐层外观质量优于热浸锌，另外工作环境优于热浸锌，有利工人劳动保护。

5.2　锌镍渗层应用概况

锌镍渗层技术自 2007 年首次应用于重庆轻轨以来，经在隧道预埋槽道、高速公路护栏等工程实践中试验应用，其防锈效果明显。锌镍渗层表面改性技术已用于铁路扣件、高强度高防锈螺栓、风电螺栓、隧道建筑高防锈预埋件等产品。近十年来，先后应用于南龙铁路、九景衢线等铁路新线项目及成都铁路局维修扣件，已生产各类防锈产品达 10 万余 t，至今无不良信息反馈。在隧道预埋件基础研究及应用方面，通过在深圳地铁试用，效果良好。

5.3　锌镍渗层的制备工装及渗剂组分

针对本次沿海铁路桥梁预埋受力钢件锌镍渗层的研究，设计了一种渗层炉系统，包括台车装置、转动机构及渗层炉内胆以及加热装置。台车装置能够对台车主体以及其他结构进行支撑且能对其进行移动，转动机构能够驱使渗层炉内胆进行转动，加热装置使炉内胆保持所需的温度环境。本结构热效率高，结构紧凑，其大致结构如图1。

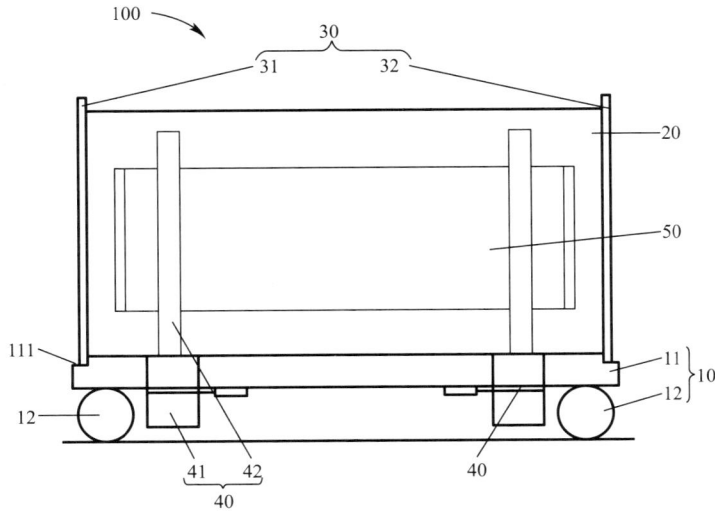

图 1　渗层炉系统

其加工工序为首先将代加工工件及粉料加入渗层炉内胆，由转动机构驱动炉内胆进行转动；将炉门组件移动至炉体两端并与所属炉体的相对两端连接，这时候炉门组件、炉体和台车装置形成密闭空间，通过加热装置进行加热；加热结束后将炉门组件移出炉体端部，并将台车装置带动所属渗层炉内胆移出炉体覆盖范围以进行自然冷却；待炉内胆冷却后取出加工工件以及粉料。

为适用于沿海铁路桥梁预埋钢件抗大气腐蚀及抗碱性环境腐蚀，经过相关合作单位的研究，锌镍渗层的渗剂粉料组分及质量配比由以下的粉末组分均匀混合而成：

Zn 粉 15%～20%、Ni 粉 3%～4%、Al 粉 2%～2.5%、稀土 2%～3%、氯化铵 1%～4%，余量为三氧化二铝粉末。

5.4　锌镍渗层防腐防锈性能测试

经过本次广州南沙地区现场试验后，主要几种防腐技术试验结果对比见下表：

试件	二氧化硫试验	中性盐雾试验	硬度试验
锌镍渗层试件	168H 未锈	168H 未锈	351HVO.1
达克罗试件	72H 开始锈	168H 未锈	2H
富锌加环氧试件	24H 开始锈	168H 未锈	2H

同时为了探究锌镍渗层超强的防腐性能，本次试验将经过锌镍渗层防腐处理的预埋件、螺栓经过5000 小时的中性盐雾试验，无锈蚀，结果如下：

试验环境条件：（满足 GB/T 1771—2007 要求。）

1. 盐水溶液浓度：5%NaCl 溶液

2. 试验温度：35.0℃～36.5℃

3. 溶液 pH 值：6.8～7.0

4. 沉降量：(1.5～1.7) ml/80cm • h

5. 样品放置：样品放置于与垂线呈 25°角的样架上

6. 喷雾方式：连续喷雾

7. 试验时间：5000h

试样经 5000h 中性盐雾（NSS）试验后检查结果　　　　　　　　表 1

试件名称	表处状况	试样编号	外观腐蚀状况				
			1000h	2000h	3000h	4000h	5000h
螺栓 M30	基材 Q235，表面锌镍渗层＋丙烯酸封闭	1-1	无锈蚀	无锈蚀	无锈蚀	无锈蚀	无锈蚀
		1-2	无锈蚀	无锈蚀	无锈蚀	无锈蚀	无锈蚀
预埋件	基材 Q235　表面锌镍渗层	2-1	无锈蚀	无锈蚀	无锈蚀	无锈蚀	无锈蚀
		2-2	无锈蚀	无锈蚀	无锈蚀	无锈蚀	3%锈蚀

为了探究锌镍渗层防腐技术抗水泥碱性腐蚀能力，在现场 PC 预制梁公称进行了对比试验：采用达克罗技术的预埋件，在浇梁后 20 天普遍有锈蚀现象，而采用锌镍渗层防腐技术的预埋件在浇梁后 20 天全部未锈蚀。

5.5　锌镍渗层预埋件机械性能试验

5.5.1　表面硬度对比

本次试验将 Q235、QT400-15 球铁、45 号钢样件进行硬度对比检测，锌镍渗层处理后硬度提高了 58％、37.9％、30.8％。

材质	表面处理	维氏硬度（HV0.1）	平均值	提高
Q235	处理前	205、183、193、196、190	193	58％
	锌镍渗层后	315、317、282、298、312	305	
QT400-15	处理前	232、238、230、235、238	235	37.9％
	锌镍渗层后	325、325、321、320、327	324	
45 号	处理前	276、274、271、270、276	273	30.8％
	锌镍渗层后	351、374、353、351、356	357	

5.5.2　机械强度对比试验

本次试验对球墨铸铁 QT400-15 试样进行了锌镍渗层前后的屈服强度、抗拉强度、延伸率对比试验。检测结果未发现明显差别。其拉伸力学性能如下：

试样状态	试样直径/mm	屈服强度/MPa	抗拉强度/MPa	延伸率 $\delta 10\%$
表面渗锌镍	9.98	326	442	11.0
表面渗锌镍	9.98	337	455	14.3
表面未渗	9.98	338	446	13.8
表面未渗	9.84	333	457	15.0

同时对 40Cr 螺栓进行了锌镍渗层前后的抗剪强度对比试验。检测结果显示锌镍渗层表面处理对 40Cr 螺栓的抗剪强度无影响。见下表：

试样	未渗层	锌镍渗层 40～50μm
抗剪强度（MPa）	660	660

6　结　　论

本课题主要对锌镍渗层防腐技术在沿海铁路预埋受力钢件上的应用进行研究，结合新建广州南沙港铁路项目，选取合适的桥梁进行试用，对锌镍渗层技术的提升和保障铁路运营安全和降低运营成本具有重大意义。主要工作如下：

（1）实地调查即有沿海铁路桥梁预埋受力钢件腐蚀现状，了解即有沿海铁路桥梁预埋受力钢件的使用年限、所用的防腐防锈技术、防腐材料、制作工艺等，对嵌入式钢构件快速腐蚀的原因进行了调查分析，得到了防腐措施存在的问题。

（2）实地调查了本次试验地区桥梁预埋受力钢件服役环境。

（3）研究了适合其预埋受力钢件的锌镍渗层防腐防锈关键技术，并得出合适的渗层制备工装及渗剂组分。

（4）对锌镍渗层制备后的产品实物测试抗大气腐蚀、抗氯离子腐蚀、抗二氧化硫腐蚀试验；用与铁路桥梁预埋件相同的材料，经锌镍渗层制备后与其他表面处理技术对比测试与混凝土的腐蚀及亲和性。

（5）对锌镍渗层处理后的预埋受力钢件作力学性能测试。对有特殊力学（工艺）性能要求的受力钢件进行特殊力学（工艺）性能测试。

通过本次研究发现，经锌镍渗层处理的预埋钢件防腐防锈能力较未进行防腐处理或其他方式处理的钢件大幅提高，且与混凝土有良好的亲和性及相容性，以此提高了预埋件的免维护寿命，实现了降低桥梁（预埋钢件）养护维修工作量、减少维修成本、消除安全隐患的目标。

参 考 文 献

[1]　杜超然. 沿海钢栈桥构件的腐蚀状态评价与防护技术 [D]. 哈尔滨工业大学，2016.

[2]　刘明. 大气腐蚀模拟加速试验及相关性研究 [D]. 北京：北京航空材料研究院材料学，2003.

[3]　李金桂，曹备. 钢结构桥梁的腐蚀控制 [J]. 中国表面工程，2004（05）：5-10.

[4]　张伯权，李勇，付红. 钢结构桥梁的防腐蚀方法 [J]. 世界桥梁，2006（3）：67-70.

[5]　王维维. 钢结构桥梁工程防腐涂装施工技术 [J]. 施工技术，2012（S2）：196-198.

[6]　张启富，郝晓东. 钢结构腐蚀防护现状和发展 [J]. 中国建筑金属结构，2006（9）：22-26.

[7]　肖治国，张敬安，郑辉等. 海洋平台飞溅区腐蚀与防腐修复技术 [J]. 全面腐蚀控制，2012（12）：23-28.

[8]　Badiea A M，Mohana K N. Corrosion Mechanism of Low-Carbon Steel in Industrial Water and Adsorption Thermodynamics in the Presence of Some Plant Extracts [J]. Journal of Materials Engineering & Performance，2009，18（18）：1264-1271.

[9]　Wang H，Zhou P，Huang S，et al. Corrosion Mechanism of Low Alloy Steel in NaCl Solution with CO_2 and H_2S [J]. International Journal of Electrochemical Science，2016，11（2）：1293-1309.

[10]　侯保荣. 海洋钢结构浪花飞溅区腐蚀防护技术 [J]. 中国材料进展，2014（01）：26-31.

[11]　刘建国，李言涛，侯保荣. 海洋浪溅区钢铁腐蚀与防护进展 [J]. 腐蚀与防护，2012（10）：833-836.

[12]　杨振波，师华，黄玖梅. 现代桥梁结构防腐涂装技术现状及发展趋势 [J]. 上海涂料，2012（07）：35-41.

[13]　王军，付强，闫雪峰. 我国跨海大桥钢结构防腐保护与涂装 [J]. 现代涂料与涂装，2008（10）：37-41.

[14]　杨丽霞. 有机重防蚀涂层耐蚀性能研究 [D]. 北京：机械科学研究院，2002.

[15]　金晓鸿. 跨海大桥钢结构防腐涂料设计方案 [J]. 电镀与涂饰，2007（02）：35-38.

[16]　章关孙，任佑乾. 锌镍渗层防腐处理铁路扣件的机械性能及其性价比优势 [C] //第十五届粤、京、港、沪铁道学会学术年会第八届世界轨道交通发展研究会年会论文集，2011.

[17]　柳希. 沿海地区钢结构防腐设计及维护探讨 [J]. 低碳世界，2017.

[18]　马艺涵. 沿海项目的防腐研究 [J]. 石化技术，2017.

[19]　王彭生；王胜年；熊建波；范志宏. 不同设计使用年限的沿海工程防腐设计及全寿命成本分析 [J]. 腐蚀科学与防护技术，2018.

[20]　章关孙，任佑乾. 城市轨道交通金属构件锌镍渗层防腐技术研究 [C] //第三届铁路安全风险管理及技术装备研讨会，2012.

[21]　刘卡丁. 预埋件施工技术及锌镍渗层防腐技术在地铁工程中的应用探讨——延长工程寿命降低维护运营成本 [J]. 隧道建设，2013.

[22]　刘卡丁. 预埋件施工技术及锌镍渗层防腐技术在地铁工程中的应用 [J]. 市政技术，2014.

[23]　赵倩. 锌镍渗层黑色金属防腐新工艺成功用于高铁线路，重庆大有表面技术有限公司自主研发 "锈蚀终结者" [J]. 表面工程与再制造，2017.

快速铁路桥上全封闭声屏障作用及降噪效果的研究[*]

邹俊辉[1,2]　邵华平[1]

（1. 中国铁路广州局集团有限公司，广州　510088；2. 铁道党校 2018 年中青干部培训班，北京　100088）

摘　要：本文以深茂铁路江茂段全封闭声屏障为例，系统总结全封闭声屏障的研究背景、过程及建设情况，并通过对建成运营后降噪情况进行监测分析，表明全封闭声屏障的重大作用、现实意义及经济价值，同时也体现了深茂铁路运用科技手段打造绿色江茂、精品江茂。

关键词：高速铁路；全封闭声屏障；降噪效果

1　引　言

大规模的铁路建设容易引起对沿线生态环境造成一定的改变和破坏，在传统的铁路建设中，普遍存在"重主体、轻环保"、"先破坏、后治理"等惯性问题，尤其对于铁路降噪，仅仅通过设置普通声屏障、设置隔声窗或半封闭声屏障等形式，降噪效果不理想。特别是对于生态环境保护区、学校、医院等特殊环境敏感点，传统的普通声屏障或半封闭声屏障[1]难以起到很好的保护作用，无法满足环保要求。这些特殊的噪声敏感点对铁路运营后列车运行噪声较为敏感，如果不科学合理的设置降噪设施，将对周围生态环境、生产生活环境造成极大的影响，甚至可能危及铁路的建设、运营安全。

随着我国环保意识的不断提升，环保要求也越来越高，已然是大势所趋，本文以深茂铁路江茂段全封闭声屏障为例，系统阐述研究其背景、功能、效果及意义，实现运用科技手段打造绿色江茂、精品江茂。

2　研究背景

2.1　小鸟天堂环境调查

"小鸟天堂"是广东江门市新会区天马村一块约 1 万平方米的小岛，由一棵大榕树历经 400 余年繁衍，覆盖全岛，周围由天马河环绕。此岛及周围湿地已成为鹭鸟为主兼有 20 多种国家二级保护鸟类（3 万多只）栖息地，故命名为"小鸟天堂"，为华南乃至全国罕见的城郊鸟类栖息地，侨乡江门最著名的国际生态旅游景点。根据现场调查及区域噪声研究，为保证小鸟天堂内小鸟栖息、繁殖不受影响，等效连续 A 声级 $L_{Aeq}24h$ 不超过 50dB，噪声最大声级 L_{max} 不大于 60dB（A）[2]。

2.2　铁路线位及地质条件影响

深茂铁路江茂段始自江门站终止茂名，受江门市新会区城市规划、江门站站位及出站端曲线半径影响限制，线路无法远离小鸟天堂生态保护区，较近的线路区段约 3km，距离小鸟天堂规划边界 300m 处、小鸟天堂现状边界 630m 处、小鸟天堂竹岛 670m 处、小鸟天堂大榕树 800m 处（图 1）。同时受该段线位标高、地质条件复杂和北端需跨越潭江水系等因素影响，难以采用隧道穿越方案，只能采用桥梁方案，做好降噪措施。按照环保部要求需采用全封闭声屏障。

＊　本文发表于《中国铁路》2019 年第 1 期。

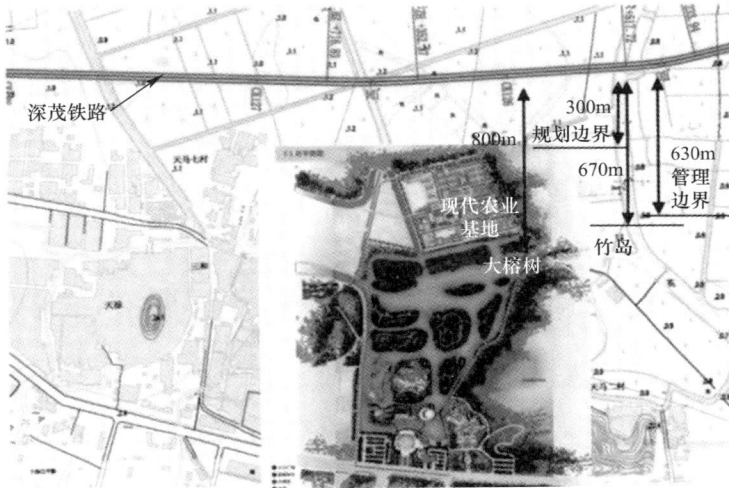

图1 深茂铁路与小鸟天堂的地理位置

3 全封闭声屏障研究及建设情况

3.1 研究情况

按照环保部要求为减缓铁路噪声、振动及光对"小鸟天堂"名胜景区生态环境的影响，该段应采用全封闭声屏障，由于铁路桥上采用全封闭声屏障国内外还属首例，为解决桥上全封闭声屏障设计、施工等关键技术难题及科研经费等问题，经多方考虑，2014年6月专门成立科研课题，组建科研团队攻关，经与铁四院、西南交通大学、武汉理工大学等单位一同历时两年，通过结构设计、理论计算、数值分析、风动实验、足尺模型等研究[3~6]，解决了一大批关键技术难题，形成一整套从设计、施工、运营维护的全封闭声屏障技术。1）梁型选择。通过梁型计算、对比分析，确定了适用性强的箱梁结构，并通过增强内部钢筋布置、增加翼缘板斜支撑等手段，提高了梁体的整体稳定性；2）全封闭声屏障结构设计。通过理论计算、风动试验和及列车气动力CFD数值模拟，确定了一种新型的拱形全封闭声屏障钢棚架结构，既美观又安全稳定；3）声屏障材料选型方面。首次提出了改性ECC混凝土声屏障方案，给声屏障材料选型提供了一种新的选择。4）进行了系统模型测试。2016年在湖北黄冈建立了1∶1现场模型，通过减震、降噪效果测试，充分验证了全封闭声屏障作用及效果。

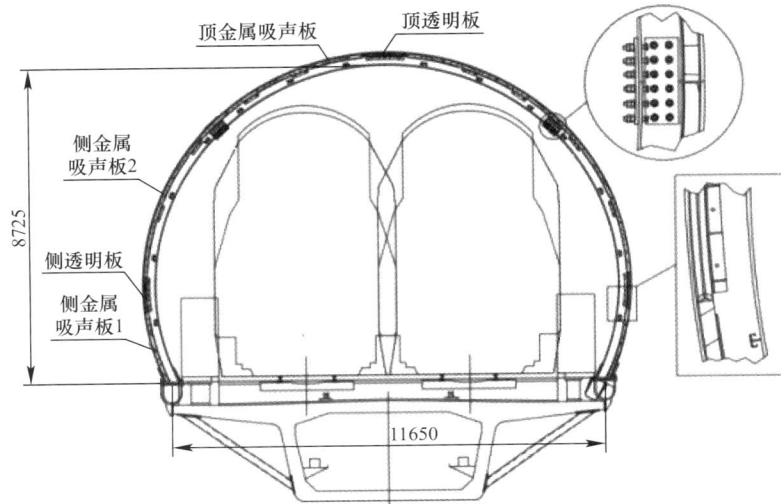

图2 全封闭声屏障断面（单位：mm）

图 3　风洞试验中的照片

最终在该段桥梁上设置全封闭声屏障＋光屏障，全封闭声屏障全长 2036m，光屏障总长 1730m，总概算 1.8 亿元（不含桥梁）。全封闭声屏障主要由拱形钢构架和金属吸、隔声板及 ECC 混凝土吸声板组成，预计降噪效果可达 20 多分贝。

3.2　建设情况

全封闭声屏障于 2017 年 8 月开始正式建设，建设、设计、施工、监理等各参建单位经过 3 个月的艰苦鏖战，共安装了 4.2 万余块的吸声板，于 2017 年 10 月顺利建成，经检测整体质量优质，外形优美（图 4），2018 年 7 月正式开通使用，为江茂铁路增加了一道亮丽的风景。

(a) 外观

(b) 内部

图 4　建成的全封闭声屏障

4　全封闭声屏障效果监测

4.1　监测点位

根据环评报告书中针对小鸟天堂噪声影响的监测及预测点位，本次在深茂铁路开通运营后对"小鸟天堂"周边环境进行了监测，共选取 4 处监测点位，分别是距离小鸟天堂规划边界 300m 处（即现代农业基地）、小鸟天堂现状边界 630m 处、小鸟天堂竹岛 670m 处、小鸟天堂大榕树 800m 处。同时每处监测点位设 1 个背景噪声监测点，位置相同。监测点位的设置见表 1。

噪声监测布点表　　　　　　　　　　　　　　　　　　　　　　　　　　　　　　　　　表 1

序号	敏感点	里程	线路形式	距离（m）	位置关系	测点编号	测点位置
1	小鸟天堂	DK127＋500～128＋300	桥梁	300	左侧	1	小鸟天堂规划区边界处（距线路 300m）
				630		2	小鸟天堂现状边界处（距线路 630m）
				670		3	小鸟天堂竹岛（距线路 670m）
				800		4	小鸟天堂大榕树（距线路 800m）

4.2　监测点位

昼间（6：00～22：00）：测量单列车通过时段的最大声级，每个监测点测量 10 列车的数据，同时在每列车经过后立即进行背景噪声监测。

夜间（22：00～6：00）：根据列车运行时刻，测量单列车通过时段的最大声级，每个监测点测量 2 列车的数据，同时测量背景噪声值。

4.3　车流量

截至 2018 年 8 月 20 日，深茂铁路江茂段全天运行列车 19 对，均为动车组列车，昼间 18 对，夜间 1 对。

4.4　监测结果分析

根据图 5～6 监测结果，在现状车流情况下，采取全封闭声屏障措施，到小鸟天堂规划边界～大榕树 4 处监测点位，各趟列车通过时噪声最大值昼间为 41.2～49.8 分贝，较现状增加 0.1～0.3 分贝；夜间为 41.1～45.4 分贝，较现状增加 0.2～0.3 分贝；列车经过时的噪声最大值均维持现状，完全满足环保要求。

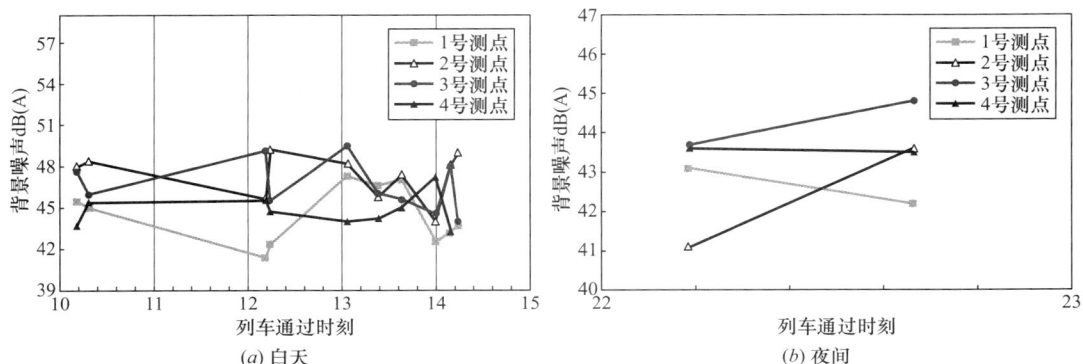

图 5　平均背景噪声监测数据分析

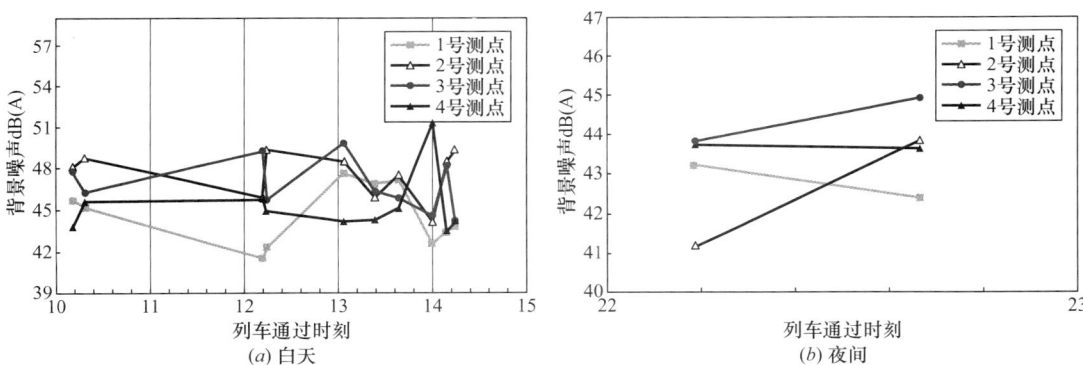

图 6　最大背景噪声监测数据分析

5　作用和意义

（1）全封闭声屏障外形美观独特，能够最大限度减少高铁对沿线环境的声、光污染，保证了时速 200 公里的铁路列车以"静音模式"通过"小鸟天堂"景区，保护了景区生态环境；

（2）形成了一整套全封闭声屏障理论研究、设计、建造及运营维护技术，为铁路线路经过特殊噪声敏感点时提供了可靠的技术支持，为铁路全封闭声屏障建设积累经验，具有良好的现实意义和经济价值；

（3）"小鸟天堂"段全封闭声屏障的成功应用，充分体现了"要金山银山、更要绿水青山"的可持续发展理念，取得了良好的社会效率，通过各大媒体的广泛宣传，充分展示了国家对环保的高度重视，起到了良好的示范、带头作用。

（4）通过对比多种材料性能提出了改性 ECC 混凝土声屏障方案，进行了高韧性纤维增强水泥基复合材料 ECC 配合比研究，得到了具有优良韧性与强度的混凝土声屏障材料与混凝土声屏障吸声材料，该配比及板材制造方法已申报相关专利。ECC 混凝土吸声板在铁路声屏障领域是首次使用，其具有降噪效果好、造价低、耐久性好的优点，可推广应用。

6　展望与思考

通过系列技术创新与扎实的科研实力，开创了铁路桥上设置全封闭声屏障的先河，取得了良好的降噪效果，为铁路建设迈向资源节约、环境友好型提供了有力支撑，为高铁或城际铁路在城区及邻近环境敏感点的建设扫清了障碍，具有重要的现实意义，填补了世界空白。对国内其他基础设施建设项目的生态环境保护也有重要的借鉴意义，提供了有效的依据和技术支持。同时关于全封闭声屏障的运营维护虽然在设计、建设等环节已有考虑，但还应在如何更加便于维护及完善维修标准等方面，进行更深入研究。

参 考 文 献

［1］　雷彬. 沪杭高铁半封闭式声屏障声学设计研究［J］. 铁道建筑技术，2013（11）：72-77.

［2］　陈顺良，邵华平，陈伟庚，等. 铁路噪声对"小鸟天堂"鸟类影响的研究［J］. 铁路技术创新，2014（3）：80-82.

［3］　曾敏，胡喆，蔡理平等. 时速 200km 铁路基于保护生态环境桥上全封闭声屏障关键技术研究报告［R］.

［4］　李晏良，李耀增，辜小安等. 高速铁路声屏障结构气动力测试方法初探［J］. 铁道劳动安全卫生与环保，2009，36（01）：22-26.

［5］　李小珍. 高速铁路列车-桥梁系统耦合振动理论及应用研究［D］. 成都：西南交通大学，2000.

［6］　蔡理平，邵华平，李小珍等. 轮轨动荷载作用下全封闭声屏障的振动分析［J］. 中国铁路，2017（04）：59-67.

附录 1

主持或参加科研项目及获奖情况

序号	基本信息
1	参与完成"第五次铁路既有线大提速"科研项目，获 2004 年《中国铁道学会科学技术奖》特等奖，排名第 24。
2	主持完成的铁道部科研项目"广深准高速接触网检修规范的研究"，获《中国铁道学会科学技术奖》2006 年度二等奖，第一完成人。
3	参加完成"机车走行部状态监控及故障诊断系统"科研项目，获《广铁集团公司科技进步奖》2006 年度一等奖，第二完成人。
4	主持完成"单司机值乘安全监控系统"科研项目，获《广铁集团公司度科技进步奖》2006 年度三等奖，第一完成人。
5	主持的国家交通战备办公室科研项目"移动式牵引变电所设备研制"，该项目获《中国铁道学会科学技术奖》2008 年度二等奖，第一完成人。鉴定组评价该项目填补了国内空白，达到国内领先水平。
6	主持广深 10 千伏新型电力运动系统研究，获《中国铁道学会科学技术奖》2011 年度三等奖，第一完成人；
7	参加 DW-8A 型高铁线路捣固车控制系统的研究，获《中国铁道学会科学技术奖》2011 年度二等奖，第四完成人；
8	参加电力机车不断电自动过分相装置的研制与推广应用，2011 年度获《河南省科技成果奖》，第 13 完成人；
9	主持铁道部科研项目"超浅埋偏压富地表水隧道安全风险监控的研究"，获《中国铁道学会科学技术奖》2013 年度二等奖，第一完成人；
10	参加《广珠铁路珠海西软基沉降观测的研究》，获《中国铁道学会科学技术奖》2013 年度三等奖，第二完成人。
序号	已结题项目
1	中国铁路总公司科研项目：《新建铁路桥隧设计施工关键技术研究——时速 200 公里铁路基于保护生态环境桥上全封闭声屏障关键技术研究》（项目合同编号：2014G004-Q）已结题，项目进展顺利，目前接受运营检验，多次受到中央电视台及新闻媒体现场采访。
2	中国铁路总公司科研项目：《时速 200 公里铁路桥梁预防船舶撞击的关键技术研究》（项目合同编号：2016G005-C）已结题，目前接受运营检验。
3	中国铁路总公司科研项目：《沿海铁路桥梁受力预埋钢构件防腐关键技术的研究》进展顺利，预计 2019 年 6 月结题，因退休转王荣华高级工程师主持。
4	参加广铁集团项目：《深茂铁路潭江特大桥主桥斜拉桥 BIM 技术应用研究》已结题。

附录 2

参编和主审书籍及获得的专利证书

参编和主审书籍

《智能模块化变电站》包红旗主编、邵华平参编，2016 年 5 月由中国水利电力出版社出版。本书详细阐述了智能模块化变电站的设计理念和基本理论、使用范围及条件、设计方法、制造工艺、整体设备的出厂检验、运输与固定安装方法、运行前的检查验收与技术措施、设备运行后期维护、故障诊断与防范措施以及现场实施相关过程中配套附属设施安装等内容。

《大型车载移动变电站》包红旗主编、邵华平参编，2013 年 5 月由中国水利电力出版社出版。本书全面系统地阐述了车载移动变电站的设计理念和基本理论、使用范围及条件、设计方法、制造工艺、安全技术与组织措施、整体设备的出厂检验、运输与固定安装方法、运行前的检查验收与技术措施、设备运行后期维护、故障诊断与防范措施以及现场实施相关过程中配套附属设施安装等内容。

《轨道车辆的结构与原理》吴海洪主编、邵华平副主编，2006 年 7 月由中南大学出版社出版。本书由概述、发动机、传动系统、液压系统、电气及液压作业系统、制动系统、车体与车架、操纵与运用保养、基本行车规章、有关产品技术说明介绍等部分组成，并在最后以附录形式列举轨道车辆有关管理办法。

《接触网检修作业车、轨道车乘务员出乘作业与运用安全》吴海洪主编、邵华平主审，2006 年 8 月由中国铁道出版社出版，对自轮运转车辆司乘人员的作业程序、作业标准、安全操纵及运用等方面，尤其是如何保证接触网检修作业车、轨道车的行车安全有着实际的指导作用。

专利证书 1　　一种圆弧形全封闭声屏障

专利证书 2　　一种基于圆弧声屏障板的全封闭声屏障的专利证书

专利证书 3　　水平旋喷与管棚复合隧道超前支护结构

专利证书 4　　移动式牵引变电站

附录 3

铁路建设、运营管理方面的主要成果和业绩

序号	基本信息
1	参加修建广珠铁路于 2012 年 12 月 29 日竣工通车，实现了中华民族先贤 1904 年提出的百年铁路梦想，改变珠江口西岸无货运铁路的状况。该铁路建成珠海市委、市政府给予广珠铁路公司 500 万元奖励。珠海市委、市政府几届领导对广珠铁路公司班子克服种种艰难险阻、终于建成广珠铁路的业绩给予高度赞誉，担任珠海市政协第八届委员会特邀委员
2	作为深茂铁路公司总经理，主持修建深茂铁路江门至茂名段项目。2014 年 6 月 28 日实现先行段在江门、阳江、茂名三市开工，时任中央政治局委员、广东省委书记胡春华现场慰问参建员工；2014 年 11 月底全线开工；2018 年 7 月正式开通运营。时任广东省常务副省长在省年度轨道交通建设推进会上赞誉为"广东省和铁总合作建路的典范"，广铁集团时隔 8 年于 2016 年在深茂铁路举行了铁路建设标准化管理现场会，2017 年被确定创建精品示范线，2018 年 5 月 10 日至 11 日中铁总建设管理部在深茂铁路召开了"抓质量建精品保开通"现场会。2018 年 7 月 1 日开通时，获中国铁路总公司工程管理中心贺信
3	作为南沙港铁路公司总经理，主持修建广州南沙港铁路，克服重重困难，实现了先行段 2015 年底开工，全线 2016 年 9 月底开工。目前已累计完成投资 100 多亿元
4	作为茂湛铁路公司总经理，主持修建湛江东海岛铁路，2015 年 6 月开工，其中湛江西（货）至钢厂段已于 2018 年 2 月 6 日开通；黄略站至湛江西（客）段已于 2018 年 7 月开通运营
5	在上级支持下，组织管内 3 个供电段职工在千余公里繁忙铁路干线克服设备缺陷，练兵比武，确保供电安全。此项工作在 2003 年、2004 年两年间多次受到原铁道部运输局的通电表彰，并在 2004 年全国铁路机务工作会议上介绍经验。
6	作为主管副处长，参加 2003 年广铁集团公司机务处承担了京广线蒲圻—广州段（＞1000km）铁路信号 10kV 自动闭塞贯通电源电力远动系统的建设任务，该技术在当时是国内第一条在长大繁忙干线上推广的新技术，具有遥测（远距离测量）、遥信（远方信号）和遥控（远距离控制）特点，组织了设计和产品制造单位商讨解决一系列技术难题。使 10kV 铁路电力远动技术在我国铁路长大繁忙干线的首次应用上取得了较大技术性突破。该项技术投入运营后取得良好的经济和社会效益
7	2005 年 5 月至退休，多次受邀请参加原铁道部科技司组织的各种专业学术会议如：客运专线牵引供电技术标准审查会牵引供电接触；导线磨耗测试仪审查会；200km/h 既有线改造技术标准审查会；第三代 AEI 在线监测技术审查会；时速 350 公里牵引供电技术标准审查会
8	2005 年 5 月以来，先后参加海南西环线提速至 160km/h 改造，新广州站、广深港、厦深客运专线，湘桂线衡阳—永州段改造，广珠城际，海南东环城际等多条 200km/h 以上高标准铁路项目的预可研、可研、初步设计审查工作，主持了渝怀铁路新线验收及新线开通的部分工作，作为副组长参加了浙赣线暨有线 200km/h 提速改造（广铁管段）及电化专业验收、开通工作

附录 4

面对挑战勤学习　　百折不挠解难题

——记原铁道部专业技术带头人、詹天佑铁道科技贡献奖获得者邵华平

　　昨夜西风凋碧树，独上高楼，望尽天涯路。衣带渐宽终不悔，为伊消得人憔悴。众里寻他千百度，蓦然回首，那人却在，灯火阑珊处。这几句宋词生动形象地展现出人生三境界——立志、奋斗、收获并升华，也是邵华平一生立志、奋斗、献身铁路事业精神世界的真实写照！

在曲折中努力前行

　　邵华平 1957 年 11 月生于衡阳市郊解放军原 47 军医院，原籍在湖北省原黄冈地区黄冈县淋山河镇，黄冈是为党和军队贡献过 2 位党的"一大"代表、2 位国家主席、1 位元帅和几百位开国将军和共和国部长、省长的红色沃土。他的父亲是参加过解放战争和随志愿军入朝作战并负过伤的老干部（未到离休年龄病逝），在他不满 28 岁时父母先后病逝，留下在北航读研究生和在武汉读大学的 2 个妹妹，受到岳父（离休红军老干部）岳母（离休新四军老战士）多方关怀。

　　1964 年，7 岁的邵华平随部队转业的父亲迁到武汉，1966 年即遇"文化大革命"，因受随军影响，近 8 岁才开始读一年级，小学只读了四年即毕业（二、六年级跳级）。1970 年转入武汉市东方红二中（现武汉市积玉桥中学）读初一，也只读了四年半即从高中毕业，1974 年 10 月不满 17 岁成为湖北省安陆县河水公社刘岗大队下乡知青。

　　在农村的近三年时间里，他先后担任知青队长、大队团支部副书记。身体不是最强壮，年龄又最小，全年挣的工分值却是最高的。下乡两年就加入中国共产党组织，参加工作后适逢单位举行技术比武，他报名参加了"6502 车站电气集中（成套）设备"中的"电源屏故障处理"项目比赛，经过理论考试和实操排除故障，一举获得该项目冠军，受到了单位团委、党委的表彰。铁路技术装备的不断进步，也进一步激发他要去再学习的念头。

　　1979 年武汉铁路机械学校毕业后，邵华平进入武汉铁路分局武昌电务段工作，担任过技术员、团委书记、党委委员，1986 初进入武汉铁路分局政治部办公室任秘书，武昌电务段副段长，后任供电段段长。

　　在职期间考入华中科技大学能源学院学习，本科毕业，获工学硕士学位。1996 年调到深圳平盐铁路公司任副总经理，1998 年调到广州铁路集团公司，先后担任机务处副处长、处长，广深铁路股份公司（上市公司）副总经理、广州铁路集团公司副总工程师。2000～2005 年，在职期间参加了西安交通大学电子与信息工程学院计算机科学与技术专业学习。博士研究生毕业并获工学博士学位。

　　在曲折中不忘努力前行，因为他知道，努力的人生之路才会越来越广阔。

技术生涯三阶段

　　第一阶段 1990～1998 年，从铁路普通电气设备的维护——引进国外先进成套技术的电气设备维护，并发现解决许多"水土不服"技术问题，梳理分析汇报提出建议，并得到上级支持、论证、调整后实施。

　　我国电气化铁路从山区走向平原，在京广线郑州——武汉段对繁忙京广线中段进行时速 120km 系统地改造并电气化线路质量，行车密度、运输能力和大幅提升，这离不开 ABB、西门子、日立、松下、西屋等公司参与的先进装备，其技术的引进、消化、吸收、再创新也培养了铁路技术人员。他将学习过

的《电磁场》、《高电压技术》、《电路理论》、《电机学》、《自动控制》等教材又拿出来结合工作需要重点学习一遍，并挤出时间参加了《高电压技术》专业硕士研究生课程的学习，首次对南方平原地区、河网地区的 AT（自耦变压器）供电方式下高压电气设备运行的稳定，计算机故障地点自动标识、事故抢修，不锈钢（磷铬 18 镍 9 钛）U 型螺栓（接触网重要受力部件）的细微裂纹等对接触网弓网安全关系影响的较深入的思考，并开始在《电子技术应用》《西铁科技》等杂志发表文章。

第二阶段 1998~2008 年，这十年是中国铁路引进、消化、吸收国际上高速铁路技术并收获成果最密集的时期之一。

邵华平参加了我国第一条准高速电气化牵引供电系统新装备的运行、维护；新技术的消化、吸收再创新。

这期间他主持了铁道部重点课题《广深准高速接触网检修规范的研究》，在上级技术部门指导和支持下，在铁道部申请立项科研项目，开展了《广深准高速接触网检修规范的研究》，随后对该速度下基于受电弓动态包络线的检查方法，边界值设定等，对弓网在动态下的匹配关系进行了系统研究，形成了该上市公司（广深铁路股份有限公司）企业标准，沿用至今，防止了数次可能造成恶劣影响的安全事故，并以此写的弓网关系论文在《中国铁道学会年会》上交流，其论文获二等奖。

在各方大力支持下，历时 4 年，项目顺利结题，该项目鉴定时受到全国本行业专家的高度评价，认为达到国内领先水平，指导我国第一条准高速电气化接触网检修。项目被纳入广州铁路集团公司的技术标准、规范，并为其他速度更高的电气化铁路接触网检修提供符合中国国情的宝贵借鉴。该项目还获得 2007 年《中国铁道学会科技进步二等奖》（第一完成人）。

电气化铁路牵引变电所在遭遇严重自然灾害或技术改造、事故抢修时，虽有越区供电的功能，但受技术条件限制，通常只能跨越一个区间，如遇线路大坡道，还要限制列车的牵引吨数，影响列车的运行速度和区段运输能力。针对铁路运输现场的迫切要求，他和广铁集团公司战备武装处同事一起，向国家交通战备部门申请到研制该装备的任务。针对我国电力行业可移动式模块化高压变电设备落后状态，积极向上级申请国家部委立项开展《移动式牵引变电站设备研制》相关研究、研制工作，从分析需求、制定标准开始，历时三年终于研制成功，其整套装备装入运输集装箱汽车后、中途不换装，从宁夏平原跨陕北高原，翻秦岭、跨湘中名峰雪峰山，进入怀化铁路枢纽怀化变电站，现场经 2 小时简单结线即投入送电，创当时全国行业之最，项目获 2008 年度《中国铁道学会科技进步二等奖》（第一完成人），该装备参加了 2009 年中国铁路技术装备展览，其装备模型被中国铁路博物馆收藏。

结合在西安交通大学电子与信息工程学院计算机科学与技术专业在职博士研究生的学习和工作实践，对列车智能控制、复杂故障信息处理、高电压设备复杂故障判别方法等进行了较深入的探讨，并以第一作者在核心期刊发表论文 20 余篇，其中《10kV 铁路输电线路故障信息综合处理系统研究》发表于《西安交通大学学报》第 38 卷第 8 期，《基于多层网络体系的列车智能控制系统的研究》发表于中科院沈阳计算机所主办的《小型微型计算机系统》（第 24 卷第 7 期），《几种函数逼近方式和逼近能力比较与综合》发表于《湖南师范大学学报（自然科学）》第 26 卷第 4 期，《基于计算机技术的一体化列车智能控制系统》发表于中国铁道科学研究院主办的《中国铁道科学》第 25 卷第一期，被国际著名科技检索机构《EI》收录、检索。

第三阶段 2008~2018 年，投入铁路工程建设 10 年。

邵华平参与修建了广珠铁路，该条线路 2012 年顺利开通运营。广珠铁路建设中先后遇到富地表水超浅埋偏压隧道安全掘进问题，江门隧道强风化石花岗岩，隧道处于半挖半填的圭峰山边，途经玉龙湖泄洪道，隧道离泄洪底仅 0.3m，掘进与安全矛盾十分突出，他和同事联合铁四院、中铁三局、中南大学土木学院申请铁道部科研项目《超浅埋偏压富地表水隧道安全掘进的研究》，运用数学模型仿真现场工况，预设多种监控方法，辅以信息传输技术、控制沉降收敛曲线，取得了很好的效果。项目获 2016 年中国铁道学会二等奖（第一完成人），受到业内广泛好评，为业内同类工况隧道的安全掘进提供了科学的借鉴和启示。

深厚海（河）相软土地基处理，一直是铁路工程建设的难题之一，他与广铁集团科研所钱春阳总工一起向原铁道部申请了专项课题《广珠铁路珠海西站软基沉降监控处理》，预设观测桩网络，结合搓梭板排水固结、真空堆载预压、软土上大型货场站场的沉降得到有效且经济的控制。为沿海铁路深厚软土

（≥30m）大面积处理积累了经验，项目获得 2013 年《中国铁道学会科技三等奖》排名第二名。

针对等级以上航道桥、船分属不同主管部门，国内、外均发生过严重的船撞桥事件，损失巨大，影响深远。2015 年在中国铁路总公司申请立项开展专题研究《时速 200 公里铁路桥梁预防船舶撞击的关键技术研究》，结合工程实践，研究并实现了基于现代激光探测、图像识别、航迹判断、驾驶行为分析、考虑潮汐变化在等级航道中桥梁主动防撞措施并实现。研究合适的桥墩被动防撞方案及装置，研究基于桥梁关键部件应力度变化检测桥梁被撞后的快速简单评判系统，便于高铁设备运营单位在万一发生桥梁被撞时及时采取科学合理调整运营方案及抢修维护方案，最大限度减少因船撞桥事故对高铁和航道造成的影响。项目已于 2018 年结题，专家们予以积极的评价。

邵华平主持了深茂铁路江（门）茂（名）段、东海岛铁路及黄略—湛江西段（时速 200 公里）的修建工作，这两段铁路于 2018 年 7 月 1 日开通运营。

此后他还遇到了江门市新会小鸟天堂高速铁路建设与国内、世界著名的鸟类聚集地环境保护冲突，项目可研的前置条件环评、土地预审进行不下去的难题。如果按环保部门对项目环评批复要求，工程上会遇到一个不小的难题，全世界暂时无先例，更没有设计标准，无规范可依。在中国铁路总公司支持下，立项开展了《时速 200km 铁路基于保护生态环境桥上全封闭声屏障关键技术研究》，用创新的工程理论、数字模拟和系统仿真方法，还在西南交通大学进行了车桥耦合试验，在武汉理工大学进行了声屏障材料隔声效果仿真及试验，在华中科技大学进行了结构仿真试验，在此基础上还对项目研究成果进行了专项评价，其意见纳入设计文件中。为本项目顺利展开扫除了障碍。解决了现代高铁建设与传统历时 400 多年著名鸟类聚栖地环境保护的矛盾，深受当地地方各级政府、当地村民好评，央视新闻台（13 频道）2018 年 6～7 月 4 次进行了报道。

沿海高、普速铁路受力预埋金属件锈蚀严重，给高铁设备的状态维修，寿命管理，安全运营带来较大隐患，其检测、补强、更换工作量巨大，既费时，又费钱，人工作业环境还很艰苦。在上级有关部门支持下，2016 年申请到中国铁路总公司研究项目《沿海铁路预埋金属件防腐关键技术》，作为项目主持人，积极组织并推动项目按计划进行，预计 2020 年上半年研究结题。参加深茂铁路潭江特大桥斜拉桥 BIM 技术研究，获广东省科技进步奖。

退休生活丰富多彩

2018 年 4 月，邵华平从任职的建设工程指挥部指挥长岗位上退休，同时兼任的三家省部合资铁路公司的总经理职位也卸任。

都说退休后是另一段新人生的开始，退休后的邵总并没有空闲下来，有多家企业想聘用他任职或担当顾问，但他严格按照上级有关规定，选择了与原工作领域无关的上海一家通用航空公司，并被聘为公司副董事长兼总工程师。他用自己在自动化、智能控制、计算机及人工智能、土木建筑方面的知识及经验，积极参与到"全民创业、万众创新"事业中，并从中收获快乐，收获人生新价值。

夫人杨华曾是原同一单位的同事，是一位参加过万里长征的红军连长的女儿，心地善良，性格坚强，生活简朴，吃苦耐劳，多年来承揽了全部家务，一心一意支持他学习和工作，并时常提醒他遵纪守法。他们有一个幸福和睦的家庭，夫人退休后身体健康，持探亲旅游签证国内国外两头忙，儿子在国外留学后当地就业定居，3 个孙子女活泼可爱、健康快乐。2018、2019 年在履行了相关的组织审批程序后，分别去国外与儿孙们小聚，共享天伦之乐。

撰稿：柯梅丽
修改、审定：梁伟雄、徐天平

（本文已发表于《广东土木与建筑》2019 年第 12 期）

附录5

邵华平工作照片剪影

2017年12月15日全球首例拱形全封闭声屏障在深茂
铁路江门新会段建成，作为项目负责人接受媒体采访

2014年11月18日出席全省城际和轨道项目建设推进会并在会上代表
深茂铁路公司与江门、阳江、茂名三市政府签订征地拆迁协议

2014年8月4日出席深茂铁路第一期铁路建设项目管理培训班

2012年12月29日在广珠铁路开通仪式上致辞

2008年4月28日在广珠铁路虎跳门特大桥开工仪式上致辞

深茂铁路架梁施工场景

深茂铁路谭江特大桥大型钢围堰起吊安装

深茂铁路新台隧道应用轨行式液压水沟电缆槽一体化模板台车作业

深茂铁路新台隧道应用自行式仰供栈桥台车进行仰供施工

深茂铁路新台隧道应用湿喷机械手喷射混凝土作业

深茂铁路新台隧道应用三臂凿岩台车钻孔作业

深茂铁路台山至开平精品示范先行段线路

2015年6月26日观看中国铁路文工团到深茂铁路现场慰问
演出并陪同相关领导嘉宾与演员合影留念

2010年2月10日带队参加新春篮球赛